Ursula Bazant

Selbstständigkeit im konservativen Wohlfahrtssystem

VS RESEARCH

Ursula Bazant

Selbstständigkeit im konservativen Wohlfahrtssystem

VS RESEARCH

Bibliografische Information der Deutschen Nationalbibliothek
Die Deutsche Nationalbibliothek verzeichnet diese Publikation in der Deutschen Nationalbibliografie; detaillierte bibliografische Daten sind im Internet über <http://dnb.d-nb.de> abrufbar.

Dissertation Universität Münster, 2007

D 6

1. Auflage 2009

Lektorat: Christina M. Brian / Dr. Tatjana Rollnik-Manke

VS Verlag für Sozialwissenschaften ist Teil der Fachverlagsgruppe Springer Science+Business Media.
www.vs-verlag.de

Umschlaggestaltung: KünkelLopka Medienentwicklung, Heidelberg
Satz und Layout: D.A.S.-Büro Schulz, Zülpich
Gedruckt auf säurefreiem und chlorfrei gebleichtem Papier
Printed in Germany

ISBN 978-3-531-16385-7

Vorwort

Wie so viele hatte ich eigentlich nicht geplant, ein Vorwort zu schreiben, denn Danksagungen verlieren sich zu oft in sich in jedem vorangestellten Text wiederholenden Phrasen, die durch inflationäre Verwendung ihre Bedeutung verloren haben. Wie unschwer zu erkennen ist, findet sich nun aber hier dennoch ein Vorwort, denn nach sehr langer Bedenkzeit habe ich mich doch davon überzeugt, dass dies vielleicht nicht die einzige, aber doch eine der sehr seltenen Gelegenheiten ist, einige Menschen hervorzuheben und ihnen in einer Form, die über die Vergänglichkeit einer mündlichen Danksagung hinausgeht, vielleicht und hoffentlich eine Freude zu machen.

Zunächst aber möchte ich kurz auf den Inhalt des vorliegenden Buches eingehen, das eine Doktorarbeit ist, die der Philosophischen Fakultät in Münster vorgelegen hat und als Dissertation angenommen wurde, und in dem ich versucht habe, eine Thematik, die bislang hauptsächlich aus wirtschaftswissenschaftlicher Sicht beleuchtet wurde, für die sozialwissenschaftliche, politikwissenschaftliche Perspektive zu öffnen. Die soziale Absicherung Selbstständiger ist gerade in Zeiten, in denen auf der einen Seite die Systeme der sozialen Sicherheit zunehmend zur Diskussion stehen, und zwar unabhängig vom Status Quo des Wohlfahrtssystems, wir also erleben, dass alle Systeme sich im Wandel befinden und es offensichtlich kein best-practice-Modell gibt, an dem man sich orientieren sollte, da alle Länder einen gewissen Reformbedarf verspüren, und auf der anderen Seite die Erwerbsverhältnisse brüchiger, diskontinuierlicher und zunehmend „atypischer" werden, von besonderem Interesse, da Selbstständige oft ein Erwerbstätigensegment abdecken, das in seinen Charakteristika den zunehmend typischer-werdenden atypischen Beschäftigungsverhältnissen entspricht, und sie zudem gerade in den hier untersuchten konservativen Wohlfahrtssystemen bislang nur am Rande in die Systeme der sozialen Sicherung mit einbezogen waren. Warum das so ist, ist eine der Fragen, die das Buch klären möchte. Aus dem Beispiel der Selbstständigen kann man aber auch Rückschlüsse auf andere Erwerbstätigengruppen schließen. Und vor allem bieten die Ergebnisse einen Ausblick für die weitere Entwicklung der Forschung im Bereich der Wohlfahrtssysteme und einen Ansatz, wie man vielleicht in der vergleichenden Forschung hierzu bisherige Schwierigkeiten umgehen und ausräumen kann.

Beim Verfassen dieser Zeilen merke ich, wie spannend das Thema auch weiterhin ist, und dass es ein Glück für mich war, mich mit einem Projekt beschäftigen zu dürfen, für das ich mich auch weit über die Doktorarbeit hinaus interessiere. Nicht alle Doktoranden können auch nach ihrer Promotion noch mit Freude an ihr Thema zurückdenken. Dass ich zu dieser Thematik gefunden habe, habe ich zu überwiegenden Teilen meinem Erstgutachter, Betreuer und Doktorvater, aber auch Chef, Unterstützer, Förderer und Herausforderer, Prof. Dr. Klaus Schubert zu verdanken, der mich nicht nur thematisch von einigen irreführenden Wegen abgebracht und mich zu den wirklich spannenden Fragen der Disziplin und manchmal auch des Lebens hingeführt hat. „Ein Abend, an dem sich alle Anwesenden völlig einig sind, ist ein verlorener Abend“ – und das trifft wohl auch hier im besten Sinne zu.

Viele inhaltliche Inputs habe ich darüber hinaus auch den Menschen am Institut für Politikwissenschaft zu verdanken, die sich im Umfeld der Forschungsgruppe „The Future of European Welfare Systems“ bewegen. Vielen von ihnen bin ich aber vor allem auch privat verbunden: Kate Backhaus, Florian Blank, Sonja Blum (endlich eine Frau, mit der man sich über Fußball unterhalten konnte!) Jochen Dehling (stellvertretend auch für die vielen Studierenden, die mir am Herzen gelegen sind), Claudia Erpenstein (ohne dich hätte ich die Arbeit nicht abgeben können – das war wortwörtlich Rettung in allerletzter Sekunde!), Christiane Frantz (die immer ein Vorbild dafür war, und für viele nach mir noch ist, dass man auch in „unserem“ Gewerbe nicht zum zerstreuten Professor mutieren muss), Matthias Kortmann, Holger Krimmer, Solveigh Randhahn, Verena Schulze (du hast mir wirklich ein ganz besonderes Geschenk zum 30. Geburtstag gemacht), Lilian Schwalb – an meine Zeit in Münster werde ich wegen euch immer mit einem guten Gefühl zurück denken! Und Jennifer Moczko, ohne die ich ein anderer Mensch wäre. Nicht mehr mit dir in einer Stadt zu wohnen, dich in meiner Nähe zu haben, macht mich um so vieles ärmer.

Schon lange bevor ich überhaupt an Münster, Doktorat und Politikwissenschaft dachte, haben mir einige Menschen ihre Freundschaft und Unterstützung geschenkt, und sind mir offen begegnet, auch wenn ich es manchen unter ihnen nicht immer ganz leicht gemacht habe: Marion Fleige, Max Ruhri, Oliver Schwank, Eva Söbbeke, Norman Wagner, Florian Wukovitsch. Katrin Rabitsch und Regina Rizzi-Pavek – ohne euch hätte ich (und das trifft auch auf viele andere zu) nie den Antrieb gehabt, weiter zu tun, mehr zu machen, mich nicht nur mit dem Mindestmaß zufrieden zu geben, und bei alledem auch noch eine ordentliche Portion Spaß zu haben und das Leben zu genießen, neue Erfahrungen zu sammeln, ins Ausland zu gehen, und so vieles mehr.

Die Familie kommt zwar traditionell an erster Stelle, aber andererseits werden die „Schwergewichte“ im übertragenen Sinn auch gerne am Schluss genannt. Lieben Dank also an meine Mama, die es nicht leicht mit mir hatte und hat, aber: „In einer Familie, die nicht nur aus Mumien besteht, gehören Konflikte dazu“. Ich habe dich um eine Danksagung bei der Diplomarbeit, eine Sponsion und sogar die Promotionsfeier „geprellt“ – dieses Vorwort ist eigentlich nur entstanden, um dir einmal zu sagen, wie wichtig und wertvoll du für mich bist, und um die einzigartige Gelegenheit wahrzunehmen, dir etwas mitzugeben, an dem wir beide uns festhalten können, wenn wir es uns wieder einmal gegenseitig schwer machen.

Ein „Du hast das immer noch geschafft, und so wird's auch diesmal sein“, dieser Ausdruck grenzenlosen Vertrauens in mich, das mir oft genug abhanden gekommen war, kam immer von meiner Oma – diese Unterstützung ist so wichtig!

Vieles im Leben ist wahrscheinlich beliebig, und in meinem Leben gibt es vielleicht nur zwei, höchstens drei Kreuzungen, die meinem Weg eine wirklich andere Wendung verliehen haben. Eine davon war mein Praktikum bei der Hans-Böckler-Stiftung, bei der ich viele Menschen kennenlernen durfte, die mich fachlich wie menschlich stark beeinflusst haben, mir neue Perspektiven eröffnet haben, und zudem mir immer mit Freundschaft und Offenheit begegnet sind. Neben Heide Pfarr sind das vor allem Claudia Müller und Chista Thürkow, die mich unterstützt und gefördert haben, mir Vorbild und Freundin waren und sind. Vor allem aber durfte ich Martina Klein kennen lernen, die mich, meinen Werdegang, aber auch meine persönliche Entwicklung, vielleicht am stärksten und nachhaltigsten geprägt hat. Als Praktikantin durfte ich mir inhaltlich wie organisatorisch viel von dir abschauen, aber auch Verantwortung übernehmen. Du hast „uns“, deine Praktikantinnen, immer in unserer Individualität wahrgenommen, dich auf jede einzelne von uns eingestellt und die positiven Seiten in unserer Arbeitsweise und Persönlichkeit vorangestellt, hast uns gefördert und ermutigt. Viel mehr noch aber bist du uns in einer Offenheit begegnet, die man gerade als Praktikantin selten erlebt, und hast uns an deinem Leben teilhaben lassen. Später dann, schon in Münster, habe ich viel „Trost und Rat“ von dir bekommen, ohne die ich vielleicht an dem einen oder anderen Tag aufgegeben hätte. Und so ist die

Tatsache, dass ich überhaupt jemals in die Verlegenheit komme, ein Vorwort zu schreiben, zu ganz großen Teilen dir zu verdanken.

Und schließlich darf ich mich auch herzlich bei Angelika Schulz bedanken, die die Bearbeitung meines Manuskripts übernommen und dabei meine Unkoordiniertheit und Ungenauigkeit mit großer Geduld ausgeglichen hat, sodass überhaupt erst ein druckreifes Buch entstand. Alle Mängel und Fehler, die sich jetzt noch finden, entstammen allein meinem Verantwortungsbereich.

Am Ende wird die Liste der Danksagungen doch länger, als man dachte, aber wenn man erst einmal beginnt, diese „Aufgabe" ernst zu nehmen und nicht in eine Pflichtübung abgleiten zu lassen, können ein paar Worte mehr nicht schaden.

Ursula Bazant

Inhaltsverzeichnis

Abbildungsverzeichnis

Tabellenverzeichnis

1 Einleitung

Bis vor ca. zehn Jahren wurde der Erwerbsform der Selbstständigkeit von wissenschaftlicher wie politischer Seite relativ wenig Aufmerksamkeit gewidmet. Grund dafür war vor allem, dass man lange Jahre annahm, dass diese Erwerbsform zunehmend von der Bildfläche verschwinden würde: „Self-employment was viewed through much of the twentieth century as an organizational form in decline. In an era dominated by assembly line mass-production, self-employment was viewed as a throwback to the dawn of capitalist development" (McManus 2001, 24). Seit dem Aufkommen der Dienstleistungsgesellschaft hat sich diese Sichtweise jedoch dramatisch gewandelt. Heute gilt Selbstständigkeit als Ausweg aus den strukturellen Verkrustungen des Arbeitsmarktes, als möglicher Beitrag zur Bekämpfung der Arbeitslosigkeit und als Chance zur Selbstverwirklichung in einer emanzipierten und selbstbestimmten Gesellschaft. Auch anhand der weit verbreiteten Kritiken, die u. a. Selbstständigkeit als ultimative Form der „Flexploitation" ansehen, zeigt sich, dass die Bedeutung dieses Phänomens bestetig zunimmt. Diese Feststellung deckt sich auch mit der Tatsache, dass nahezu alle europäischen Länder in den letzten Jahren verstärkt Maßnahmen unternommen haben, die zu einer Ausdehnung der Selbstständigkeit führen sollen (vgl. hierzu z.B. Europäische Kommission 2003b, 4, oder auch OECD 2004a, 12).

Die Erwerbsform der Selbstständigkeit ist also ein hochaktuelles Thema, dem sich eine hohe Bandbreite an Untersuchungen aus den verschiedensten Disziplinen widmet, die meisten davon mit einem bestimmten Fokus: Wie lässt sich die Selbstständigenquote erhöhen? Die folgenden Ausführungen haben zum Ziel zu zeigen, warum dies bisher dennoch in nur so geringem Umfang geglückt ist. Nur wenn diese Hintergründe verstanden sind, kann man sich auch ernsthaft mit möglichen Perspektiven für die Selbstständigenquote und die Unternehmer selbst befassen. Allerdings sollten die kommenden Kapitel nicht als „Leitfaden" oder „Handbuch" für die Politik missverstanden werden. Es kann und soll nicht darum gehen, Empfehlungen abzugeben, Ratschläge zu erteilen. Die sozialwissenschaftliche Analyse, die politikwissenschaftliche Erarbeitung eines (vermuteten) Zusammenhangs und die daraus resultierenden Konsequenzen – das ist das Anliegen der vorliegenden Arbeit.

1.1 Problemaufriss und Forschungsinteresse

Für ein umfassendes Verständnis der aktuellen Entwicklungen im Bereich der Erwerbsform Selbstständigkeit ist die Frage zentral, welchen Einfluss die soziopolitische Struktur eines Landes hier hat. Da ein wesentliches Charakteristikum der jeweiligen nationalen Beschaffenheit im Wohlfahrtssystem zu finden ist, liegt es nahe, hier eine Verbindung zur Entwicklung der Selbstständigkeit zu vermuten. Die Literatur zur Wohlfahrtsforschung hat jedoch bisher den Zusammenhang zwischen Selbstständigkeit und Wohlfahrtsregime überwiegend ignoriert (siehe hierfür z.B. Esping-Andersen 1991, Kolberg/Esping-Andersen 1991, Kvist 2002, Lindbeck 1988 oder auch Rhodes 1998, um nur einige prominente Beispiele zu nennen), partiell sogar negiert (so vor allem Henrekson 2002 und 2005 sowie Lohmann 2001). Die diesbezügliche These der vorliegenden Arbeit ist, dass diese Negation maßgeblich auf ein *methodisch unpassendes Forschungsdesign* zurückzuführen ist, das sich *in theoretischen und empirischen Ungenauigkeiten und Fehlern* geltend macht: Die bisherigen Untersuchungen (s.o.) haben überwiegend Länder unterschiedlicher Regime-Typen verglichen. Werden aber Staaten innerhalb eines Typus verglichen, kann man große Ähnlichkeiten finden.

Umgeht man also diese unangemessene Herangehensweise, die man in vielen maßgeblichen Aufsätzen und Büchern vorfindet, und konzentriert sich auf die Untersuchung von Ländern, die dem gleichen Wohlfahrtstypus angehören, kann eine klare Korrelation zwischen Wohlfahrtstypus und Selbstständigkeit gefunden werden. Hinzu kommt, dass diese ähnlichen Ergebnisse bezüglich der Selbstständigenquote trotz des Einsatzes unterschiedlicher Förderungsstrategien erreicht werden. Am deutlichsten zeigt dies ein Vergleich zwischen Frankreich und Deutschland: Unabhängig vom Klassifizierungsschema zählen sie zum gleichen Wohlfahrtstypus, setzen aber unterschiedliche Förderstrategien ein und kommen dennoch zu ähnlichen Ergebnissen. (Siehe dazu Europäische Kommission 2004, ILO 2002, OECD 1998 oder auch Sternberg 2002) Dieser kurze Einblick lässt bereits darauf schließen, dass es offensichtlich Faktoren gibt, die den

Schritt in die Selbstständigkeit stärker beeinflussen als Förderstrategien und -maßnahmen. Und diese Faktoren sind durch das Wohlfahrtsregime geprägt. Die Beschäftigung mit diesem Themenkomplex scheint somit durchaus lohnenswert.

Im Mittelpunkt des Erkenntnisinteresses steht das Aufzeigen des empirisch zu beobachtenden Zusammenhangs zwischen Selbstständigkeit und Wohlfahrtsregime und das Erfassen der Wirkungszusammenhänge. Die Arbeit bewegt sich dabei entlang einiger Thesen, die in den folgenden Absätzen kurz dargestellt werden.

(Aktive) Arbeitsmarktpolitik, in Form der Förderung der Selbstständigkeit, hat kaum Einfluss auf das tatsächliche Selbstständigkeitsverhalten.

Trotz sowohl in Quantität als auch in Qualität sehr unterschiedlicher Maßnahmen und Förderstrategien (siehe z.B. OECD 2002), unterschiedlichen Ausgabenniveaus (z.B. Melis 2005, 7 sowie Melis 2002, Eichhorst/Profit/Thode 2001, 358 oder auch Le Marois 1998) und unterschiedlicher Rahmenbedingungen[1] schlägt sich diese divergente Politik nicht entsprechend stark in Form unterschiedlicher Selbstständigenquoten bzw. deren Entwicklung nieder. Dies lässt sich für alle Länder mit konservativem Wohlfahrtssystem beobachten, vor allem aber auch im Vergleich der beiden „Großen“, Frankreich und Deutschland. Offensichtlich gelingt es hier der Arbeitsmarkt- und auch der Wirtschafts- und Strukturpolitik nicht, einen maßgeblichen Einfluss auszuüben. Es muss folglich andere Faktoren geben, die wirksam sind.

Im Wesentlichen sind es vier Faktoren, die das Selbstständigkeitsverhalten beeinflussen, nämlich 1. die Wirtschaftsstruktur, 2. die Arbeitsmarktstruktur, 3. personenbezogene Faktoren und .4 das System der sozialen Absicherung. Diese vier Faktoren werden maßgeblich vom Wohlfahrtsregime beeinflusst.

Woher kommt also diese vergleichsweise Unwirksamkeit gegen arbeitsmarktpolitische Maßnahmen, namentlich die Förderung der Selbstständigkeit? Offensichtlich gibt es Faktoren, die das Selbstständigkeitsverhalten stärker beeinflussen als die eingesetzten arbeitsmarktpolitischen Instrumente. Und diese Faktoren sind vom Wohlfahrtsregime bestimmt oder stehen zumindest mit ihm in engem

1 Wie z.B. Unternehmenssteuern.

Zusammenhang. Das Selbstständigkeitsverhalten wird maßgeblich beeinflusst durch[2]

- die Wirtschaftsstruktur: Zur Wirtschaftsstruktur eines Landes gehören neben Faktoren wie der Branchenverteilung, dem Ausmaß des Staatssektors und der Exportorientierung auch Kenngrößen wie z.B. das BIP. Relevant für den hier zu besprechenden Kontext sind vor allem die Branchenstruktur sowie das Ausmaß des Staatssektors. Das relative Gewicht der einzelnen Sektoren und Branchen spielt eine große Rolle für das Niveau der Selbstständigenquote, da in manchen Branchen mehr Selbstständige anzutreffen sind als in anderen. Verschiebungen in diesem Bereich führen demgemäß auch zu Verschiebungen in der Selbstständigenquote.[3] (Siehe Kapitel 3.1)
- die Arbeitsmarktstruktur: Relevante Variablen sind hier die Arbeitslosenquote, die Verteilung der Beschäftigten auf die Sektoren und Branchen sowie die Erwerbsbeteiligung, vor allem von Frauen. Auch Teil der Arbeitsmarktstruktur ist die Akteurskonstellation in der Arbeitsmarktpolitik: Die arbeitsmarktpolitischen Akteure haben eine jeweils unterschiedliche Interessenslage gegenüber der Selbstständigkeit und deren Ausweitung. Das Zusammenspiel dieser Akteure und ihr jeweiliges Gewicht sind hier von Bedeutung. (Siehe Kapitel 3.5)
- personenbezogene Faktoren: Darunter sind Einflussgrößen zu verstehen, die in der Person des Gründers/der Gründerin liegen und typischerweise bei diesem Personenkreis angetroffen werden können. Gemeint sind z.B. die Einstellung zur Selbstständigkeit, das durchschnittliche Bildungsniveau oder auch die berufsbezogene und betriebsführungsrelevante Ausbildung, also Eigenschaften, die eine Betriebsgründung begünstigen oder behindern können. (Siehe Kapitel 3.4)
- das System der sozialen Sicherung: Die Regelungen bezüglich des Zugangs zu den sozialen Sicherungssystemen können wichtige Blockaden auf dem Weg in die Selbstständigkeit darstellen, diesen aber auch begünstigen. So ist insbesondere die Frage, welche Gruppen Anspruch auf welche Leistungen ha-

2 Vgl. dazu z.B. Barbieri (2001), Luber et al. (2000), Arum/Budig/Grant (2000) oder Ebbinghaus/Manow (2001).

3 Am deutlichsten wird diese Verschiebung beim starken Rückgang der Erwerbstätigkeit in der Landwirtschaft, die mit einem drastischen Abfall der Selbstständigenquote einherging. (Vgl. z.B. Blanchflower 2000)

ben, hier maßgeblich, sowie auch Fragen der Finanzierung und Organisationsform. (Siehe Kapitel 3.6)

Das Wohlfahrtsregime hat auf die genannten Faktoren (Wirtschaftsstruktur, Arbeitsmarktstruktur, personenbezogene Faktoren und System der sozialen Sicherung) deutlichen Einfluss bzw. bestimmt sie zur Gänze, wie es beim System der sozialen Sicherung der Fall ist. Zu einem guten Teil ist dieser Einfluss ganz offensichtlich und konstituierend, wie etwa bei der Akteurskonstellation in der Arbeitsmarktpolitik oder auch dem sozialen Sicherungssystem. Wirtschafts- und Arbeitsmarktstruktur zeigen in den relevanten Ländern große Ähnlichkeiten. (vgl. Esping-Andersen 1999a, Esping-Andersen/Kolberg 1992, Kaufmann 2003, Rhodes 1998, oder auch Schmid, J. 2002a) Dass dies keine zufällige Übereinstimmung ist, werden die Kapitel 3.1-3.3 sowie 3.5 zeigen. Etwas weniger offensichtlich ist der Zusammenhang mit den personenbezogenen Faktoren wie der Einstellung zur Selbstständigkeit, doch auch diese sind durch regime-spezifische Sozialisation geprägt (Heien 2000, 5-9 oder ILO 2002, 33; siehe Kapitel 3.4).

Die Einflussfaktoren können in zwei Gruppen getrennt werden, die die beiden unabhängigen Variablen darstellen:

Einerseits gibt es jene Faktoren, die dem Komplex **„Sicherungssystem"** zugeordnet werden können und so einen direkten Einfluss vom Wohlfahrtssystem auf die Erwerbsform Selbstständigkeit ausüben. Die jeweils dominierenden *Organisations-* und *Finanzierungsform* sowie die *Gestaltungsprinzipien* und der mit dem jeweiligen Sicherungssystem erfasste *Empfängerkreis* entscheiden (mit) darüber, wie attraktiv die Erwerbsform Selbstständigkeit ist und auch wie hoch die Hürden in finanzieller Hinsicht wie auch im Sinne eines Verlustes an Absicherung für potenzielle Unternehmensgründer sind, da hier wichtige negative wie positive Anreize für den Schritt in die Selbstständigkeit gesetzt werden.

Andererseits gibt es die Faktoren, die dem Komplex **„Arbeitsmarkt"** zuzuordnen sind und so einen indirekten Zusammenhang herstellen: Das Wohlfahrtsregime entscheidet maßgeblich über die Ausgestaltung des Arbeitsmarktes: "Welfare state construction has profound, mainly indirect, effects on labour market outcomes." (Esping-Andersen 1999a, 17) Und die Arbeitsmarktstruktur wiederum beeinflusst bzw. prägt die Selbstständigkeit eines Landes. (Siehe z.B. Visser 2002, 6, Esping-Andersen 1996b oder auch OECD 2000) So ist es nur schlüssig, das Arbeitsmarkregime als zweiten großen Block an Einflussfaktoren ausgehend vom Wohlfahrtsregime hin zur Selbstständigkeit als eine Art Schar-

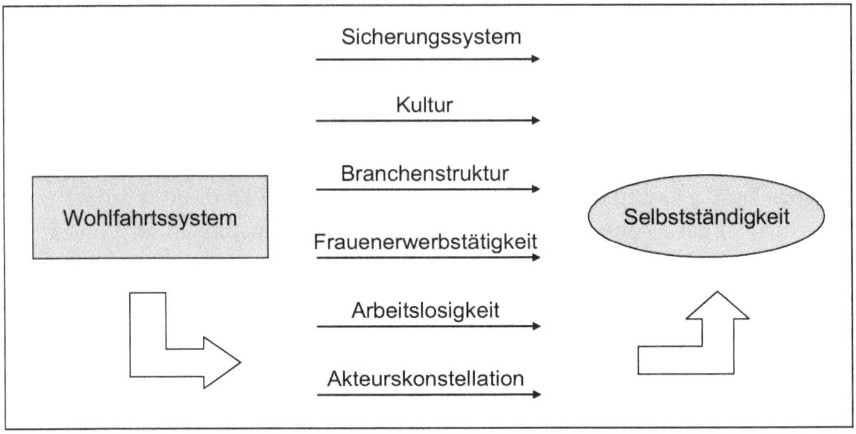

Abbildung 1: Zusammenhang zwischen Wohlfahrtssystem und Selbständigkeit. Quelle: Eigene Darstellung

nier zwischen diesen beiden Größen mit in die Untersuchung einzubeziehen. Die Arbeitsmarkt- und Branchenstruktur, die Erwerbsbeteiligung (von Frauen), die Arbeitslosenquote, eine Kultur der Selbstständigkeit sowie die Akteurskonstellation in der Arbeitsmarktpolitik, kurz, die wesentlichen Determinanten des Arbeitsmarktregimes, sind hier die relevanten Faktoren.

Die *Branchenstruktur* einschließlich des Ausmaßes an öffentlicher Beschäftigung entscheiden maßgeblich mit über das Selbstständigen-Aufkommen, da es Sektoren gibt, in denen Selbstständigkeit öfter anzutreffen ist als in anderen. Insbesondere sind dies die Landwirtschaft sowie der tertiäre Sektor.

Der Grund, warum die *(Frauen)Erwerbsbeteiligung* im Kontext des Zusammenhangs zwischen Wohlfahrtssystem und Selbstständigkeit interessant ist, steht in engem Zusammenhang mit der Branchenverteilung. Frauen sind überproportional häufig im Dienstleistungssektor beschäftigt – einem Sektor also mit einem hohen Anteil an Selbstständigen unter den Erwerbstätigen. Folglich weisen Frauen ein vergleichsweise hohes Selbstständigkeitspotenzial auf.

Ein ähnlich hohes Selbstständigkeitspotenzial wird unter Arbeitslosen vermutet – zudem erhofft man sich mit Existenzgründungen aus der *Arbeitslosigkeit* heraus zwei Probleme auf einmal lösen zu können: die Anhebung der Selbstständigenquote zum einen, sowie die Reduzierung der Arbeitslosigkeit zum anderen. Ob diese Logik tatsächlich aufgeht, wird das entsprechende Kapitel (3.2)[4] zeigen.

Die *„Kultur der Selbstständigkeit"* versucht zu fassen, dass Unternehmensgründer über typische Persönlichkeitsmerkmale und Einstellungen verfügen, die stark durch Sozialisierung, aber auch die Rahmenbedingungen des sozio-ökonomischen Systems geprägt sind. Daneben gibt es gesellschaftliche Überzeugungen und dominante Wertvorstellungen, die die Erwerbsform der Selbstständigkeit mehr oder weniger attraktiv erscheinen lassen und damit ein positiv oder negatives Klima für Unternehmensgründungen schaffen können.

Zudem entscheiden auf politischer Ebene bestimmte *Akteure* über die Ausgestaltung der Arbeitsmarktpolitik und damit auch über die materielle wie ideelle Förderung von Selbstständigkeit. Daneben verfolgen sie ihre spezifischen Ziele und setzen in ihren Positionen Prioritäten, die auch einen Schritt in die Selbstständigkeit beeinflussen (können). Ihr Zusammenspiel, aber auch ihr Einfluss auf die konkrete Politikgestaltung, sowie ihre Interessenlagen, die sich zum Teil aus den beiden eben genannten Charakteristika ableiten, ergeben eine bestimmte, meistens über lange Jahre eingespielte, Akteurskonstellation in der Arbeitsmarktpolitik. Die dabei relevanten Akteure sind im Wesentlichen das politisch-administrative System sowie die Arbeitsmarktparteien.

Der Zusammenhang zwischen Wohlfahrtsregime und Selbstständigkeit verläuft also zum einen direkt, über das System der sozialen Sicherung und die Kultur der Selbstständigkeit, und zum anderen indirekt, über die Zwischenschaltung des Arbeitsmarktes (s. Abbildung 2).

Dass diese sechs maßgeblichen Einflussfaktoren auf Niveau und Entwicklung von Selbstständigkeit direkt vom Wohlfahrtssystem beeinflusst sind, werden die einzelnen Kapitel des Hauptteils zeigen (Kapitel 3). So kann über die Darstellung der Zusammenhänge und Einflusskanäle die zentrale, der Arbeit zu Grunde liegende Vermutung überprüft werden: *Dass das Wohlfahrtsregime einen gewichtigen Einfluss auf Niveau und Entwicklung von Selbstständigkeit hat.* Und noch mehr:

Daraus folgt auch, dass Fördermaßnahmen, politische Strategien (Policies) und arbeitsmarktpolitische Instrumente wenig Einfluss auf die Selbstständigkeit

4 Die Thematik wird auch in Kapitel 1.3 kurz im Zusammenhang mit den Erwartungen, die der Selbstständigkeit entgegengebracht werden und der Frage, ob die Erwerbsform diese Erwartungen auch tatsächlich einlösen kann, angesprochen.

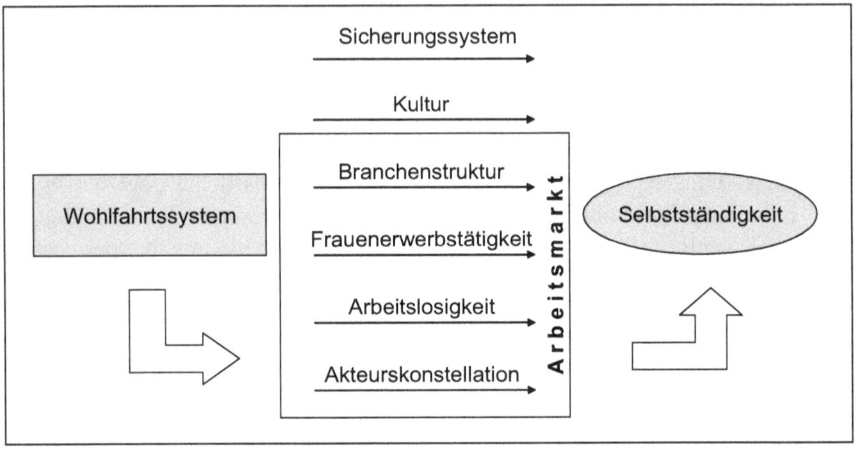

Abbildung 2: Direkter und indirekter Zusammenhang zwischen Wohlfahrtssystem und Selbständigkeit. Quelle: Eigene Darstellung

eines Landes haben. Soll diese gestärkt und erhöht werden, muss an anderer Stelle, nämlich den eben genannten Faktoren, angesetzt werden. Der Einfluss, der vom Wohlfahrtsregime ausgeht, ist so stark, dass er die eingesetzten Policies neutralisiert. Dies bedeutet mehr als eine reine „Bestätigung" der Theorie der Wohlfahrtsforschung oder der Regime-Klassifizierung. Wenn die oben genannten Faktoren, und damit der sie beeinflussende Regimetyp, einen so massiven Einfluss auf die Performance am Arbeitsmarkt haben, stellt dies das Vorgehen der Arbeitsmarktpolitik in Frage. Denn das würde bedeuten, dass es (zumindest im Teilbereich der Selbstständigkeit) nicht möglich ist, direkt auf den Arbeitsmarkt einzuwirken. Können die dargestellten Thesen bestätigt werden, hätte das weitreichende Konsequenzen für die konkrete Politikgestaltung: *Förderinstrumente und andere arbeitsmarktpolitische Maßnahmen greifen dann zu kurz und sind daher gegen die Effekte, die vom Wohlfahrtsregime ausgehen, wirkungslos.* Diese, letzte, Vermutung wird am Ende der Analyse zu beantworten sein.

1.2 Vorgehensweise

Um die beiden Einflusskanäle vom Wohlfahrtssystem auf die Erwerbsform Selbstständigkeit umfassend darzustellen, müssen das System der sozialen Sicherung und auch der Arbeitsmarkt als unabhängige Variable gesetzt und operationalisiert werden. Unter dem Sicherungssystem werden jene Mechanismen verstanden, die im Falle der sogenannten „Wechselfälle des Lebens“ greifen. Personen, die weder aus dem Einkommen durch Erwerbstätigkeit noch aus eigenen Mitteln heraus in der Lage sind, ihren Lebensunterhalt zu bestreiten und für anfallenden Kosten aufzukommen, werden unterstützt. Der Grund, dass das Erwerbseinkommen nicht ausreicht kann dabei vorübergehend sein (Unfall, Krankheit, Mutterschutz,...) oder auch länger andauern (Arbeitslosigkeit, Arbeitsunfähigkeit) und sogar ein permanenter Zustand sein (Rente). Zudem werden von den meisten Sicherungssystemen auch Personen unterstützt, die zwar über Erwerbseinkommen verfügen, das aber so gering ist, dass es nicht für die Bestreitung des Lebensunterhalts ausreicht. Die theoretische Abgrenzung fällt schwer, da jedes empirisch anzutreffende Sozialsystem die Unterstützungswürdigkeit anders abgrenzt. Dennoch kann der Kern, der allen Systemen gleich ist sehr detailliert beschrieben werden anhand der Charakteristika Finanzierungsform, Gestaltungsprinzipien, Abgabengestaltung sowie Deckungsgrad und -struktur. Ebenso verhält es sich mit den (hier relevanten) Charakteristika des Arbeitsmarktes: Branchenstruktur, Erwerbsbeteiligung, Qualifizierungsgrad und -ausrichtung der Erwerbsbevölkerung, Arbeitslosigkeit, Einstellungsfragen zu verschiedenen Erwerbsformen sowie die Akteurskonstellation der Arbeitsmarktpolitik und das Ausmaß öffentlicher Beschäftigung bieten eine umfassende Beschreibung des Arbeitsmarkts eines Landes. Zusammengenommen lässt sich mittels dieser Operationalisierungen der Einfluss des Wohlfahrtsregimes auf die Selbstständigkeit darstellen.

Hauptaufgabe der Arbeit ist es also, anhand der Darstellung der einzelnen Operanden der beiden unabhängigen Variablen aufzuzeigen, wie diese Beziehung ausgestaltet ist. Um den prinzipiellen Zusammenhang zwischen Wohlfahrtsregime als unabhängiger und Selbstständigkeit als abhängiger Variable nachzuweisen, wird beispielhaft die Gruppe des konservativen Wohlfahrtsregimes herangezogen.[5, 6] Für die genaue Darstellung wird aus diesen Staaten Deutschland stellvertretend im Detail untersucht. Es ist hier ausreichend, die Untersuchung auf ein Land zu begrenzen, da die Länder, die dem konservativen Wohlfahrtregime zugerechnet werden, in sich sehr homogen sind. Gerade in Bezug auf die Ausgestaltung der sozialen Sicherung und die typischen Merkmale des Arbeitsmarktes sind sie sich sehr ähnlich. (Siehe dazu z.B. Alber 1998, Ebbinghaus/Hassel 2000, Esping-Andersen 1996b, European Commission 1998, Kaufmann 2002, Lütz 2004 oder auch Steiner/Zimmermann 1996) Gerade diese Homogenität macht die Ländergruppe ja schlussendlich zu einem „Regime", also zu mehr als der zufälligen Gruppierung verschiedener Länder. So ist es nicht nur zulässig, sondern vielmehr auch schlüssig, für die detaillierte Analyse auf einen Vertreter der gesamten Gruppe zurück zu greifen. In der vorliegenden Arbeit wird deshalb Deutschland umfassend untersucht.[7] Immer dort, wo es dennoch in den anderen Ländern Abweichungen gibt, oder der deutsche Fall besondere Spezifika aufweist, die so in den anderen Staaten nicht vorkommen, wird aber auch kurz auf die andere Länder eingegangen. Dies wäre etwa der Fall beim vergleichsweise hohen Stellenwert den die Finanz- und Versicherungsbranche in der Verteilung der Beschäftigten in Luxemburg einnimmt, oder auch bei den nach wie vor großen Unterschieden in der Arbeitsmarktstruktur zwischen Ost- und

5 Es ist keineswegs unumstritten, welche Länder zu diesem Regime zu zählen sind – nicht einmal über die korrekte Namensgebung der Gruppe herrscht Einigkeit. Da es nicht Ziel der Arbeit ist, diese Clusterung zu überprüfen oder korrekt zu benennen, wurde hier aus Gründen des Forschungspragmatismus auf die „klassische" Einteilung zurückgegriffen, auf die sich im Kern alle Beiträge zu diesem Thema (siehe z.B.: Arts/Gelissen 2002, Lessenich 1995, Castles/Mitchell 1990, Bambra 2006, Kasza 2002, Allan/Scruggs 2004 sowie Scruggs/Allen 2006 u.v.m) einigen können, und die Titulierung weitestgehend außer Frage gestellt. Konservativ, korporatistisch, kontinentaleuropäisch – werden also im Fortgang äquivalent verwendet. Im Schlussteil (Kapitel 4.3) wird allerdings auf diese Problematik detaillierter Bezug genommen, indem auch die Ergebnisse dieser Arbeit, die die Schwierigkeiten mit dem zu untersuchenden Regime noch einmal deutlich machen, mit einbezogen werden.

6 Ebenso könnte man auch eine Vollerhebung über alle Regime-Gruppen vornehmen, was den Rahmen dieser Arbeit aber deutlich übersteigen würde, oder jedes andere Regime heranziehen. Die vorliegende Arbeit kann somit auch als Analyseraster verwendet werden, anhand dessen andere Gruppen von Wohlfahrtsstaaten analog untersucht werden können.

7 Wie auch schon zuvor ist diese Wahl aus eher forschungspragmatischen Gründen getroffen worden – ebenso hätte man den französischen, belgischen, österreichischen oder luxemburgischen Fall detailliert analysieren können.

Westdeutschland. Die Vorgehensweise ist somit keine reine Fallstudie, aber auch nicht als Vergleich im klassischen Verständnis zu bezeichnen, sondern zwischen diesen beiden Polen angesiedelt.

Die Struktur der Arbeit orientiert sich in weiten Teilen an der dargestellten Argumentationsweise. Beginnend mit der Entwicklung der Fragestellung und dem Versuch, das Interesse an der Thematik Selbstständigkeit deutlich zu machen (Kapitel 1.3 und 1.4) geht die Arbeit über in den Themenkomplex des Zusammenhangs zwischen Selbstständigkeit und Wohlfahrtssystem. Während Kapitel 2.1 dabei aufzeigt, warum es einen solchen Zusammenhang theoretisch geben müsste (Hauptthema des Kapitels ist es, zu verdeutlichen, warum dieser Einfluss über zwei Kanäle, nämlich das System der sozialen Sicherung und das Arbeitsmarktregime, verläuft), beschäftigt sich das Kapitel 2.2 mit der Frage, warum der potenzielle Zusammenhang zuvor selten behandelt, und niemals entdeckt wurde. Damit geht die Arbeit über den bisherigen Stand der Forschung deutlich hinaus. Vor allem das Forschungsdesign der bisherigen Untersuchungen steht dabei in der Kritik. Als Basis für die dort entwickelten Überlegungen dient das dependent variable problem (Kapitel 2.2.1 und 2.2.2). Auf dieser Grundlage wird ein abweichendes Forschungsdesign, das den Gegenstand besser (und realitätsnäher) erfassen kann, erarbeitet (Kapitel 2.2.3).

Im darauf folgenden Kapitel (2.3) wird, hauptsächlich mittels Korrelationsanalysen, gezeigt, dass die einzelnen Wohlfahrtsregime einen deutlichen Zusammenhang zur Selbstständigkeit aufweisen. Es besteht also nicht nur in theoretischer Hinsicht ein Zusammenhang zwischen Wohlfahrtssystem und Selbstständigkeit gibt, sondern dieser auch in der Empirie gefunden werden kann. Dabei wird in weiten Teilen auf die bekannten Regime-Kategorien nach Esping-Andersen (1990) abgestellt, zusätzlich wird aber auch das südeuropäische Regime (vgl. dazu z.B. Leibfried 1993) betrachtet, da hier eine besonders starke Korrelation gefunden werden kann. Somit verbleibt die Analyse auch nicht immer starr in den Vorgaben der „klassischen" Regime-Typologisierungen. Ebenfalls noch in Kapitel 2 muss, bevor direkt in die Überprüfung der Annahmen eingestiegen werden kann, geklärt werden, ob der gefundene Zusammenhang zwischen Selbstständigkeit und Wohlfahrtsregime nicht nur durch den Einsatz ähnlicher Förderinstrumente entsteht (2.4). Das Ausschließen dieser Vermutung ist unbedingt erforderlich, da andernfalls der gefunden Zusammenhang nur ein Artefakt wäre.

Im Anschluss daran beginnt der eigentliche Hauptteil der Arbeit, in dem die zuvor theoretisch entwickelten unabhängigen Variablen detailliert dargestellt und der Einfluss auf die Selbstständigkeit aufgezeigt wird. Kapitel 3 beginnt mit einer Übersicht über die einzelnen Operanden der unabhängigen Variablen, die gleichzeitig die Grundlage für die Gliederung des gesamten Abschnitts sind. Die Kapitel 3.1-3.4 beschäftigen sich mit der Arbeitsmarktstruktur bzw. den hiervon für die Fragestellung relevanten Faktoren, Kapitel 3.5 geht auf die Akteurskonstellation in der Arbeitsmarktpolitik ein, und mit dem System der sozialen Sicherung beschäftigt sich Kapitel 3.6. Die einzelnen Unterkapitel sind in sich analog strukturiert. Zunächst wird die empirische Situation der einzelnen Variablen für die BRD dargestellt, als zweiter Unterpunkt geht es dann darum aufzuzeigen, wie diese empirisch festzustellende Ausprägung die Selbstständigkeit beeinflusst. Da es, wie bereits erwähnt, trotz der hohen Homogenität innerhalb des konservativen Wohlfahrtsregimes nicht auszuschließen ist, dass es bei dem einen oder anderen Operanden Abweichungen zur deutschen Situation gibt, wird immer dort, wo dies relevant erscheint, auch die Situation in anderen Ländern des konservativen Wohlfahrtsregimes dargestellt und deren Einfluss auf die Selbstständigkeit des jeweiligen Landes aufgezeigt. Die insgesamt sechs Unterkapitel des dritten Abschnitts gliedern sich also jeweils in der Regel in zwei Unterkapiteln.[8]

Die verschiedenen Operanden bedürfen einer genaueren Spezifizierung. Dabei fällt die Festlegung der direkten Einflussfaktoren vergleichsweise leicht. Das **System der sozialen Sicherung** (Kapitel 3.6) kann umfassend über die Stichpunkte *Finanzierungsform* (Steuer- oder Beitragsfinanzierung, Umlage oder Kapitaldeckungsverfahren), *Gestaltungsprinzipien* (Versicherungs-, Vorsorge- oder Versorgungsprinzip), *Abgabengestaltung* (Einkommen oder Vermögen als Bezugspunkt, regressive, degressive oder neutrale Beitragsgestaltung, Einheitssatz oder Prozentsatz der Bemessungsgrundlage,...) und *Empfängerkreis* (Einwohner, Staatsbürger oder Arbeitnehmer) dargestellt werden.

Etwas schwieriger ist die Spezifizierung der indirekten Einflussfaktoren, die die **Arbeitsmarktstruktur**, oder auch das Arbeitsmarktregime, manifestieren. Während sich die *Branchenstruktur* (Verteilung von Beschäftigten und Unternehmen auf primären, sekundären und tertiären Sektor sowie deren Beitrag zur Wertschöpfung) und die öffentliche Beschäftigung (Ausgaben für die öffentlich Beschäftigten, Anteil an Beschäftigten im Staatsdienst, Wertschöpfung dieses

8 Insbesondere das Kapitel zur Akteurskonstellation muss von dieser Zweiteilung abweichen, behält die Struktur inhaltlich aber bei.

Bereichs) noch einfach darstellen lassen und auch die *Arbeitslosenquote*[9] (Kapitel 3.2) sowie die *Frauenerwerbsbeteiligung* (Kapitel 3.3) klar definiert sind, ist die Erfassung bei den anderen Operanden schon problematischer. Vielleicht am schwersten abzugrenzen und zu spezifizieren ist die *„Kultur der Selbstständigkeit“* (Kapitel 3.4). Darunter soll hier das Interesse an dieser Erwerbsform wie auch die Bereitschaft zur Aufnahme einer solchen Tätigkeit verstanden werden. Die *Akteurskonstellation* in der Arbeitsmarktpolitik (Kapitel 3.5) kann nur qualitativ erfasst werden über deren Relevanz bei der Gestaltung der Politik. Interessant für das Ausmaß an Selbstständigkeit ist hier vor allem der Einfluss, den Gewerkschaften, aber auch Arbeitgeberverbände ausüben können, was quantitativ über den Deckungsgrad bzw. die Mitgliederdichte erfasst werden kann. Dazu muss aber auch (qualitativ) untersucht werden, wie und in welchem Umfang sich die Positionen der Verbände auch in Politik umsetzen, da die Mitgliederanzahl für sich genommen noch nichts über den tatsächlichen Einfluss aussagen muss.

Mit diesen fünf Variablen kann das „Arbeitsmarktregime“ gut umrissen werden, jedenfalls soweit es für diese Arbeit relevant ist, und es werden gleichzeitig jene Faktoren dargestellt, die den indirekten Einfluss vom Wohlfahrtsregime über die Arbeitsmarktstruktur auf die Selbstständigkeit ausüben. Zusammen mit Kapitel 3.6 zum System der sozialen Absicherung werden somit alle Einflussfaktoren, die vom Wohlfahrtssystem auf die Erwerbsform der Selbstständigkeit ausgehen, systematisch erfasst.

Im darauf folgenden vierten Kapitel wird zusammenfassend gezeigt, welchen Einfluss das Wohlfahrtssystem auf die Selbstständigkeit hat, und die in den Kapiteln zuvor gewonnenen Erkenntnisse dafür genutzt, die Arbeit in einen breiteren Kontext aktueller sozialwissenschaftlicher Debatten zu stellen.

1.3 Interesse an der Erwerbsform Selbstständigkeit

Nachdem die Erwerbsform Selbstständigkeit während der letzten Jahrzehnte ein Schattendasein in den politischen wie wissenschaftlichen Diskursen führte, was vor allem auf die Vermutung zurückzuführen ist, dass Selbstständigkeit immer unwichtiger wird – eine aufgrund der lange Zeit kontinuierlich sinkenden Selbst-

9 Für beide wird in der Literatur eine Korrelation mit der Selbstständigenquote angenommen. (Siehe z.B. Audretsch 2002, Bates/Servon 2000, Bögenhold/Staber 1990, Lazear 2002, Meager 1992a, Storey 1991 und viele mehr)

ständigenquoten durchaus begründete Vermutung. Seit den 1980er-Jahren aber hat die Aufmerksamkeit für dieses Thema wieder zugenommen. Zunächst kann dies als Folge der erneut ansteigenden Selbstständigenquote gesehen werden. (Näheres dazu weiter unten in Kapitel 1.4.)

Seitdem hat sich aber auch die Ansicht über Selbstständigkeit gewandelt, wodurch diese Erwerbsform heute teils mit sehr positiven Werten besetzt ist (Arbeitplatzbeschaffung, Wachstum, Synonym für Selbstbestimmtheit und Freiheit,...), teils aber auch mit negativen (ultimative Form unsicherer Arbeitsplätze, kaum soziale Absicherung, schlechte Arbeitsbedingungen,...; vgl. dazu McManus 2001, 24), wobei der Stellenwert der Selbstständigkeit und die Rolle, die ihr zukommt, von Land zu Land teilweise sehr stark variieren. Das aktuell hohe Interesse an Selbstständigkeit und am Gründungsgeschehen erklärt sich vor allem mit der genannten positiven Besetzung und der Erwartungshaltung, die dieser Erwerbsform entgegengebracht wird: „In the last decade evidence suggesting that entrepreneurship is important for growth and employment creation has accumulated at a rapid rate.“ (Henrekson 2005, 25)

Die Europäische Kommission hält fest:

> Unternehmerische Initiative ist ein wichtiger Motor für Innovation, Wettbewerbsfähigkeit und Wachstum. [...] Es wurde nachgewiesen, dass ein positiver und fundierter Zusammenhang zwischen unternehmerischer Initiative und wirtschaftlicher Leistungsfähigkeit in bezug auf Wachstum, Lebensfähigkeit der Unternehmen, Innovation, Schaffung von Arbeitsplätzen, technologischen Wandel, Produktivitätszuwächse und Exporte besteht. (Europäische Kommission 2003b, 3)[10]

Audretsch betont: „Small and new enterprises serve as an engine of employment creation ...” (Audretsch 2002, 15) Zudem wird nicht nur eine wichtige Rolle bei der Entstehung neuer Arbeitsplätze erwartet, sondern auch bezüglich der Reduzierung von Arbeitslosigkeit: „ ... [countries] exhibiting a greater increase in entrepreneurship rates between 1974 and 1986 also tended to exhibit greater decreases in unemployment rates between 1986 and 1998. This would suggest a negative relationship between entrepreneurial activity and subsequent unemploy-

10 Die umgekehrte Beziehung kann allerdings auch gefunden werden, wenn Länder im Querschnitt verglichen werden und nicht einzelne Länder, die den Strukturwandel weg von der Landwirtschaft hin zur Industrie längst vollzogen haben und die dabei sind, sich zur Dienstleistungs- und Wissensgesellschaft zu entwickeln, im Längsschnitt. Vergleicht man Entwicklungs- und Schwellenländer mit hoch entwickelten Industrieländern, kann man sehen, dass Länder mit höherer Selbstständigenquote ein deutlich niedrigeres BIP haben.

ment." (Audretsch 2002, 29) Ebenso sieht es auch die OECD, die der Förderung der Selbstständigkeit in ihrer Job-Strategie einen zentralen Stellenwert einräumt: „The creation of new businesses ... are key elements in the dynamism of modern economies. New firms attract resources to new activities, and when they prosper and are able to grow rapidly, they generate significant numbers of new jobs." (OECD 2004a, 8) Die negative Korrelation zwischen Selbstständigen- und Arbeitslosenquote kann auch auf substaatlicher Ebene gefunden werden: „In den Ländern [gemeint sind die deutschen Bundesländer, *Anm. UB*] mit den höchsten Selbständigenquoten sind die niedrigsten Arbeitslosenquoten und umgekehrt." (Pfeiffer 1994, 21)

Zudem gab es in den letzten Jahrzehnten einen deutlichen Meinungswandel betreffend der Rolle von Selbstständigen in der Gesellschaft, der mitverantwortlich für das wachsende wissenschaftliche und gesellschaftspolitische Interesse an der Selbstständigkeit sein dürfte:

> The role of entrepreneurship in society has changed drastically over the last half century. During the post-World War II era, the importance of entrepreneurship and business seemed to be fading away. While alarm was expressed that small business needed to be preserved and protected for social and political reasons, few made the case on the grounds of economic efficiency. This position was drastically reversed in recent years. Entrepreneurship has become the engine of economic and social development ... (Audretsch 2002, 5)

Aber mehr noch: „Unternehmerische Initiative ... ist auch ein Instrument für die persönliche Entwicklung und kann dem sozialen Zusammenhalt nutzen, wenn jede(r), unabhängig von Hintergrund oder Ort, die Möglichkeit erhält, ein eigenes Unternehmen zu gründen." (Europäische Kommission 2003b, 3) Mit der Erwerbsform Selbstständigkeit werden Werte verbunden, die als förderungswürdig gesehen werden. (Siehe z.B. OECD 2004a, 9) „...self-employment activities also fit into the political appraisal of ‚new' values such as personal responsibility, individual initiative and creativity." (Kreide 2003, 205)

Neben diesen positiven Perspektiven und Erwartungen gibt es aber durchaus auch kritischer Sichtweisen auf das Thema. Verantwortlich für die steigende Selbstständigkeit sei demnach vor allem, dass aufgrund der schlechten Arbeitsmarktlage Teilen der Erwerbsbevölkerung nichts anderes übrige bliebe als sich selbstständig zu machen, da es an anderen Arbeitsgelegenheiten mangelt. Mit der Zunahme der Selbstständigkeit, die so verstanden zu den atypischen Beschäftigungsverhältnissen zu zählen ist, steigt insgesamt die Zahl an unsicheren, atypischen, niedrig „entlohnten", unsicheren Beschäftigungen. (Siehe z.B. Leicht/

Luber 2002) Tatsächlich ist fraglich, welcher Anteil der Wachstumsrate den pull-Faktoren (in etwa mit „positiven“ Beweggründen gleichzusetzen; Faktoren, die die Selbstständigkeit attraktiv erscheinen lassen) und wie viel den push-Faktoren (in etwa „negative“ Beweggründe; Mangel an Alternativen) zuzuschreiben ist. (Siehe dazu auch Kapitel 1.4.1) Auch sind (bislang) weder die erhofften Beschäftigungseffekte nachweisbar, noch verhalten sich die Änderungsraten von Arbeitslosigkeit und Selbstständigkeit invers zueinander. (Siehe Protsch 2006, 2)

Trotz dieser Bedenken überwiegt aktuell die positive Sicht auf die Erwerbsform Selbstständigkeit. Ihre Steigerung ist ein aktuelles politisches Anliegen – allerdings steht dahinter kein Interesse „für sich“: Die Förderung von Unternehmensgründungen ist nicht das Ziel „an sich“, sondern genau genommen nur das Instrument zur Erzielung bestimmter wünschenswerter Ergebnisse, wie Steigerung des Wirtschaftswachstum, Senkung der Arbeitslosenquote oder Bewältigung des Strukturwandels. Durch die vielfältigen Erwartungen, die in dieses „Instrument“ investiert werden, erscheint es allerdings zeitweise bereits so, als wäre die Erhöhung der Selbstständigenquote ein „Ziel an sich“. Durch dieses eigentlich aber abgeleitete Interesse ergeben sich viele Schwierigkeiten bei der wissenschaftlichen Untersuchung von Selbstständigkeit und den Möglichkeiten zu deren Erhöhung, da sich die Analyse kaum auf abgegrenzte Politikfelder beschränken kann.

Die Beschäftigung mit dem Thema fällt neben anderen Ursachen wie der Komplexität des Themas und der Heterogenität der Gruppe, die im Fokus steht, auch deswegen schwer, da es keine eindeutig „zuständige“ Disziplin gibt (Audretsch 2002, 1). In den letzten Jahrzehnten hat sich zunächst die Ökonomie, dann auch die Sozialwissenschaft mit der Erwerbsform der Selbstständigkeit auseinander gesetzt, wobei der jeweilige Untersuchungsfokus deutlich unterschiedlich ist. „In the literature one can find at least 13 distinct themes developed around these concepts ...”[11] (Henrekson 2002, 2) Aus Sicht der Ökonomie steht vor allem im Vordergrund, dass ein potenzieller Zusammenhang zwischen Selbstständigenrate und Wachstum besteht, der eine hohe Selbstständigenquote wünschenswert macht. Deshalb suchen Ökonomen nach den Ursachen und Gründen, warum sich jemand selbstständig macht sowie nach potenziellen Barrieren, die es zu beseitigen gilt. Traditionell kann die Literatur zur Selbstständig-

11 Gemeint sind die Begriffe „entrepreneur“ und „entrepreneurship“.

keit in drei Gedankentraditionen unterteilt werden,[12] die aus dem Bereich der Ökonomie stammen: (vgl. Herbert/Link 1989)

- die Tradition der deutschen Denkschule, basierend auf von Thuenen und Schumpeter,
- die Tradition der Chicago-Schule, basierend auf Knight und Schultz und
- die Tradition der Österreichischen Schule, basierend auf Mises, Kirzner und Shackle.

Durchgesetzt haben sich vor allem zwei Sichtweisen. Zum einen die von Schumpeter, der den Unternehmensgründer als Auslöser der „kreativen Zerstörung" sah. (Vgl. Schumpeter 1934 sowie Schumpeter 1942) Neue Produkte und generell Innovationen führen in seiner Sicht zu einer Störung des Gleichgewichts, die durch Nachahmung und Wettbewerb allmählich wieder behoben wird. Bis heute ist diese Ansicht zwar nicht unumstritten (so haben etwa Schultz (1980) oder auch Kirzner (1983) auf die stabilisierende Wirkung von Selbstständigen hingewiesen), bei weitem aber am prominentesten in der Literatur vertreten. Daneben hat in der Ökonomie nur noch die Sichtweise von Knight einen gewissen Stellenwert erreicht, der den Unternehmerlohn als Prämie für die Übernahme von Risiken und das Eingehen von Ungewissheiten ansieht. (Vgl. Knight 1921)

Die Sozialwissenschaften, und innerhalb dieser Disziplin waren es zunächst die Soziologen, die sich diesem Thema gewidmet haben, untersuchen hingegen hauptsächlich die Gründungs- und Erfolgsfaktoren von (neuen) Unternehmen, wobei die soziale und gesellschaftliche Rolle der Selbstständigen im Vordergrund steht. Insbesondere sind hier Gruppenzugehörigkeitstheorien, Persönlichkeitstheorien und Theorien der gesellschaftlichen Diskriminierung zu nenne, die sich mit den Bestimmungsfaktoren von Selbstständigkeit beschäftigen (Pfeiffer 1994, 64-65).

Während sich also die Ökonomie vornehmlich mit den Entstehungsbedingungen und Wirkungen von Selbstständigkeit auf der Makroebene beschäftigt, richtet sich der sozialwissenschaftliche Fokus überwiegend auf die Mikroebene.

Die Gruppe der Selbstständigen ist in sich sehr heterogen und dadurch schwer zu beschreiben und zu erfassen. Die einfache Formel: selbstständig ist, wer „... eine Unternehmung als Eigentümer, Miteigentümer oder Pächter eigenverantwortlich und nicht weisungsgebunden leitet, und die, die Verantwortung

12 Auch „three giants" genannt (vgl. Grilo/Thurik 2005).

für die Entwicklung und das Ergebnis der Unternehmung tragen" (Pfeiffer 1994, 13), bietet zwar eine Abgrenzung zu abhängig Erwerbstätigen, reicht aber zur umfassenden Beschreibung der Gruppe der Selbstständigen kaum aus. „Durch diese grobe Unterteilung bleibt jedoch die zunehmende Anzahl von Beschäftigungsformen im Grenzbereich zwischen Selbstständigkeit und abhängiger Beschäftigung unentdeckt" (Uhly 2002), und damit treten auch viele Facetten der Selbstständigkeit nicht deutlich (genug) zu Tage, wie etwa die unterschiedliche Qualität, von der die einzelnen Erwerbsverhältnisse sein können. (Siehe Protsch 2006, 3)

Zudem erschwert die Heterogenität das maßgenaue Zuschneiden von geeigneten Instrumenten und Maßnahmen zur Unterstützung von Selbstständigen bzw. zur Förderung von Unternehmensgründungen. Kreide (2003, 207-208) unterscheidet drei Typen von Selbstständigen:

- den Standard-Gründer,
- den Pseudo-Selbstständigen und
- den „Neuen Selbstständigen"

Jede dieser Gruppen zeichnet sich durch einen anderen Hintergrund, andere Gründungsmotive und andere Bedürfnisse aus. Während der Standard-Gründer dem klassischen Bild des männlichen, jungen bis mittel-alten Selbstständigen entspricht, der ein Unternehmen geerbt oder ein beträchtliches Vermögen angehäuft hat, das durch das Unternehmen vermehrt werden soll, ist der Pseudo-Selbstständige gar kein eigentlich selbstständig Tätiger. Pseudo-Selbstständige arbeiten nur für einen Auftraggeber und sind von diesem finanziell abhängig. Diese Form der Selbstständigkeit entstand vor allem im Zuge der massiven Outsourcing-Tendenzen der letzten Jahre. Die „Neuen Selbstständigen" sind noch schwerer zu fassen. Von „Neuer Selbstständigkeit" spricht man in verschiedenen Kontexten (siehe z.B. Schulze Buschoff 2004, Eichmann/Kaupa/Steiner 2002 oder Bögenhold/Leicht 2000), vor allem aber immer dann, wenn es um die Gründung kleiner Unternehmen in Aufschwungsbranchen geht. Doch als „Neue Selbstständige" werden auch oft jene bezeichnet, die darüber einen Ausweg aus der (drohenden) Arbeitslosigkeit suchen. Boomende Wirtschaftszweige kommen für sie nur selten in Frage, da sie weder über das nötige Kapital noch das erforderliche Know-how verfügen. „Neue Selbstständige" sind also nicht mit Gründern an sich, also neu in die Selbstständigkeit eintretenden Erwerbstätigen, zu verwechseln. Andere Einteilungen rekurrieren auf die Aufgaben, die die verschiedenen Selbstständigkeits-Typen im Betrieb übernehmen. So unterscheidet Uhly (2002) zwischen

- „self-employed“, die im eigentlichen Wortsinn nur sich selbst „beschäftigen“, also keine Angestellten haben und alles im Unternehmen selbst übernehmen,
- „small employers“, die Arbeitnehmern beschäftigen, aber abgesehen von der Geschäftsführung gleichwertige Tätigkeiten wie ihre Angestellten übernehmen,
- „owner-controllers, die nur Führungsaufgaben wahrnehmen und
- „owner-directors“, die zumindest einen Teil der Geschäftsführung ebenfalls delegieren.

Diese Einteilung setzt weniger an der Gründungsform und deren Motiven an, sondern zielt direkter auf die unterschiedlichen Ausformungen von Selbstständigkeit in der praktischen Ausübung. (Vgl. dazu auch Protsch 2006, 3)

Nicht nur die (korrekte) Einteilung in verschiedene Untergruppen von Selbstständigkeit, die für die weitere Behandlung dieser Erwerbsform unerlässlich ist, um sie trotz ihrer Heterogenität erfassen zu können, bereitet Schwierigkeiten. Ein generelles Problem in der Beschäftigung mit der Erwerbsform Selbstständigkeit ist die Abgrenzung gegenüber anderen Erwerbsformen. Insbesondere der populäre Begriff der Scheinselbstständigkeit, gleichzusetzen mit den Pseudo-Selbstständigen bei Kreide, bereitet hier Schwierigkeiten. Hinzu kommt, dass im Mittelpunkt des politikwissenschaftlichen Interesses an der Selbstständigkeit an zentraler Stelle die Frage steht, wie man Selbstständigenquoten erhöhen, die Selbstständigkeit also attraktiver machen kann. Damit kommt aber das zusätzliche Abgrenzungsproblem hinzu, dass es schwer ist zu fasse, was als „Gründung“ gilt, wer ein „Gründer“ ist. „... there is no generally accepted definition of entrepreneurship for the developed countries of the OECD ... “ (Audretsch 2002, 2) Henrekson versucht sich an einer Definition für den Begriff „Entrepeneurship“, den er allerdings ausdrücklich nicht mit Selbstständigkeit gleichgesetzt wissen will, (vgl. Henrekson 2002, 3) sondern den Entrepreneur mehr als (Unternehmens)Gründer verseht:

> Entrepreneurship is the ability and willingness of individuals, both on their own and within organizations to: (i) perceive and create new economic opportunities; (ii) introduce their ideas in the market, in the face of uncertainty and other obstacles, by making decisions on location, form and the use of resources and institutions; and

(iii) compete with others for a share of that market. (Henrekson 2002, 2-3, in Anlehnung an Wennekers/Thurik 1999)

Problematisch an dieser Herangehensweise ist, dass auch hiermit eigentlich wieder nur jene „klassischen“ Selbstständigen (nach Kreide die Standard-Gründer) umrissen sind und, wie später noch ausführlicher dargestellt, es einen erheblichen Anteil gibt, die aus einer gewissen Notlage heraus in die Selbstständigkeit gehen. Auf diese Gruppe trifft aber das von Henrekson gezeichnete Bild eines innovativen, risikofreudigen Unternehmers kaum zu.

Im Gefolge dieser Problem entsteht die Schwierigkeit, eine angemessene Maßzahl für das Gründungsgeschehen zu finden: „...the variety of proxy-measures, ... [ranges from] self-employment rates, business owner ship rates, new-firm startups (births), ... to turbulence (turnover)...” (Audretsch 2002, 4) Gelöst wird dieses Dilemma meistens, indem Selbstständigenquoten als Näherungsmaßzahl eingesetzt werden[13] oder die „business ownership rate“, definiert als Anzahl von Unternehmenseigner in Relation zur gesamten Erwerbsbevölkerung, herangezogen wird. (Vgl. Audretsch 2002, 4) Eine damit verwandte methodische Problematik ergibt sich zudem aus der Verfügbarkeit und der Vergleichbarkeit der Daten zur Selbstständigkeit. Der Vergleich der Selbstständigenquoten verschiedener Länder wird dadurch teils erheblich erschwert. Wie bei jeder Quote können unterschiedliche Herangehensweisen, methodische Konzepte und Zählverfahren sowohl den Zähler als auch den Nenner der Quote beeinflussen und so bei einem Vergleich zu einem nicht korrekten Ergebnis oder zumindest verzerrten Bild führen.

Trotz der hier angesprochenen Schwierigkeiten, vor allem was die Vergleichbarkeit internationaler Daten anbelangt, kann doch festgehalten werden, dass das wissenschaftliche und politische Interesse an der Erwerbsform Selbstständigkeit in den letzten Jahren parallel zu deren Entwicklung kontinuierlich zugenommen hat. Das folgende Kapitel wird sich nun der Frage widmen, welche Faktoren für die in den letzten Jahren steigende Selbstständigenquoten verantwortlich sind.

13 Wie auch im weiteren Verlauf dieser Arbeit, soweit nicht anders angegeben.

1.4 Steigende Selbstständigkeit

Einen Großteil des 20. Jahrhundert hindurch sank die Zahl an Selbstständigen also kontinuierlich, große Unternehmen machten immer mehr Anteil an allen Betrieben aus. Ab Mitte der 1970er-Jahre änderte sich dieser Trend: „The long period during which large firms had predominated while small firms had been increasingly marginalized came to an end in the 1970s." (Henrekson 2002, 4; siehe auch Audretsch 2002, 6) Pfeiffer legt den Zeitpunkt der endgültigen Trendumkehr, also den Moment, ab dem die Selbstständigenquote nicht mehr nur weniger sank als in den Jahren zuvor, sondern der Tiefstpunkt erreicht und überwunden wurde, für Deutschland auf das Jahr 1981 (Pfeiffer 1994, 19). Für andere Industrieländer verschiebt sich dieser Zeitpunkt zumeist um nur wenige Jahre nach vorne oder hinten (s. Abbildung 3).

Dabei kann das Ansteigen der Selbstständigkeit auf verschiedene Faktoren zurückgeführt werden: (Vgl. Audretsch 2002, 7-8, Davis/Henrekson 1999, 61, Henrekson 2002, 4-5 sowie Protsch 2006, 1-3)

- Der technologische Wandel führte zu geringeren economies of scale, wodurch sich ein zuvor bestehender Nachteil zu Lasten von kleineren Unternehmen verringerte.
- Die zunehmende Globalisierung führte zu volatileren Märkten.
- Geänderte Konsumentenpräferenzen (infolge von gestiegenen Einkommen in den Industriestaaten) führen zur Bevorzugung von weniger standardisierten Gütern und damit zu einem Rückgang der Bedeutung von Massenproduktion.
- Die wachsende Bedeutung von Innovation reduziert ebenfalls die Wichtigkeit von Massenproduktion. Zudem zeigt sich, dass große, etablierte Unternehmen weniger zu Innovationen, sei es in der Produktpalette, sei es in der Produktionsweise, in der Lage sind bzw. es ihnen schwerer fällt, Innovationen effizient zu implementieren.
- Veränderte Strukturen der Erwerbstätigkeit (mehr Frauen, mehr Einwanderer, mehr jüngere und ältere Menschen, die sich am Arbeitsmarkt beteiligen als früher) führen zu einem verstärkten Interesse an der Erwerbsform der Selbstständigkeit, insbesondere in Hinsicht auf KMUs, da diese Betriebsform den genannten Gruppen entgegen kommen dürfte.

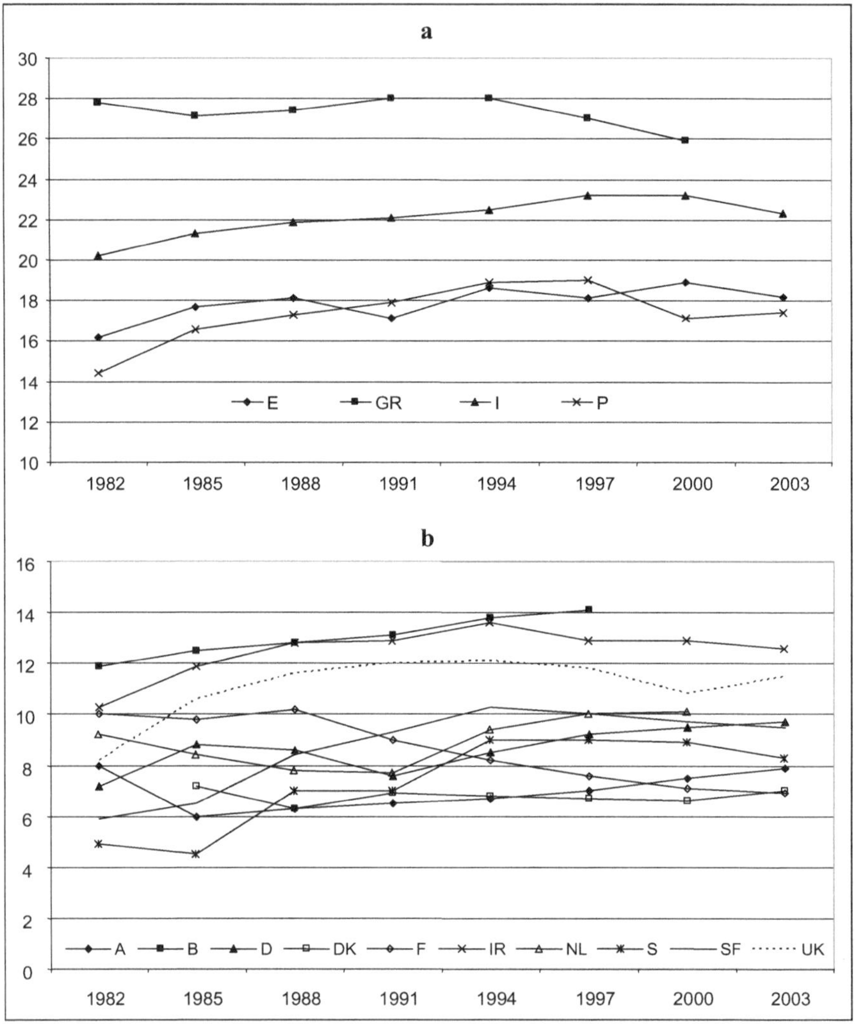

Abbildung 3: a) und b) Selbstständigenquoten in den EU 15 plus Norwegen 1982-2003[14], in %. Quelle: www.oecd.org, eigene Berechnungen

14 Daten für Luxemburg nicht verfügbar, die Grafik wurde zur besseren Lesbarkeit in zwei Ländergruppen geteilt.

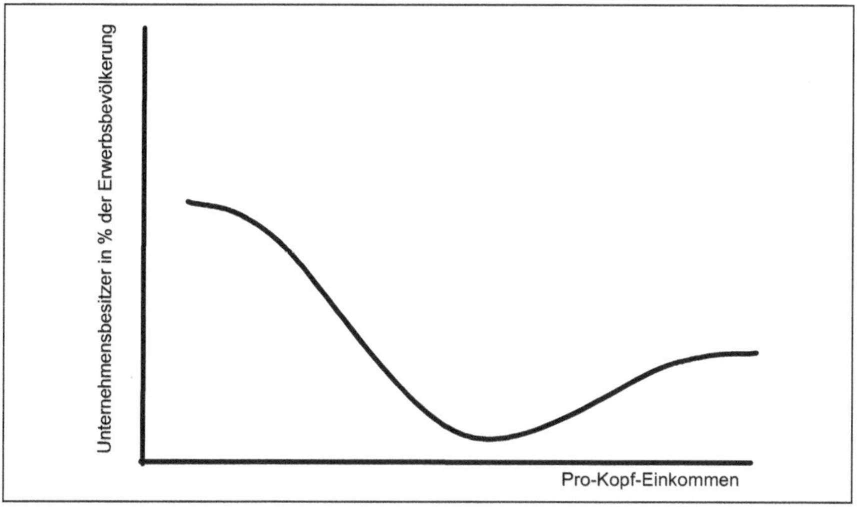

Abbildung 4: Zusammenhang zwischen Unternehmertum und volkswirtschaftlichem Reichtum. Quelle: Grilo/Thurik 2005

- Wirtschaftszweige, in denen große Unternehmen vorherrschten, begannen an Bedeutung zu verlieren, stattdessen wurden jene Sektoren, in denen Klein- und Mittelbetriebe dominieren (gemeint sind hier vor allem die Dienstleistungsbranchen) immer wichtiger.
- Deregulierung und Privatisierung erleichtern den Marktzugang zu zuvor geschützten und geschlossenen Branchen (insbesondere betrifft dies die Bereitstellung von sozialen Diensten, die zuvor hauptsächlich durch den Staat erbracht wurden).
- Dies wiederum führt dazu, dass der Beschäftigungsanteil in den Dienstleistungssektoren kontinuierlich ansteigt und der Anteil der Beschäftigten in Klein- und Mittelbetrieben ebenfalls zunimmt.[15]

Langfristig gesehen kann zudem auch ein Zusammenhang mit dem Wirtschaftswachstum angenommen werden. Thurik stellt dies als U-förmige Kurve dar (s. Abbildung 4).

15 Allerdings unterscheidet sich der Beschäftigungsanteil in KMUs unter den verschiedenen Ländern immer noch beträchtlich. (Siehe z.B. Davis/Henrekson 1999 oder auch Loveman/Sengenberger 1991)

Zunächst sinkt die Anzahl an Unternehmenseignern[16] mit wachsendem pro-Kopf-Einkommen einer Volkswirtschaft. Empirisch kann dies in den westlichen Industrienationen bis etwa Mitte der 1980er-Jahre beobachtet werden. (Siehe auch die nächste Abbildung und die Ausführungen in Kapitel 2.3) Die Entwicklung ist maßgeblich durch das Zurückdrängen des landwirtschaftlichen Sektors und die wachsende Dominanz der Industrie im Gefolge der industriellen Entwicklung bestimmt und kann bis heute in jedem Schwellenland nachvollzogen werden. Deswegen betont z.B. auch Schulze Buschoff, dass es sich streng genommen beim Phänomen der wachsenden Selbstständigkeit nur um die Umkehrung eines längeren Prozesses handelt, da die Erwerbsform der Selbstständigkeit älter ist als die der abhängigen Beschäftigung, die streng genommen erst mit der Industrialisierung entstand (Schulze Buschoff 2004, 1). Nach einem Tiefpunkt beginnt die Zahl der Betriebseigner wieder zu steigen, die Gründe dafür wurden bereits oben dargelegt (sinkende economies of scale, volatilere Märkte, etc.). Dieser stilisierte Zusammenhang lässt sich auch empirisch nachvollziehen (s. Abbildung 5).[17]

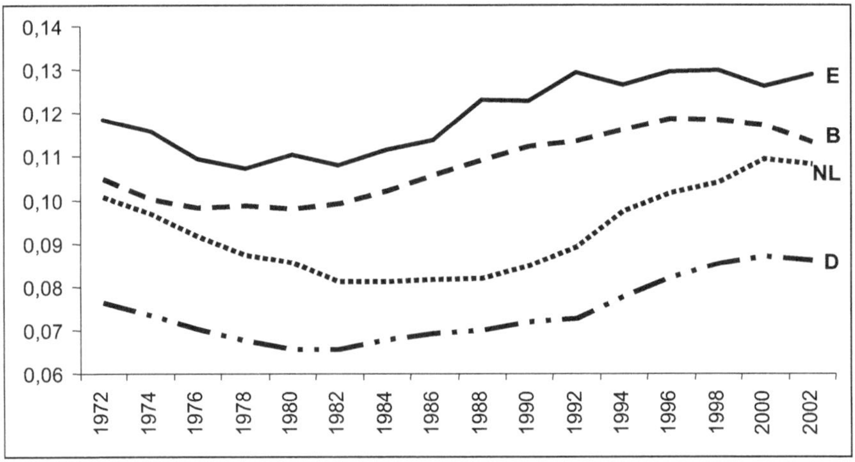

Abbildung 5: Unternehmertum (% der Bevölkerung) in Spanien, Belgien, Niederlande und Deutschland 1972-2002. Quelle: Grilo/Thurik 2005

16 Hier als Proxy für die Zahl der Selbstständigen verwendet.

17 Wobei die Zunahme des Pro-Kopf-Einkommens zwischen 1972 und 2002 unterstellt wird.

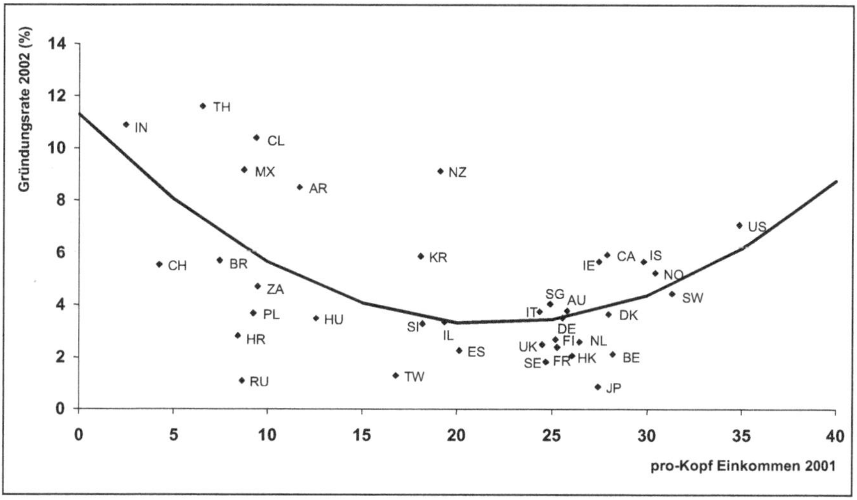

Abbildung 6: Gründungsraten und Wirtschaftswachstum. Quelle: Grilo/Thurik 2005

Der u-förmige Verlauf der Kurven ist hier gut zu erkennen. Noch deutlicher wird der Zusammenhang, wenn man in einem statischen Vergleich Gründungsraten und Wirtschaftswachstum gegenüberstellt (s. Abbildung 6).

Traditionelle Theorien der Selbstständigkeit hätten erwarten lassen, dass eine zunehmende Öffnung und Globalisierung von Märkten eher dazu führt, dass die Bedeutung von Klein- und Mittelbetrieben sowie Neugründungen, die sich ja hauptsächlich in diesem Betriebsgrößen bewegen, (vgl. Audretsch 2002, 12) abnehmen würde, da es für diese Unternehmen kaum möglich ist, einen globalen Markt zu bedienen. Entgegen dieser Annahme zeigt sich aber, dass die zunehmende Globalisierung sogar zu einer Zunahme von KMUs und Neugründungen beigetragen bzw. diesen zu einer neuen, geänderten Rolle verholfen hat:

> (…) SMEs did not become obsolete as a result of globalization, but rather their role changed ... First, large enterprises in traditional manufacturing industries have lost their competitiveness in producing in the high-cost domestic countries. Second, small enterprises take on a new importance and value in a knowledge-based economy. (Audretsch 2002, 8)

Neben den oben besprochenen Ursachen ist auch ein mit der Globalisierung einhergehender Prozess der Regionalisierung dafür verantwortlich. (Siehe Heidenreich 1997, Hirsch-Kreinsen/Schulte 2000 oder auch Scholz-Reiter 2000)

1.4.1 Der Schritt in die Selbstständigkeit

Neben diesen Bestimmungsfaktoren auf der Makro-Ebene braucht es auch, um wachsende Selbstständigenquoten erklären zu können, und auch um herauszufinden, wie man diese Raten weiter steigern kann, ein Verständnis dafür, warum sich jemand selbstständig macht. Die klassische, gleichgewichts-orientierte ökonomische Theorie argumentiert hier mit dem Gewinnmaximierungs-Ansatz Schumpeter'scher Tradition: Neue Firmen werden dann in einer Branche gegründet, wenn die bestehenden Unternehmen überproportionale Gewinne erwirtschaften. Durch den Eintritt neuer Unternehmen werden die Profite neu verteilt. Das höhere Angebot der betreffenden Branche senkt den Preis, was eine Profitsenkung nach sich zieht, bis diese sich „normalisieren". Für potenzielle Neugründungen ist diese Branche aufgrund mangelnder Profiterwartungen nicht mehr interessant (vgl. Schumpeter 1934). Neuere Ansätze kennen auch andere Gründe, die zu einer Betriebsgründung bzw. -ausweitung führen können:

> (...) startups are more likely in industries in which small firms account for a greater percentage of the industry's innovation. This suggests that firms are started to capitalize on distinctive knowledge about innovation. ... Those entrepreneurs who discover that their ability exceeds their expectations expand the scale of their business ... (Audretsch 2002, 11)

Zu dieser wirtschaftswissenschaftlichen Herangehensweise kommen sozialwissenschaftliche Überlegungen hinzu, die zur Erklärung der Entstehung von Selbstständigkeit prinzipiell: „... two alternative explanations ...: cultural and structural ones" (Anthias/Mehta 2003, 106) kennen. Die Gründe, warum sich jemand selbstständig macht – also die *Mikro*fundierung der Selbstständigenquote – sind vielfältig. Lundström fasst sie in drei Hauptkategorien zusammen: Motivation, Möglichkeit, Fähigkeiten,[18] (Lundström 2005) die sich wie in Abbildung 7 dargestellt auf die *Makro*-Ebene umsetzen.

18 Im englischsprachigen Original: Motivation, Opportunity, Skills.

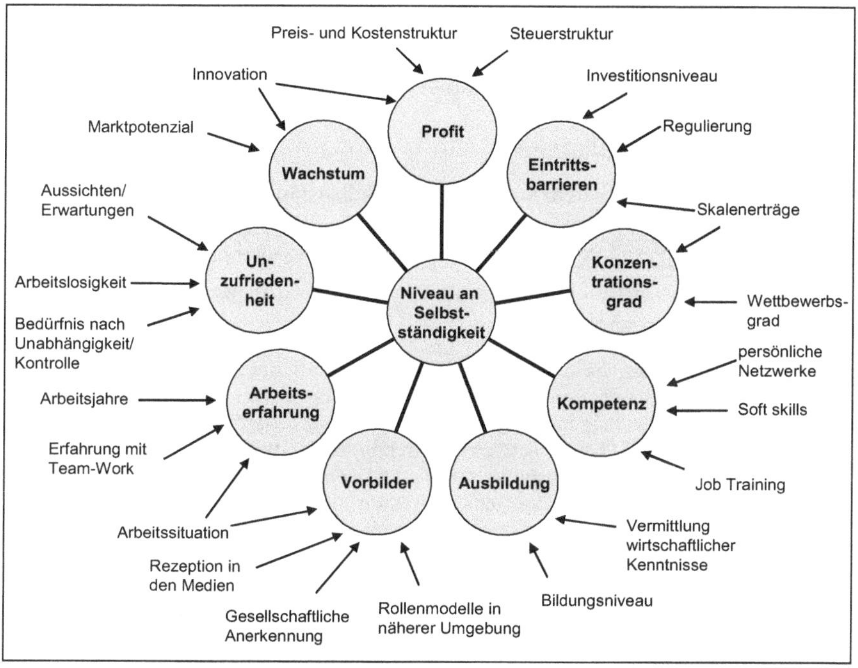

Abbildung 7: Bestimmungsfaktoren für den Schritt in die Selbstständigkeit auf der Makro-Ebene. Quelle: Lundström 2005; eigene Übersetzung

Diese Vielzahl an Einflussfaktoren lässt sich in begünstigende und hemmende Faktoren unterteilen, wobei es jeweils sowohl push- als auch pull-Faktoren gibt. Als pull-Faktoren werden jene Antriebsmotive bezeichnet, die einen positiven Anreiz zu einer bestimmten Handlung bieten, während die push-Faktoren jene sind, die jemanden aufgrund eines negativen Ereignisses oder einer ansonsten befürchteten negativen Konsequenz zum Handeln bewegen.[19] Auf den hier

19 Wichtig ist, push-Faktoren nicht mit Hindernissen zu verwechseln. Vielmehr geht es darum festzuhalten, dass es nicht nur positive, wünschenswerte Antriebsmotive gibt, sondern Handlungen auch durch negativ besetzte, weniger erwünschte Ursachen veranlasst sein können. Wie später noch besprochen wird (siehe Kapitel 3.2 Arbeitslosigkeit) gibt es z.B. die Hypothese, dass ein hohes Niveau an Arbeitslosigkeit sich positiv auf die Steigerungsrate der Selbstständigkeit auswirken könnte –

interessierenden Sachverhalt wären etwa höheres Einkommen, mehr Autonomie und Selbstverwirklichung pull-Faktoren, Arbeitslosigkeit oder unzureichendes Einkommen aus abhängiger Erwerbsarbeit hingegen push-Faktoren.

1.4.1.1 Begünstigende Faktoren

Die Determinanten, die den Schritt in die Selbstständigkeit beeinflussen sind vielfältig und divers, „spanning a spectrum … ranging from economic to historical, psychological, social, cultural and political [factors]." (Audretsch 2002, 29-30) Folglich ist es hilfreich, die Bestimmungsfaktoren in weitere Kategorien zu unterteilen und zu trennen zwischen

> (...) factors shaping the supply of entrepreneurial activities and those influencing the demand for entrepreneurial activities. The demand for entrepreneurs reflects the opportunities to engage in entrepreneurial activity. It recognizes that the opportunity for individuals and firms to engage in entrepreneurial activities is not at all fixed, but rather varies considerably across regions and countries. By contrast, the supply of entrepreneurship is shaped by characteristics of the population, including the demographic composition, educational attainment, incomes levels and degree of unemployment, and cultural norms. In particular, the resources and capabilities of individuals along with their attitudes towards entrepreneurship are key factors in influencing the supply of entrepreneurship. Both cultural and institutional factors help shape the supply side. Institutional factors include access to finance, administrative burdens, and the degree of taxation. (Audretsch 2002, 30)

Während also nachfrageseitige Faktoren von der Außenwelt (allgemeine Wirtschaftslage, Konjunktur, Nachfrage,...) vorgegeben werden, liegen die angebotsseitigen Determinanten vorwiegend in der Person des Gründers sowie institutionellen Faktoren. Man könnte also auch eine Unterscheidung in Mikro- und Makrofaktoren treffen, wobei erstere die Angebotsseite darstellen, zweitere die Nachfrageseite, wenngleich diese Zuweisung nicht in jedem einzelnen Fall, aber doch überwiegend, zutrifft.

Pfeiffer fasst Faktoren zusammen, die eine Betriebsgründung wahrscheinlicher machen. Zugrunde liegt die Überlegung, dass, wer sich selbständig machen möchte, seine Chancen als Abhängiger, d.h. die Opportunitätskosten in Form entgangener bzw. zu erwartender zukünftiger Lohneinkommen, abwägt. Umgekehrt betrachtet ein Arbeitnehmer potenzielle entgangene Unternehmensprofite

---

trotzdem würde man hohe Arbeitslosigkeit, obwohl sie zum gewünschten Resultat einer höheren Selbstständigenquote führt, kaum als wünschenswert ansehen.

als Opportunitätskosten. Diese Überlegung wird nun individuell beeinflusst durch: (Pfeiffer 1994, 43-69)

- Risikopräferenzen: Der erwartete Nutzen einer selbstständigen Tätigkeit ist negativ korreliert mit dem allgemeinen Lohnniveau. Die Risikopräferenz beeinflusst diese Relation insofern, als ein hoher positiver Wert[20] dazu führen kann, dass der Unsicherheit, die mit der Erwartung bezüglich des Nutzens verbunden ist, weniger Gewicht beigemessen wird, also auch ein Vorhaben, dass jemand weniger risikofreudiger nicht eingehen würde, umgesetzt wird.
- Managementfähigkeiten: Um gesamtwirtschaftlich einen maximalen Output zu erzielen, wäre es optimal, wenn jene Personen, die über die besten Managementfähigkeiten verfügen, selbstständig werden.
- Vermögensakkumulation: Der Erwerbstätige entscheidet sich über den Lebenszyklus hinweg für jene Formen der Erwerbstätigkeit, die den Lebensnutzen, der eine Funktion des Konsums ist, maximieren.[21] Der Faktor „Vermögensakkumulation" hat aber auch noch auf andere Weise Auswirkung auf einen möglichen Schritt in die Selbstständigkeit. Da ein gewisses Maß an Mindestkapitalausstattung benötigt wird, um ein Unternehmen zu gründen oder auch zu übernehmen, kann die individuelle Gründungsneigung auch als Funktion der bereits vorhandenen Vermögensakkumulation verstanden werden.

Hinzu kommt auch Know-how, das nicht unter das Stichwort „Managementfähigkeiten" fällt, das also sowohl weiche Faktoren wie Führungsqualitäten und Verhandlungsgeschick als auch Kenntnisse der Betriebsführung, sowie branchenspezifische Kenntnisse umfasst.

Zudem stehen die genannten Faktoren nicht getrennt voneinander für sich, sondern weisen auch Interdependenzen auf. So ist etwa „Die Vermögensakkumulation ... für Erwerbstätige, die sich beispielsweise durch hohe Management-

20 Risikopräferenz und -aversion wird üblicherweise mit einem Wert zwischen 0 und 1 angegeben.

21 Diese Sichtweise, die auf der Lebenszyklus-Hypothese von Ando und Modigliani basiert (Ando/Modigliani 1963), ist nicht unwidersprochen, so z.B. durch die Permant-Income-Hypothese von Friedman oder auch die Surprise Consumption-Funktion von Hall (Friedman 1957, Hall, R. 1978, Hall, P./Taylor 1996). Die Sichtweise von Ando und Modigliani nimmt aber einen hohen Stellenwert ein und ist für den hier interessierenden Zusammenhang als durchaus plausibel zu werten.

fähigkeiten auszeichnen, zu Beginn des Erwerbslebens steiler ... im Vergleich zu den anderen Erwerbstätigen." (Pfeiffer 1994, 62)

Jeder dieser Faktoren wird maßgeblich durch eine Reihe von Umfeldbedingungen beeinflusst. Insbesondere sind dies der familiäre Hintergrund und das (Aus)Bildungssystem (Letowski 2005, 3-4). Die familiäre Sozialisierung beeinflusst das Risikoverhalten, da sich „gesellschaftliche Normen und Wertvorstellungen über die Eltern auf das Verhalten der Kinder [übertragen] und ... damit diese Normen [perpetuiert werden]." (Pfeiffer 1994, 65-66) Zudem bieten selbstständige Eltern eine nicht zu unterschätzende Vorbildfunktion. Dadurch können auch Managementfähigkeiten „vererbt" werden. Selbständige geben als wichtiges Motiv für den Schritt zur eigenen Unternehmung das Streben nach Unabhängigkeit und Selbstverwirklichung an (Pfeiffer 1994, 64, in Anlehnung an Pütz/ Meyerhofer 1982) – Werte, die maßgeblich durch das familiäre Umfeld geprägt werden. Die Rolle des familiären Hintergrundes bei der Vermögensakkumulation entsteht vor allem durch Vererbung oder Weitergabe entweder bereits bestehender Unternehmen oder auch von Kapital und anderen Vermögenswerten. (Vgl. Pfeiffer 1994, 62-66)

Das Bildungssystem hat bezüglich der Risikopräferenz eine ambivalente Rolle, weil nicht klar festgestellt werden kann, ob ein höherer Bildungsgrad eine höhere (aufgrund des Wissens über die besser Ausbildung und der wachsenden Bereitschaft, sich auf Neues einzulassen) oder niedrigere Risikopräferenz (aufgrund des bessern Kenntnisstandes über die möglichen Risiken und die allgemein besseren Chancen und damit geringeren push-Faktoren auf dem Arbeitsmarkt) mit sich bringt. „Interestingly, the least educated (age left school < 15) and the most educated (age left school >22 years) have the highest probabilities of being self-emloyed." (Blanchflower 2000, 488) Managementfähigkeiten können durch längeren Verbleib im Bildungssystem insbesondere dann ausgebaut oder auch überhaupt erst begründet werden, wenn jemand eine einschlägige Ausbildung (sei das nun eine Lehre im wirtschaftlichen Bereich oder auch ein fachliches oder wirtschaftliches Studium) durchläuft. Zudem können Managementfähigkeiten auch als Teil von soft-skills, die erst über den längeren Verbleib im Bildungssystem erworben werden, angesehen werden. Sowohl Allgemeinbildung als auch Führungs- und Organisationsfähigkeiten sind hier angesprochen. Bezüglich der Vermögensakkumulation wiederum kann ein klarer positiver Zusammenhang zwischen Bildungsniveau und Vermögen/Einkommen festgestellt werden. Insgesamt ist die Berufsausbildung mit der Neigung zur Selbstständigkeit positiv korreliert. Personen mit abgeschlossener Berufsausbildung oder einschlägiger höherer Bildung machen sich häufiger selbstständig als solche ohne entsprechende Qualifikation (McManus 2001).

Betrachtet man die die Selbstständigkeit begünstigenden Faktoren und deren Wirkung, verwundert es nicht, dass zwei sehr unterschiedliche Gruppen ausgemacht werden können, die den Schritt in die Selbstständigkeit gehen (vgl. dazu auch den Abschnitt zur Einteilung der Selbstständigen in verschiedene Gruppen in Kapitel 1.3). Auf der einen Seite gibt es die „klassischen" Selbstständigen, die ein Unternehmen erben oder ein relativ großes Vermögen angchäuft haben, das sich mittels eines neu gegründeten Unternehmens vermehren soll. Demgegenüber stehen Personen, die sich aus einer mehr oder weniger großen Notlage, insbesondere wegen drohender oder bereits eingetretener Arbeitslosigkeit, aber auch wegen zu geringer Einkommen aus abhängiger Erwerbsarbeit, heraus selbstständig machen. (Vgl. Kreide 2003, 206-208)[22] Für sie gilt: „... self-employment is largely structured by lack of opportunities in paid employment ..." (Anthias/Mehta 2003, 106) und

> Undoubtedly self-employment can provide an opportunity for those who would otherwise have to depend on unemployment benefits or public assistance. However, unemployed people usually lack the financial resources and sometimes also the professional skills ..." (Kreide 2003, 205-206)

Im Allgemeinen dürfte es so sein, dass oft negative Erlebnisse, wie etwa Arbeitslosigkeit, für den Schritt in die Selbstständigkeit ausschlaggebend sind. Im Prinzip kann mit der Begründung, man finde keinen passenden Arbeitsplatz in abhängiger Beschäftigung, auch gemeint sein, dass ein aktuell eingenommener Arbeitsplatz nicht den Präferenzen des Arbeitnehmers, z.B. bezüglich Einkommen, Arbeitszeit, Arbeitsort, etc. entspricht, die Wendung „passend" also durchaus in einem sehr wörtlichen Sinn verstanden werden kann (Bates/Servon 2000, 26). Diese Charakteristika des aktuellen Arbeitsplatzes werden dann als so unbefriedigend empfunden, dass der Schritt in die Selbstständigkeit eine bessere Präferenzenbefriedigung verspricht. Die wichtigste Ursache, sich aufgrund einer wie auch immer konkret gearteten negativen Erfahrung am Arbeitsmarkt selbstständig zu machen ist der Wunsch, zukünftig selbst über die eigene Erwerbstätigkeit

---

22 Die drei von Kreide aufgestellten Typen wurden bereits weiter oben vorgestellt. Sie lassen sich insofern auf die beiden hier dargestellten Gruppen reduzieren, als die Gruppe der „Scheinselbstständigen" in Folge nicht weiter von Interesse ist, da von ihr, als eben in Wirklichkeit nicht selbstständig Tätige, kein Beitrag zur Erklärung des Zusammenhangs zwischen Wohlfahrtsregime und Selbstständigkeit kommen kann.

bestimmen zu können. Zwar können auch positive „Erlebnisse“ ausschlaggebend für den Schritt in die Selbstständigkeit sein, aber

> Whether he moves [into self-employment] or not depends on how comfortable his present situation is and how much pushing and pulling he is subject to. In general, the negative is far more reliable than the positive as a prod to action. (Shapero 1975, 83-84)

Fasst man die Ergebnisse der verschiedenen dargestellten Studien, die sich teils mit sehr unterschiedlichen Aspekten der Unternehmensgründung befassen, zusammen, ergeben sich also für den Schritt in die Selbstständigkeit folgende begünstigende Faktoren:[23]

- hohe Risikopräferenzen
- Managementfähigkeiten
- ausreichendes Vermögen/Eigenkapital
- leichter Zugang zu Kapital
- Branchenkenntnisse
- Selbstständige in der Familie
- lange Verweildauer im Bildungssystem[24]
- (drohende) Arbeitslosigkeit
- unbefriedigende Einkommenssituation
- unbefriedigende Arbeitsmarktlage (Mangel an passenden Arbeitsplätzen)

1.4.1.2 Hemmende Faktoren

Neben der bloßen Umkehrung der positiven Einflussfaktoren (mangelndes Startkapital, mangelndes Know-how, etc.) gibt es auch einige andere Eintrittsbarrieren in die Selbstständigkeit, die sich nicht einfach aus den positiven Gründen, sich selbstständig zu machen, ableiten lassen. Kreide (2003, 210-214) hebt zwei Hinderungsgründe hervor: finanzielle Unzulänglichkeiten und das System der sozialen Absicherung.

23 Wobei „begünstigenden“ nicht mit „positiv“ im Sinne von positiv zu beurteilenden Begleitumständen zu verwechseln ist; siehe dazu auch die Ausführungen weiter oben zu den push-Faktoren (Fußnote 19).

24 Die Verweildauer im Bildungssystem hat eine ambivalente Wirkung, weswegen dieser Faktor auch bei den hemmenden Faktoren wieder Erwähnung findet.

Die Restriktionen, die sich aus finanziellen Unzulänglichkeiten ergeben, sind einerseits einfach die Umkehrung des Faktors „ausreichende Kapitalausstattung", andererseits aber auch die Frage nach den Möglichkeiten des Zugangs zu Krediten. Diese beiden Faktoren sind zusätzlich miteinander verbunden, da die Eigenkapitalausstattung maßgeblich darüber (mit)entscheidet, ob Kredite gewährt werden. Der mangelnde Zugang zu Kapital stellt bei weitem das wichtigste Hemmnis auf dem Weg zu einem eigenen Unternehmen dar, weswegen dieser Thematik auch in der Literatur relativ viel Aufmerksamkeit gewidmet wurde. (Siehe z.B. Bannock Consulting 2001, Europäische Kommission 2002a oder Europäische Kommission 2003c)

Mit ihrem zweiten Punkt spricht Kreide direkt das Wohlfahrtssystem an. Insbesondere die fehlenden Beitragszeiten zur Arbeitslosen- und Rentenabsicherung werden hier zur Hürde. Hiermit verbunden ist die Frage nach der Risikopräferenz des potenziellen Gründers: Je höher die persönliche Risikopräferenz ist, um so eher wird jemand nicht nur das prinzipielle Risiko einer Unternehmensgründung eingehen, sondern sich auch auf die damit verbundenen Risiken wie Verlust der sozialen Absicherung einlassen.

Hinzu kommen rechtliche Regelungen, vor allem aus dem Bereich der Arbeitsmarkt-, aber auch z.B. der Umwelt- oder Wettbewerbspolitik (Pfeiffer 1994, 68). Hohe (Sozial)Abgaben wirken ebenfalls als Barriere zur Selbstständigkeit (Letowski 2005, 4-5). Speziell für Frauen kommt noch ein weiterer Hinderungsgrund hinzu, nämlich der Wunsch bzw. das Bedürfnis nach Teilzeitbeschäftigung, was in Selbstständigkeit kaum realisierbar scheint (Kreide 2003, 214).

Zu den hemmenden Faktoren zählt auch die regionale Wirtschaftsentwicklung und -struktur. Ein allgemein schlechtes wirtschaftliches Klima wirkt sich einerseits real negativ auf Gründungsvorhaben aus (Kredite werden restriktiver gehandhabt, in einem schlechten wirtschaftlichen Klima gibt es kaum (positive) Resonanz auf neue Innovationen auf der Unternehmens- und Produktebene, die Konsumausgaben werden eher für bekannte Güter verwendet, ...), wird aber zudem auch subjektiv als hinderlich für eine Unternehmensgründung gesehen.[25] (Letowski 2005, 3-4)

---

25 Allerdings kann ein negatives Wirtschaftsklima in einer Gesellschaft, die der Selbstständigkeit und Innovationen prinzipiell offen gegenübersteht, auch als push-Faktor wirken.

Auch hier sollte man wieder eine Zusammenfassung über die besprochenen Untersuchungen aufstellen. Folgende Faktoren erweisen sich somit als Hemmnis auf dem Weg in die Selbstständigkeit:

- niedrige Risikopräferenzen
- mangelnde Managementfähigkeiten
- mangelndes Vermögen/Eigenkapital
- schwerer Zugang zu Kapital
- mangelnde Branchenkenntnisse
- keine Selbstständige in der Familie
- lange Verweildauer im Bildungssystem
- stabiles Erwerbsverhältnis (inkl. zufrieden stellender Einkommenssituation)
- positive Arbeitsmarktlage (Aussicht auf passende Arbeitsplätze)
- zeitliche Verpflichtungen in der Familie

1.4.2 Neue Wege in die Selbstständigkeit

Aufgrund geänderter Charakteristika der Selbstständigkeit selbst (kleinere Betriebsgröße, verstärktes Aufkommen im tertiären Sektor, geringere Beschäftigtenzahl, ...) liegt die Vermutung nahe, dass sich auch die Wege in die Selbstständigkeit geändert haben. McManus (2001) hält in ihrer vergleichenden Untersuchung über den Weg in die Selbstständigkeit in den USA und in Deutschland fest, dass diese Wege sich zwar verändert haben, aber nur in relativ moderatem Ausmaß. Vielmehr ist es so, dass neben den traditionellen Faktoren, die den Schritt in die Selbstständigkeit wahrscheinlicher machen, auch einige neue gleichberechtigt hinzugekommen sind. Vor allem aber zeigt sich, dass es große gender-abhängige Unterschiede gab und gibt.[26] So erhöht etwa die Selbstständigkeit der Eltern die Wahrscheinlichkeit, dass sich jemand selbstständig macht, bei Männern signifikant, während das gleiche Merkmal bei Frauen kaum

26 Während der Prozess der Existenzgründung für Männer also verhältnismäßig gleich geblieben ist, machen sich auch vermehrt Frauen selbstständig, die für diesen Schritt aber andere Gründe kennen als ihre männlichen Pendants, wodurch Unternehmen mit anderen Charakteristika entstehen.

Auswirkungen zeigt. Hingegen ist die Selbstständigkeit des Ehegatten ein voraussagekräftiger Faktor für den Schritt in die Selbstständigkeit bei Frauen (McManus 2001, 28).

Überhaupt spielt die geänderte sozio-demografische Zusammensetzung des Arbeitsmarktes insgesamt natürlich eine wichtige Rolle für die geänderte sozio-demografische Zusammensetzung der Selbstständigen. Insbesondere die wachsende Erwerbsbeteiligung von (verheirateten) Frauen ist hier ausschlaggebend: Einerseits, weil Frauen andere Wege in die Selbstständigkeit aufweisen als Männer,[27] andererseits, weil sich damit auch wesentliche Charakteristika der Selbstständigen eines Landes ändern (gedacht ist hier vor allem an Branchen- und Betriebsgrößenstrukturen).

In diesem Kontext ist auch Letowski's „Phänomen der Replikation" (Letowski 2005, 2) interessant. Die überwiegende Mehrzahl der Unternehmensgründer und Selbstständigen stammt aus Familien, in denen bereits mindestens eine Person selbstständig war. Bei der Förderung der Selbstständigkeit kommt es also darauf an, eben jene, die nicht aus Unternehmerfamilien stammen, zur Selbstständigkeit zu ermutigen.[28] In diesem Bereich gibt es interessante Entwicklungen. Hier findet eine Veränderung dahingehend statt, dass durch den U-förmigen Verlauf, den die Selbstständigenquote in den meisten Industrienationen nimmt (siehe Abbildung 4 bis 6 zum Zusammenhang zwischen Unternehmertum und Selbstständigkeit in diesem Kapitel), heute weniger Personen Eltern haben, die selbstständig sind als z.B. noch in den 1970er- und 1980er-Jahren. Da aber gerade dies ein traditionell wichtiger Faktor (zumindest bei Männern) für die Auf-

27 Insbesondere durch den offensichtlich schwierigeren Zugang zu Kapital und die niedrigere Eigenkapitalausstattung wählen Frauen tendenziell kleine bis sehr kleine Betriebsgrößen, entscheiden sich seltener als Männer dafür, auch Arbeitgeberin zu sein und eröffnen ihre Unternehmen in jenen Branchen, in denen sie auch als Arbeitnehmerinnen häufiger vertreten sind – also vor allem im Dienstleistungssektor, und hier wiederum in den Branchen der persönlichen und höchstpersönlichen Dienstleistungen. Die Ursachen für eine Betriebsgründung sind oft andere als bei Männern und auch der persönliche Hintergrund von Gründerinnen unterscheidet sich von jenen ihrer männlichen Pendants. (Leicht/Welter 2005, Fehrenbach/Lauxen-Ulbrich 2002, Brindeley 2005, Kühne 2006, Franco/Winquist 2002)

28 Ansonsten würden Unternehmen nur „übergeben" werden, was an der Selbstständigenquote, die ja keinen Längsschnitt widerspiegeln kann, nichts ändern würde: Während die Eltern aus der Gruppe der Selbstständigen bzw. insgesamt aus der Gruppe der Erwerbspersonen ausscheiden, treten die Kinder an ihre Stelle – Unternehmerzahl und Selbstständigenquote bleiben dabei unverändert.

nahme einer selbstständigen Tätigkeit ist und dennoch kein Sinken der Selbstständigenquote zu verzeichnen ist, dürfte dieser Erklärungsfaktor an Bedeutung abnehmen. Darüber hinaus ist anzunehmen, dass dieser Faktor deshalb früher so wichtig war, da mit der „Vererbung" der Erwerbsform oft auch gleich die Vererbung des Familienunternehmens einherging, oder zumindest die Weitergabe ganz entscheidender Betriebsgründungs- und -überlebensfaktoren wie materielles, Human- und soziales Kapital (McManus 2001, 25). Damit wird durch eine geringere Zahl selbstständiger Eltern eine gewisse Ungleichheit in den Eintrittsvoraussetzungen zumindest verringert oder sogar nivelliert.

Wie bereits erwähnt ist für den Schritt in die Selbstständigkeit letztlich entscheidend, wie die Erwartungen bezüglich der Chancen und Möglichkeiten in abhängiger Erwerbsarbeit, verglichen mit der Selbstständigkeit ausfallen. Im Fall von Arbeitslosigkeit sind die zu erwartenden zukünftigen Lohneinnahmen je nach Dauer der Arbeitslosigkeit[29] eher niedrig zu bewerten, was die Selbstständigkeit umso attraktiver macht. Für das Jahr 1997 sah der Zustrom in Deutschland folgendermaßen aus: „Von allen westdeutschen [Neugründungen, *Erg. UB*] ... waren zuvor 56 vH abhängig beschäftigt, etwa 14 vH kamen aus der ... Arbeitslosigkeit und gut 30 vH aus der Ausbildung oder der Nichterwerbstätigkeit. In Ostdeutschland lag der Anteil der "Neuen Selbständigen", die zuvor erwerbstätig waren, mit gut 72 vH deutlich höher..., der Anteil der ehemals arbeitslos gemeldeten ... überschritt mit 16 vH knapp den westdeutschen Wert ..." (Panneberg 1998, 2-3)[30] Pfeiffer gibt in seiner Untersuchung für die USA, Deutschland und Frankreich an, dass sich prozentuell mehr Personen aus der Arbeitslosigkeit selbstständig machen als aus einem bestehenden Arbeitsverhältnis heraus (Marsland 1996, 29). Unter allen Selbstständigen machen die vormals Arbeitslosen noch einen vergleichsweise kleinen Prozentsatz aus. Folglich ist zu erwarten, dass sich hier in den nächsten Jahren durch diese Dynamik eine deutliche Veränderung in der strukturellen Zusammensetzung der Gruppe der Selbstständigen ergeben wird.

---

29 Je länger der Zustand der Arbeitslosigkeit bereits andauert, umso unwahrscheinliche wird die Aufnahme eines Erwerbsverhältnisses. Ebenso verhält es sich mit der Aufrechterhaltung des bereits einmal erreichten Lohnniveaus. (Heinze/Schulte 2002, Schaaf 2003, Sternberg 2002, Acs/Audretsch 1992)

30 Panneberg verwendet den Begriff der „Neuen Selbstständigen" generell für alle jene, die neu in die Erwerbsform Selbstständigkeit eintreten.

Insgesamt lässt die oft als eher starr angesehene Struktur des deutschen Arbeitsmarktes neue Wege in die Selbstständigkeit weniger bzw. nur langsamer zu, als es in anderen Ländern der Fall ist. (Vgl. McManus 2001, 25) Neue Wege in die Selbstständigkeit setzen sich aggregiert auf der Makro-Ebene um in eine geänderte Struktur innerhalb der Gruppe der Selbstständigen sowie in einem geänderten Verhältnis zwischen abhängig und unabhängig Erwerbstätigen. So wichtig die besprochenen Determinanten auf der Mikro-Ebene sind, muss dennoch auch mitbedacht werden, dass Struktureffekte eine gewichtige Rolle spielen:

> Der sich vollziehende sektorielle Wandel zeichnet sich durch eine Verschiebung in Richtung des Dienstleistungssektors aus. Vergrößert sich der Dienstleistungssektor, welcher per se einen hohen Stand an Selbstständigen aufweist, vergrößert sich automatisch die allgemeine Selbstständigenquote. Für die steigenden Selbstständigenzahlen ist also hauptsächlich eine Veränderung der äußeren Bedingungen und nicht eine Veränderung hinsichtlich der Potenziale der erwerbstätigen Bevölkerung verantwortlich. (Protsch 2006, 2)

Ebenfalls zu den Struktureffekten zählt das Faktum, dass es zunehmend schwieriger ist, eine genaue Grenze zwischen den beiden Polen „selbstständig“ und „abhängig“ erwerbstätig zu ziehen, da es zunehmend fließende Übergänge in inhaltlicher wie rechtlicher Hinsicht gibt (Schulze Buschoff 2004, 14-17 und Perulli 2003, 2). Zudem sind oft Restrukturierungs-, Auslagerungs- und Dezentralisierungsprozesse zu großen Teilen verantwortlich für neu entstehende Möglichkeiten zur Selbstständigkeit, nicht unbedingt in der Hauptsache Unternehmergeist und Innovation. (Siehe dazu Bögenhold/Leicht 2000, Leicht/Luber 2002 oder auch Uhly 2002; zu den Struktureffekten siehe auch Kapitel 3.1)

2 Selbstständigkeit und Wohlfahrtssystem

Dass dic in Deutschland anzutreffende Selbstständigenquote als zu niedrig angesehen wird, ist common sense. Wie aber die Ausführungen des letzen Kapitels ebenfalls gezeigt haben, gab es diesbezüglich in den letzten Jahren zwar eine Veränderung, aber nicht den starken Anstieg, den man sich vielerseits gewünscht hätte. Das folgende Kapitel wird nun zeigen, dass dies maßgeblich daran liegt, dass einer der wichtigsten Gründe für die eher schleppende Entwicklung bisher in Forschung wie Politik vernachlässigt wurde: der Zusammenhang zwischen Selbstständigkeit und Wohlfahrtssystem. Und wie in jedem Politikbereich gilt auch hier: Wird eine der maßgeblichen Ursachen beim Versuch der Problembehebung vernachlässigt, kann es nicht zu Veränderungen kommen – oder zu nicht intendierten.

Zunächst wird der Zusammenhang auf theoretischer Ebene besprochen (Kapitel 2.1), und die Gründe dafür aufgezeigt, dass diese Verbindung bisher weitestgehend vernachlässig wurde (Kapitel 2.2). Im Rahmen dieses Abschnitts wird auch auf das in dieser Arbeit angewandte Forschungsdesign, das sich direkt aus den Überlegungen zum dependent variable problem (Kapitel 2.2.1-2.2.3) ableitet, eingegangen (Kapitel 2.2.4 und 2.2.5). Dass es nicht nur bei theoretischen Überlegungen bleibt, sondern sich auch empirisch ein Zusammenhang nachweisen lässt, zeigt Kapitel 2.3. Um sicher zu gehen, dass dieser Zusammenhang auch signifikant ist und es sich zudem nicht um ein Artefakt handelt, dessen Ursachen in ganz anderen Gründen, namentlich dem Einsatz ähnlicher Förderstrategien in den Ländern, von denen ein gleiches Selbstständigkeitsverhalten vermutet wird, zu suchen sind, findet sich zum Abschluss dieses Kapitels eine Übersicht über die eingesetzten Instrumente (2.4). Damit wird ein nahtloser Übergang geschaffen zum Hauptteil der Arbeit (Kapitel 3), der dann, nachdem hier in Kapitel 2 die Gründe für das Bestehen eines Zusammenhang zwischen Selbstständigkeit und Wohlfahrtsregime aufgezeigt wurden, mit der Frage nach der konkreten Ausgestaltung dieses Zusammenhangs anschließt.

2.1 Theoretische Begründung des Zusammenhangs zwischen Selbstständigkeit und Wohlfahrtsregime

Dass es einen Zusammenhang zwischen Wohlfahrtsregime und Selbstständigkeit geben könnte, erscheint intuitiv einleuchtend, da es zumindest einen indirekten Zusammenhang über den Arbeitsmarkt und das Arbeitsmarktregime geben muss. Henrekson und Davis haben zusammengefasst, welche Faktoren neben hauptsächlich personenspezifischen Ursachen, wie Qualifikationen oder persönlichen Präferenzen sowie dem Kapitalzugang, die Selbstständigenquote eines Landes beeinflussen und stellen fest, dass politische Faktoren ein nicht zu vernachlässigendes Gewicht haben, insbesondere: „... the taxation of business income, the nature of employment security laws, credit market regulations, national pension institutions, wage-setting institutions, and the size and scope of public sector employment." (Davis/Henrekson 1999, 60) Zumindest vier der von Davis und Henrekson genannten Faktoren, nämlich die Ausgestaltung der sozialen Absicherung, die Rentenregelungen, der Lohnfindungsmodus sowie die Beschäftigung im öffentlichen Sektor, sind typische Charakteristika des Wohlfahrtssystems, die (mit)bestimmen, welchem Regime ein Land zuzuzählen ist.

Wie dieser Zusammenhang ausgestaltet sein könnte, welchen Verlauf er annehmen kann, was hier als die abhängige und was als die unabhängige Variable anzusehen ist, ist hingegen schon schwieriger zu beantworten. Die klassische ökonomische Herangehensweise an die Thematik wäre zunächst, den (Wohlfahrts)Staat als Störfaktor anzusehen, der in das Wirtschaftsgeschehen (und damit in die unternehmerische Tätigkeit, also Selbstständigkeit) eingreift: „In general, studies of the impact on economic performance of large welfare states find that the overall effect of public programs is to give rise to harmful economic disincentive effects..." (Henrekson 2002, 1) Die entsprechenden Instrumente und Maßnahmen, insbesondere die Unternehmensbesteuerung, Sparanreize, die Bereitstellung staatlicher Dienstleistungen sowie Subventionen,[31] werden als uner-

31 Bei den genannten Instituten ist zwar fraglich, inwieweit gerade diese als typische Elemente des Wohlfahrtssystems gelten können, da sie sich hauptsächlich auf wirtschaftspolitische Instrumente beziehen. Dennoch beeinflussen sie aber mindestens rahmengebend das Wohlfahrtssystem eines Landes. „Mit den unterschiedlichen Operationalisierungen des Phänomens Wohlfahrtsstaat wird zugleich die Frage berührt, ob und inwieweit sich vergleichende Analysen über wohlfahrtsstaatliche Politiken auf

wünschter Eingriff wahrgenommen. Diese (verkürzte) Sichtweise wird aber, zumindest in dieser starren Generalisierung, nicht einmal in der Ökonomie durchwegs als allgemeingültig angesehen, vor allem, da diese Sichtweise den Staat beinahe ausschließlich als Eintreiber von Steuern und Beiträgen kennt: „No doubt, high tax and benefit wedges have disincentive effects, but advocates can also point to likely advantageous effects." (Henrekson 2002, 26) Das politikwissenschaftliche Staatsverständnis (und auch das der politischen Ökonomie) geht aber weit über diese kurzsichtige Kassenwart-Perspektive hinaus. Neben etwaigen Störfaktoren, die vom (Wohlfahrts)Staat auf das Unternehmensgeschehen ausgehen, gibt es eine Reihe weiterer Einflüsse, die sich positiv auswirken können, die von der (Mainstream)Ökonomie jedoch nicht wahrgenommen werden (können):

> ... economists have emphasized the accumulated disincentive effects of regulations in the capital, product and labor markets and how these have interacted with the disincentive effects amanating from high marginal effects caused by the tax and transfer systems. However, surprisingly little attention has been given to the incentive effects of welfare state arrangements on the supply of entrepreneurial effort and its distribution across activities. (Henrekson 2002, 7)

Diese positiven Anreize können, wie bereits angesprochen, über zwei Kanäle gesetzt werden: direkt, über das System der sozialen Sicherung, sowie indirekt, über das Arbeitsmarktregime (vgl. Übersicht 1).

Dass zwischen den verschiedenen Wohlfahrtssystemen und Arbeitsmarktregimen ein enger Zusammenhang besteht, steht außer Frage: „The welfare state combines with industrial relations to form the principal institutional infrastructure for labour market behaviour." (Esping-Andersen 1999a, 17) Unter anderem liegt das an folgendem Zusammenhang:

> ... the welfare state has a double function – of both decommodification and commodification. For one thing, the welfare state can be regarded as a system of employment in its role as a prominent employer. But the commodifying function of the modern welfare state goes beyond this. This is reflected in labor market policy, government subsidies to industries, and macroeconomic demand management. (Kolberg/Kolstad 1991, 173-174)

Sozialpolitik (im engeren Sinne) konzentrieren sollen oder ob nicht verstärkt die Wirtschaftspolitik einzubeziehen sei,..." und es „... kann für eine vergleichende Klassifikation von Wohlfahrtsstaaten gerade das Interventionsgefälle zwischen Wirtschafts- und Sozialpolitik eine charakteristische Dimension sein." (Schmid J. 2002a, 81)

Insbesondere im Kontext der bestenfalls stagnierenden Arbeitslosigkeit in vielen europäischen Ländern wurde in den letzten Jahren und Jahrzehnten von verschiedenster Seite festgehalten, dass die Ausgestaltung des jeweiligen Wohlfahrtsregime einen beträchtlichen Einfluss auf die Entwicklungen des Arbeitsmarktes, und damit auf das Entstehen, vor allem aber auch auf die mögliche Reduzierung von Arbeitslosigkeit hat. Somit beziehen sich auch viele der Ideen zur Verringerung der Arbeitslosigkeit auf das Wohlfahrtssystem: "The interesting thing about the policy options is that they all speak to and reflect the interactions of the labor market and the welfare state." (Kolberg/Kolstad 1991, 172) Bereits 1993 fragte sich die OECD, warum gerade die kontinentaleuropäischen Länder so große Schwierigkeiten mit der Reduzierung der Arbeitslosenquoten haben, (vgl. OECD 1993) und Esping-Andersen hält fest, dass diese Schwierigkeiten „... intricately linked to the social insurance system" sind (Esping-Andersen 1996b, 77). Als Ursache werden einerseits die eine Zeit lang als Instrument zur Arbeitsangebotsverknappung eingesetzte Frühverrentung gesehen (OECD 1993) sowie mangelnde Flexibilität der Arbeitsmärkte, die starke Insider-Outsider-Problematik, die sich im Zuge des industriellen Wandels noch verstärkt hat, sowie ein schwaches Wachstum der Dienstleistungsbeschäftigung. Hinzu kommt, dass die traditionell niedrige Frauenerwerbstätigkeit kontinuierlich ansteigt (Esping-Andersen 1996b). „As neo-liberal critics repeatedly assert, ‚Eurosclerosis' is the stepchild of the welfare state and industrial relations institutions working in tandem." (Esping-Andersen 1996b, 79)

Ebenso offensichtlich ist, dass die Ausgestaltung des Arbeitsmarktes, bzw. das jeweilige Arbeitsmarktregime, die Selbstständigenquote eines Landes massiv beeinflusst. Der Zusammenhang funktioniert hier über verschiedene Verbindungen. Zunächst ist die rein statistische Komponente zu nennen: Die Gruppe der Selbstständigen kann auch als Residualgröße gesehen werden, die sich ergibt, wenn von allen Erwerbstätigen die abhängig Beschäftigten abgezogen werden, kurz, je höher der Anteil der Angestellten, Arbeiter und Beamten unter den Erwerbstätigen ist, desto kleiner fällt der Anteil der Selbstständigen aus. Interessanter ist schon der Zusammenhang, der sich aus der Struktur des Arbeitsmarktes, also der Branchenstruktur, ergibt: Je mehr Beschäftigte es im öffentlichen Sektor gibt, desto kleiner muss der Prozentsatz an Selbstständigen sein, da es in diesem Bereich keine Selbstständigen geben kann. Ein Staat, der einen vergleichsweise hohen Anteil an Staatsbeschäftigung aufweist, wird es zunächst also schwerer haben, seine Selbstständigenquote zu erhöhen, da durch die öffentliche Beschäftigung ein Teil des Potenzials hierfür bereits abgezogen ist.

Umgekehrt verhält es sich mit der Beschäftigung im Dienstleistungsbereich, da es gerade in diesem Sektor einen überproportionalen Anteil an Selbstständigen und auch Neugründungen gibt.[32] Die Ursachen dafür dürften vor allem darin liegen, dass die Eintrittsbarrieren verglichen mit einem Betrieb des verarbeitenden Gewerbes oder der Industrie deutlich geringer sind, insbesondere bezüglich des benötigten Kapitalausstattungsgrads, aber auch in Hinblick auf die benötigten Anlagen, Betriebsmittel und die Unternehmensausstattung. (Vgl. Visser 2002, 6) Unter anderem hängt deswegen dic curopaweit wachsende Zahl an Selbstständigen auch mit dem Dienstleistungsboom der letzten Jahre zusammen. (Vgl. z.B. Esping-Andersen 1996b oder auch OECD 2000)

Ein weiterer Zusammenhang zwischen den Strukturmerkmalen des Arbeitsmarktes und der Selbstständigenquote liegt in der Frauenerwerbstätigkeit eines Landes, da diese beiden Indikatoren positiv miteinander korrelieren. (Vgl. z.B. Visser 2002) Frauen arbeiten häufiger im Dienstleistungssektor – will man diesen also stärken, ist eine hohe Frauenerwerbsquote hier förderlich.[33] Ähnliche Überlegungen gibt es in Bezug auf die Verbindung zwischen Arbeitslosigkeit und Selbstständigkeit: Gerade in den letzten Jahren hat die Arbeitsmarktpolitik verstärkt darauf gesetzt, über Existentgründung vormals Arbeitsloser neue Unternehmen zu fördern. Kapitel 1.4.1 ist bereits auf diesen Zusammenhang eingegangen.

Ohne eine „Kultur der Selbstständigkeit“ wiederum kann es nicht gelingen, die entsprechende Quote zu erhöhen. Wenn es in der Bevölkerung weder den Wunsch nach Erwerbstätigkeit in dieser Form gibt noch eine positive Bewertung von Eigenschaften/Wertvorstellungen, die damit (im Idealfall) verbunden sind,[34] können auch finanzielle Anreize keine Wirkung zeigen.

---

32 Daneben gibt es einen außerordentlich hohen Anteil an Selbstständigen auch im primären Wirtschaftssektor, der Landwirtschaft, in dem beinahe alle Erwerbstätigen Selbstständige oder Mithelfende sind. Allerdings wird gerade dieser Sektor meistens aus der Selbstständigenquote herausgerechnet, da ein großer primärer Sektor auf mangelnden Strukturwandel hindeutet und so Staaten, die in ihrer Entwicklung vergleichsweise rückständig sind, automatisch einen hohen Selbstständigenanteil aufweisen würden.

33 Zudem ist die Erwerbsbeteiligung von Frauen deutlich vom Wohlfahrtsregime abhängig (siehe Ostner 1995b oder auch Dressel 2005), was die Beschäftigung mit diesem Einflussfaktor für die vorliegende Arbeit besonders interessant macht.

34 Hier ist vor allem an Werte wie Selbstbestimmtheit, Flexibilität, Risikofreude zu denken.

Schließlich wird die Arbeitsmarktpolitik durch bestimmte Akteure gestaltet. Diese Akteure bewegen sich nicht im luftleeren Raum, sondern verfolgen ihre jeweils eigenen Ziele. Viele dieser Ziele, wenngleich auch bestimmt nicht alle, konzentrieren sich dabei auf die Erreichung gewisser Ergebnisse am Arbeitsmarkt, sei das nun die Senkung der Arbeitslosenquote, die Erhöhung Frauenerwerbsbeteiligung, oder auch der Flexibilitätsgrad des Arbeitsmarktes. Eine solche Zielgröße kann auch die Höhe der Selbstständigkeit sein. Wird das Erreichen einer gewissen Selbstständigenquote zum Ziel der relevanten Arbeitsmarktakteure, so wird es auch Maßnamen und Instrumente geben, die zu dieser Zielerreichung führen sollen. Ist das Erreichen einer gewissen Selbstständigenquote kein Ziel der Akteure der Arbeitsmarktpolitik, wird es in diesem Bereich auch keine Anstrengungen geben.

Es muss also zumindest ein indirekter Zusammenhang zwischen Wohlfahrtsregime und Selbstständigkeit über das Arbeitsmarktregime bestehen. Neben diesem „Umweg" gibt es aber auch eine Reihe weiterer Gründe, warum zwischen der unabhängigen Variable „Wohlfahrtsregime" und der abhängigen Variable „Selbstständigkeit" ein (nahezu) direkter Zusammenhang beinahe zwingend besteht. In der Literatur wird dieser Zusammenhang hauptsächlich so dargestellt, dass das Wohlfahrtssystem im besten Fall nicht störend auf unternehmerische Tätigkeit oder die Gründungsaktivitäten wirkt.[35] (Vgl. Henrekson 2005, 6 sowie 7-21)

Prinzipiell können folgende Charakteristika desjeweiligen Systems der sozialen Sicherung Einfluss auf die Entscheidung zur und die Aufrechterhaltung von Selbstständigkeit ausüben:

- die Finanzierungsform,
- die Gestaltungsprinzipien,
- die Beitragsgestaltung und
- den abgedeckten Empfängerkreis.

Ist die gesamte soziale Absicherung etwa, wie es in Deutschland beinahe zur Gänze der Fall ist, abhängig von der Integration in den Arbeitsmarkt, da eine Teilnahme an den Sicherungssystemen erst über die von Arbeitgebern wie Arbeitnehmern anteilig finanzierten Beiträge zu einem Sozialversicherungssystem

35 Hier zeigt sich deutlich die Parallele zu den oben dargestellten Positionen zum Staat im Allgemeinen.

möglich ist, stellt dies eine wichtige Hürde dar. Der Schritt in die Selbstständigkeit bedeutet damit ganz abgesehen von allen finanziellen Risiken den plötzlichen und sofortigen Verlust jeglicher sozialen Sicherung. Mit der Finanzierungsform verbunden sind auch die Gestaltungsprinzipien, da das Versorgungsprinzip hauptsächlich mit steuerfinanzierten Mitteln arbeitet, wohingegen das Versicherungssystem auf Beiträge setzt. (Siehe z.B. Zimmermann/Henke 2001, 153-160) Direkt daran anschließend ist die Frage nach dem Geltungskreis, da eine Steuerfinanzierung die Absicherung aller Staatsbürger impliziert, während eine Beitragsfinanzierung mit der Absicherung aller Arbeitnehmer verknüpft ist. Nicht in so engem Zusammenhang, aber doch damit verbunden ist die Form der Abgabengestaltung. Da mit regressiven und neutralen Ausgestaltung (deutlich) höhere Belastungen für niedrigere Einkommensgruppen verbunden sind, kann hier eine wichtige Hürde für den Schritt in die Selbstständigkeit liegen.

Dennoch: Trotz des unübersehbaren und intuitiv einleuchtenden Zusammenhangs steht die Wohlfahrtsforschung dem Akteur „Unternehmensgründer" oder auch „Selbstständiger" weitestgehend skeptisch gegenüber: „... the entrepreneur is largely an alien figure in the welfare state." (Henrekson 2005, 25) Diese befremdliche Haltung darf nicht weiter verwundern, da beinahe alle Grundprinzipien wohlfahrtsstaatlicher Politik auf abhängig Erwerbstätige ausgerichtet sind, unabhängig von der konkreten Ausgestaltung des jeweiligen Wohlfahrtssystems.

> The architects behind the build-up of the welfare state scarcely considered that it would have detrimental effects on the entrepreneurial function. And even if it did, that would be little cause for concern since ... the dominant view at that time was that the entrepreneur was waning in importance. (Henrekson 2002, 8)

Gleichgültig, ob das Hauptanliegen eines konkreten Wohlfahrtsarrangements in der Vermeidung und Verringerung von Armut liegt (liberales oder residuales Wohlfahrtssystem), der Absicherung gegenüber den Wechselfällen, die sich durch Erwerbsbeteiligung und sozio-ökonomische Faktoren ergeben (konservatives oder kontinentaleuropäisches Wohlfahrtssystem), oder ob das Hauptanliegen der Ausgleich der Chancen und Einkommen innerhalb der Gesellschaft sowie Vollbeschäftigung ist (sozialdemokratisches, teilweise auch universalistisches Wohlfahrtssystem) – der Unternehmer, Selbstständige oder Firmengründer spielt in keinem dieser Konzepte eine wirkliche Rolle. Am ehesten findet man ihn noch als potenziellen Nettoeinzahler im Umverteilungsprozess. Seine Bedürfnisse und soziale Absicherung interessieren dabei kaum. Auch dieser Umstand verwundert nicht, bedenkt man, dass die meisten Konzepte wohlfahrtsstaatlicher Politik aus einer Zeit stammen, in der Unternehmer vornehmlich besser gestellte Personen waren, um deren Absicherung gegen Einnahmeausfälle, Krankheit oder altersbedingte Probleme man sich kaum Sorgen zu machen brauchte. Und der Umbau der althergebrachten Sozialsysteme, eine Phase also, in der es die Chance gegeben hätte, auch diese Gruppe neu in die Sicherungssysteme mit einzubeziehen, hat oftmals in einer Zeit begonnen, in der man eher davon ausging, dass die Bedeutung der Erwerbsform Selbstständigkeit an sich abnehmen, und auch ihr Beitrag zu Innovation, Wachstum und Beschäftigung sinken würde. (Siehe Henrekson 2005, 25) Hauptargument dafür war die zunehmende Globalisierung, die es für kleinere Unternehmen immer schwieriger machen sollte, auf den globalen Märkten zu bestehen. Prinzipiell ist diese Annahme nicht falsch. Jedoch hat parallel dazu ein Regionalisierungsprozess eingesetzt, durch den die Bedeutung lokaler und regionaler Märkte eher zu- als abnimmt, und hier entsteht ein breites Betätigungsfeld für kleinere und mittlere Unternehmen. (Siehe dazu weiter oben, sowie auch Kapitel 1.3)

2.2 Forschungsdesign

Neben dem großen Interesse, dass der Erwerbsform Selbstständigkeit derzeit zukommt, gibt es auch noch andere Gründe, die die Analyse der Zusammenhänge zwischen Selbstständigkeit und Wohlfahrtsregime lohnenswert erscheinen lassen. Zum einen sei hier auf die dünne Literaturlage verwiesen. So viele Veröffentlichungen es auch zu den beiden Themen für sich gibt, so wenig Aufmerksamkeit wurde bisher der Kombination der Themenbereiche Selbstständigkeit und Wohlfahrtsregime gewidmet. Explizit, und selbst hier mehr als Nebenprodukt denn als Hauptfokus der Untersuchung, widmen sich nur zwei Untersuchungen dieser Thematik: Lohmann (2001) geht in seiner Untersuchung „Self-employed or employee, full-time or part-time?“ vor allem der Frage nach, inwiefern es Geschlechterdifferenzen bei den Bestimmungsgründen und Bedingungen von Selbstständigkeit in den USA und Deutschland gibt. Dabei wird das Genderregime als Teil des Wohlfahrtsregimes verstanden, und so ein Zusammenhang zwischen diesen beiden Variablen überprüft. Der zweite Beitrag ist der Aufsatz

„Entrepreneurship: A Weak Link in the Welfare State" von Henrekson (2002)[36]. Noch überraschender allerdings erscheint es, dass beide Veröffentlichungen zum Schluss kommen, dass es keine Verbindung zwischen der Selbstständigenquote und dem Wohlfahrtsregime gäbe. Warum sollte dann also eine weitere Untersuchung dieses Themenkomplexes lohnen? Ohne die Details der empirischen Analyse, die in Kapitel 2.3 folgt, an dieser Stelle bereits vorwegzunehmen, ist hier der Hinweis auf eine nicht zu unterschätzende Korrelation angebracht, die sich durch eine Clusteranalyse für die Länder der „traditionellen" Wohlfahrtscluster nach Esping-Andersen (1990) und deren Selbstständigenquote zeigt (Abbildung 8). Hierfür wurden die Selbstständigenquote von 1982 bis 2003 herangezogen, um nicht nur das aktuelle Niveau an Selbstständigkeit in die Analyse mit einbeziehen zu können, sondern auch die Entwicklung der letzten Jahre und Jahrzehnte. Die Betrachtung dieses „Selbstständigkeitsverhaltens", und eben nicht nur der aktuellen Quote, ist zum Einen wichtig, um nicht durch Ausreißer in einigen Jahren eine Verzerrung der Ergebnisse zu erhalten. Und zum anderen auch, um beobachten zu können, welchen Verlauf die Entwicklung der Selbstständigenquote genommen hat, da sich auch hier große Ähnlichkeiten innerhalb der Wohlfahrtsregime zeigen.

Anhand des Dendrogramm lässt sich erkennen, dass sich sehr klar drei Gruppen voneinander abgrenzen lassen, die in sich ein sehr ähnliches Selbstständigkeitsverhalten aufweisen. Bereits in der ersten Clusterungs-Runde ergeben sich nun drei deutliche Gruppen: das südeuropäische Cluster (Portugal, Spanien, Italien), zu dem in der 2. Runde auch Griechenland hinzukommt, das angelsächsische Cluster (Irland, Großbritannien), dem sich allerdings auch Belgien anschließt, und ein konservativ-skandinavisches Cluster (Österreich, Luxemburg, Deutschland, Frankreich, Niederlande, Dänemark, Finnland und Schweden). Es ist nicht verwunderlich, dass die Mehrheit der Länder mit konservativem Wohlfahrtssystem in einer Gruppe mit den skandinavischen Ländern anzutreffen ist, da beide Ländergruppen in den 80er-Jahren mit zunächst moderaten Selbstständigkeitsquoten starteten. Auf der anderen Seite schließt sich Belgien hier den

36 Der Aufsatz erschien 2005 unter gleichem Titel, und ist derzeit nur noch in dieser überarbeiteten Version erhältlich. Inhaltlich unterscheiden sich die beiden Versionen sehr stark. Interessanter, insbesondere für den methodischen Aspekt, ist der Aufsatz von 2002, da dabei ein Vergleich angestrengt wurde, während sich das Papier von 2005 nur auf die Förderung der Selbstständigkeit durch den schwedischen Staat bezieht.

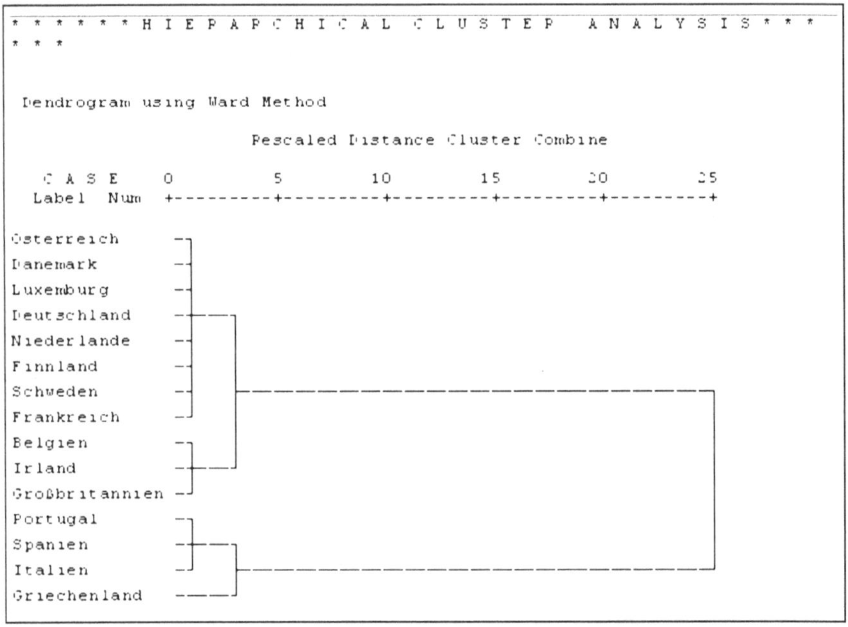

Abbildung 8: Clusterbildung anhand der Selbstständigenquote von 1982 bis 2003[37]. Quelle: www.oecd.org; eigene Berechnungen

liberalen Ländern an. Auch das ist nicht verwunderlich, da Belgien zwar eine ähnliche Entwicklung der Selbstständigenquote wie etwa Deutschland oder Österreich aufzeigt, aber auf höherem Niveau startete.[38]

Auch wenn es keine hundertprozentige Übereinstimmung zwischen Wohlfahrtsregime und Selbstständigkeitscluster gibt, zeigt sich doch ein starker Zusammenhang, der eine weitere Untersuchung erfolgversprechend erscheinen lässt. Wohlfahrtssysteme und -regime sind nicht nur eine Zusammenstellung einzelner Variablen, sondern zudem maßgeblich durch das Zusammenspielen dieser Variablen bestimmt. (Vgl. Pierson P. 2000, 809) Folglich ist es nicht nötig, und auch gar nicht zu erwarten, dass immer alle denkbaren unabhängigen Variablen, die durch das Wohlfahrtsregime bestimmt werden, analog zueinander variieren.

37 Die Reihenfolge der Länder *innerhalb* der Cluster ist alphabetisch, sagt also nichts über deren Nähe zueinander aus.

38 Siehe zum Verlauf der Selbstständigenquote auch die Abbildungen 9-11.

(Siehe auch Kapitel 2.3.2) Es besteht auch zu vielen anderen sozio-demografischen Charakteristika eines Landes ein Zusammenhang mit dem Wohlfahrtssystem, und dennoch weisen sie nicht immer die genau gleichen Ausprägungen in den Ländern einer Regimegruppe auf. Auch dies unterstützt die Ansicht, dass man sich nicht auf ein Indiz alleine verlassen kann, sondern für die Beantwortung der Frage, ob zwischen Wohlfahrtssystem und Selbstständigkeit ein Zusammenhang besteht, mehrere qualitative wie quantitative Überlegungen mit einzubeziehen sind.

Mit der Frage, wie genau dieser Zusammenhang aussieht, werden sich die späteren Abschnitte dieses Kapitels (2.3.1 und 2.3.2) beschäftigen. Zunächst stellt sich aber die Frage, warum die bestehende Literatur diesen Zusammenhang nicht erkannt hat. Ursache dafür dürften methodische Differenzen in der Herangehensweise sein. Das aktuell in der Literatur zur Wohlfahrtsforschung vieldiskutierte „Dependent Variable Problem" bietet hierfür den theoretischen Rahmen. Im Folgenden wird darum die Debatte um dieses Dependent Variable Problem dargestellt und aufgezeigt, wie dieses die bisherige Forschung zum Zusammenhang zwischen Wohlfahrtssystem und Selbstständigkeit beeinflusst hat. Im Anschluss wird ein Lösungsweg dieser Problematik aufgezeigt, der gleichzeitig das hier angewandte Forschungsdesign zeigt, und somit den Bezug zur vorliegenden Arbeit bietet.

2.2.1 Eine Variante des dependent variable problems

Beim „dependent variable problem" in seiner aktuell diskutierten Variante geht es vorrangig darum zu zeigen, wie es zu den sehr unterschiedlichen Ergebnissen und Einschätzungen verschiedener Untersuchungen zu den mehr oder weniger aktuellen Reform des Wohlfahrtsstaates (sei es nun ein Umbau, ein Zurückfahren oder eine prinzipielle Änderung des Regimetypus) kommen kann, wobei der Wohlfahrtsstaat die abhängige Variable der Untersuchung ist.[39] Die Ursache hierfür wird in einer Missinterpretation, falschen Spezifikation oder zumindest unterschiedlichen Auswahl der abhängigen Variablen in den verschiedenen Untersuchungen gesehen.

39 Insbesondere sind hier die Beiträge zum Marie Curie Training Seminar „Exploring the Dynamics of Reform: The Dependent Variable Problem in Comparative Welfare State Research" zu nennen (siehe Literaturverzeichnis).

Das „dependent variable problem“ gibt es aber nicht nur im Zusammenhang der Wohlfahrtsstaats-Reformen. King, Keohane und Verba geben in ihrem richtungsweisenden, wenn auch teils umstrittenen,[40] Buch folgendes treffendes Beispiel, das unterstreicht, wie vielfältig die Gebiete sind, auf denen man das dependent variable problem wieder findet:

> We read in the newspaper that the Japanese eat less red meat and have fewer heart attacks than Americans. The explanation – too much steak leads to the high rate of heart diseases in the United States – is plausible. The skeptical social scientist asks about the accuracy of the data ... Assuming the data are accurate, what else might explain the effects: Are there other variables ... that might explain the result? Might we have inadvertently reversed cause and effect? … Perhaps people lose their appetite for hamburgers and steaks late in life. If this were the case, those who did not have a heart attack … would live longer and eat less meat. This ... would produce the same relationship that led … to the conclusion that meat was the culprit in heart attacks. (King/Keohane/Verba 1994, 32-33)

Powell stellt dazu fest: „[The] areas of disagreement go far beyond the narrow dependent variable, but extend to a broader conceptualisation problem.” (Powell 2004, 19) Eine Ursache dafür ist, dass bereits bei der Untersuchung von potenziellen Zusammenhängen zwischen Wohlfahrtsregime und diversen sozioökonomischen Phänomenen methodische Probleme oft nicht seriös genug behandelt werden, oder wie Castles es ausdrückt: „... social sciences systematically underinvest in measurement and hypothesis testing.“ (Castles 2004, 10) Oft genügen die Ergebnisse von Betrachtungen auf der Makro-Ebene nicht den methodischen Anforderungen und sind demgemäß schwer nachzuvollziehen, zu reproduzieren, zu bestätigen oder zu widerlegen. (Vgl. Przeworski 1987, 38) Dies ist nicht zuletzt deshalb ein zentraler Punkt, da: „… the current debate on welfare state reform is marked by a lack of a more systematic and critical assessment addressing the consequences of basic methodological choices in comparative welfare state research and the potential impact these crucial choices have on the results ...” (Siegel 2005, 6) Dabei unterliegen viele Studien einem leicht zu lösenden Problem, das im Folgenden knapp umrissen werden soll.

Keineswegs soll gesagt werden, dass sämtliche Ergebnisse dieser „methoden-schwachen“ Untersuchungen automatisch falsch wären. Der folgende Abschnitt möchte lediglich anhand eines Beispiels einen methodischen Bias nachweisen und für den vorliegenden Fall korrigieren. Ob nach einer solchen erfolgten Korrektur des Forschungsdesigns ein anderes Ergebnis steht, bleibt ab-

40 Siehe dazu z.B. Brady/Collier (2004).

zuwarten. In diesem Rahmen kann nicht auf alle Schwierigkeiten der formal gebotenen Genauigkeit in der praktischen Umsetzung eingegangen werden. Ziel ist es lediglich, für ein konkretes Untersuchungsanliegen ein verbessertes Forschungsdesign anzubieten, das allerdings durchaus auch auf andere Fragestellungen Anwendung finden kann. Gerade am vorliegenden Beispiel, dem Zusammenhang zwischen Selbstständigkeit und Wohlfahrtsregime, kann gezeigt werden, wie ein unpassendes Forschungsdesign zu irreführenden und möglicherweise sogar falschen Ergebnissen führen kann, und die Änderung dieses Designs, bzw. dessen Anpassung an den Untersuchungsgegenstand, bessere, realitätsnähere Resultate hervorbringt. Die Vorgehensweise würde aber ebenso gut mit anderen, häufiger verwendeten abhängigen Variablen funktionieren wie z.B. Arbeitslosenquoten, Frauenerwerbstätigkeit oder dem Rentenniveau, und kann smoit auch auf diesen Gebieten Anwendung finden.

2.2.2 Der methodische Bias

In der vergleichenden Forschung kann unterschieden werden zwischen:

> (1) Studies Which Ask Whether X is Responsible for Y, (2) Studies Which Ask Whether Y is an Effective Measure for or Against Y, (3) Studies Which Ask Whether X is Producing a Sufficient Effect upon Y, (4) Studies Which Compare the Effectiveness of Partial Changes within Complete Systems. (Przeworski 1987, 35-37)

Während der Großteil der Beschäftigung mit dem dependent variable problem sich unter Punkt (2) und (4) einreihen lässt, steht hier die unter (1) genannte Fragestellung im Vordergrund.

Um einen Zusammenhang zwischen einem Wohlfahrtsregimetypus (hier die unabhängige Variable) und einem bestimmten gesellschaftlichen oder politischen Phänomen (abhängige Variable) aufzuzeigen, wird häufig ein Vergleich über die verschiedenen Regimetypen hinweg angestrengt. Üblicherweise wird hierfür jeweils ein Land stellvertretend für jeden Regimetyp ausgewählt. Werden unterschiedliche Werte oder Ausprägungen in den Ländern festgestellt, so wird dies häufig entweder als Beweis der Existenz der verschiedenen Regimetypen herangezogen, oder als Beweis für das bestehen eines Zusammenhangs zwischen Regimetyp und abhängiger Variable.

Diese Vorgehensweise beinhaltet einen systematischen Fehler, der sich in zwei aufeinander aufbauende Schritte unterteilen lässt, nämlich

1. eine unzulässige Verkehrung der Kausalkette
   Fehlschluss: Eine bestimmte Ausprägung der abhängigen Variablen ist mit einer bestimmten Ausprägung der unabhängigen Variablen unabänderlich verknüpft.

2. eine unzulässige Schlussfolgerung
   Fehlschluss: Gleiche Ausprägungen der unabhängigen Variablen bedeuten also gleiche Ausprägung der abhängigen Variablen (siehe 1.), oder es kann kein Zusammenhang zwischen abhängiger und unabhängiger Variable bestehen.

1. Unzulässige Verkehrung der Kausalkette

Die Ausprägung einer abhängigen Variablen kann nicht als Beweis einer bestimmten Ausprägung der unabhängigen Variable herangezogen werden. Schließlich liegt es gerade in der Natur einer unabhängigen Variable, dass es *ihr* Einfluss ist, der untersucht werden soll. Eine einfache Umdrehung der Kausalkette ist folglich nicht zulässig und, mehr noch, wird oft sogar zu falschen Ergebnissen führen. Im Gegensatz zu Alber, der meint: "While the debate on causality may never be resolved, some agreement must be reached on what constitutes the object of explanation." (Alber/Esping-Andersen/Rainwater 1987, 460), soll im Folgenden gezeigt werden, dass es nicht gleichgültig ist, in welche Richtung die Kausalkette verläuft.[41] Denn, wie er selbst im weiteren Verlauf des selben Beitrags feststellt: „The validity of any study depends on whether it explains what it purports to explain." (Alber/Esping-Andersen/Rainwater 1987, 462)

Ein kurzer Exkurs in die Logik kann diesen Fehlschluss auf einfache Weise verdeutlichen:[42] Die unabhängige Variable „Wetter" kann verschiedene Ausprä-

41 Die Kritik, die King, Keohane und Verba an der Suche nach „Casual Mechanisms" haben, wird hier durchaus ernst genommen – diesbezügliche Fragestellungen sollten aber nicht einfach mit dem Verweis auf eine zu große Anzahl von potenziellen Ursachen vernachlässigt werden (King/Keohane/Verba 1994, 85-86).

42 Die folgenden Ausführungen verwenden zur Verdeutlichung des logischen Problems die Folgen des Wetters für den Straßenzustand bzw. Unfallfolgen. Beides sind gerne gewählte Beispiele, da sie einerseits lebensnah und damit leicht verständlich sind, und andererseits betont Abstand zum Untersuchungsgegenstand haben. Dieses Zurücktreten vom eigentlichen Thema erleichtert das Verständnis, da man sich nicht zusätzlich in den inhaltlichen Gegenstand hineindenken muss.

gungen annehmen und unterschiedliche Folgen haben. Die Kausalkette sieht folgendermaßen aus:

unabhängige Variable		**abhängige Variable**
Sonnenschein	→	trockene Straße
Regen	→	nasse Straße

Wäre es aber nun auch zulässig, die Kausalrichtung von abhängiger zu unabhängiger Variable zu ändern? Kann man vom Zustand „nasse Straße" auf „Regen" schließen? Diese Schlussfolgerung könnte zutreffen, muss aber nicht, da auch eine Reihe anderer Umstände denkbar sind, weswegen eine Straße nass sein könnte:

unabhängige Variable		**abhängige Variable**
Sonnenschein	→	trockene Straße
Regen	→	nasse Straße
Tauwetter	→	nasse Straße

Würde man in der oben beschriebenen (falschen) Denkweise bleiben, müsste die Schlussfolgerung lauten, dass aufgrund der gleichen Ergebnisse (nasse Straße) auch gleiche Ursachen vorliegen müssten. Von der konkreten Ausprägung der abhängigen Variablen würde also ein Rückschluss auf die unabhängige Variable gezogen. Wird beobachtet, dass die Ausprägung der abhängigen Variable „nasse Straße" ist, wäre der Rückschluss auf die Ausprägung der unabhängigen Variable „Regen" aber bereits nicht mehr zwingend richtig (unzulässige Verkehrung der Kausalkette).

Analog muss bei der Behandlung von abhängiger und unabhängiger Variable in der Wohlfahrtsforschung vorgegangen werden. So wie eine nasse Straße nicht zwangsläufig auf Regenwetter schließen lässt, ist auch die Ausprägung der Selbstständigenquote kein zuverlässiger Indikator für das jeweils vorherrschende

Wohlfahrtsregime. Zurückgeführt auf das eigentliche Thema der vorliegenden Arbeit könnte man folgende Übersicht erstellen:[43]

unabhängige Variable		**abhängige Variable**
liberales Wohlfahrtsregime	→	hohe Selbstständigenquote
sozialdemokratisches Wohlfahrtsregime	→	mittlere Selbstständigenquote
konservatives Wohlfahrtsregime	→	niedrige Selbstständigenquote

Der Fehlschluss „Ein bestimmtes Wohlfahrtsregime führt zu einer bestimmten Höhe an Selbstständigkeit“ liegt zwar nahe, da man hier drei verschiedene Regime und drei verschiedene Ausprägungen der Selbstständigenquote vorliegen hat. Dass dieser Rückschluss aber ebenso falsch ist, wie im zuvor erläuterten Wetter-Beispiel, sieht man sofort, wenn das Tableau leicht verändert wird:

unabhängige Variable		**abhängige Variable**
sozialdemokratisches Wohlfahrtsregime	→	niedrige Selbstständigenquote
liberales Wohlfahrtsregime	→	hohe Selbstständigenquote
konservatives Wohlfahrtsregime	→	niedrige Selbstständigenquote

Bei dieser Merkmalsausprägung ist es nicht mehr möglich, von der abhängigen Variable Selbstständigenquote auf die unabhängige Variable Wohlfahrtsregime zu schließen. Es gibt allerdings auch gar keinen logischen Grund, warum die gleiche Ausprägung der abhängigen Variable ausschließlich von der gleichen Ausprägung der unabhängigen Variable her resultieren sollte, außer man unterliegt dem 1. systematischen Fehler, der Verkehrung der Kausalkette.

Ragin stellt dazu fest:

> ... causal explanations in case-oriented research often have the form: "When conditions A, B, and C are present, X causes Y"; however, if any one of these conditions (A, B, or C) is absent, and X is also absent, then Z causes Y. (Ragin 2004, 134)

43 Die beiden folgenden Tabellen dienen nur als Beispiel. Zur tatsächlichen Höhe der Selbstständigenquote siehe Kapitel 2.3.

Formal lässt sich die Entstehung gleicher Ergebnisse trotz unterschiedlicher unabhängiger Variablen folgendermaßen darstellen (Ragin 2004, 134):

Y = ABCX + ABcxZ + AbCxZ + aBCxZ

wobei:

Y	Abhängige Variable
X, Z	Unabhängige Variable
A, B, C	Bedingungen
Großbuchstaben.	Variable ist beobachtbar
Kleinbuchstaben	Variable ist nicht beobachtbar

So kann die abhängige Variable „Selbstständigenquote“ die gleiche Merkmalsausprägung auch bei Ländern annehmen, die unterschiedlichen Wohlfahrtsregimen zugeordnet werden, ohne dass ein Zusammenhang verneint werden muss. „Die Forschung hat ... hinlänglich gezeigt, dass es diverse Ursachen für erklärungsrelevante Phänomene geben kann ...“ (Lauth/Winkler 2002b, 62)

2. Unzulässige Schlussfolgerung
Aufgrund der gleichen Ausprägung der abhängigen Variable in zwei Fällen wäre ein nahe liegender, aber wie eben gezeigt kurzsichtiger, Schluss, dass die Ausprägung der unabhängigen Variable die gleiche sein müsste – oder, dass es keinen Zusammenhang zwischen abhängiger und unabhängiger Variable gibt.

Hier sei noch einmal auf das zuletzt dargestellte Wetter-Beispiel verwiesen. Der Rückschluss von einer bestimmten Merkmalsausprägung der abhängigen Variable (nasse Straße) auf eine bestimmte Merkmalsausprägungen der unabhängigen Variable wurde bereits negiert. Erkennt man aber an, dass die Ausprägung der abhängigen Variable auch von unterschiedlichen Ausprägungen der unabhängigen Variable herrühren kann, wird oft der ebenso falsche Schluss gezogen, dass hier kein Zusammenhang zwischen der abhängigen und der unabhängigen Variable bestehe. Sowohl das Tauwetter als auch der Regen sind schließlich für den Zustand „nasse Straße“ ursächlich.

Bezogen auf die Wohlfahrtsforschung bedeutet dies, dass aus einer gleichen Merkmalsausprägung der abhängigen Variable bei Ländern mit unterschiedlichem Wohlfahrtsregime nicht darauf geschlossen werden kann, dass kein Zusammenhang zwischen abhängiger und unabhängiger Variable besteht.

unabhängige Variable		**abhängige Variable**
Schweden	→	niedrige Selbstständigenquote
Großbritannien	→	hohe Selbstständigenquote
Deutschland	→	niedrige Selbstständigenquote

Nach der unter 1. beschriebenen (falschen) Logik müsste die niedrige Selbstständigenquote in Ländern anzutreffen sein, die dem gleichen Wohlfahrtsregime zugeordnet werden. Schweden und Deutschland aber werden unter verschiedene Regime subsumiert. Deshalb erfolgt oft der zweite Fehlschluss, dass zwischen abhängiger und unabhängiger Variable, hier also Selbstständigenquote und Wohlfahrtsregime, kein Zusammenhang bestehen könne. Wie eben bewiesen, ist diese Schlussfolgerung aber nicht korrekt.

Exkurs: Ein drittes methodisches Problem

Weitere Fehlschlüsse resultieren aus dem Problem, dass die *un*abhängige Variable u.U. nicht richtig oder ungenau spezifiziert ist. Ein weiteres Beispiel verdeutlicht dies:

unabhängige Variable		**abhängige Variable**
Unfall	→	Beinbruch
Unfall	→	Tod
Krankheit	→	Tod

Zwei Patienten erleiden einen Unfall, der aber sehr unterschiedliche Konsequenzen nach sich zieht. Bei einem sauberen methodischen Vorgehen darf das aber nicht der Fall sein. Während ein und dieselbe Merkmalsausprägung der abhängigen Variable durchaus durch unterschiedliche unabhängige Variablen verursacht werden kann, liegt der Fall umgekehrt anders: Eine bestimmte unabhängige Variable muss immer zu ein und demselben Ergebnis führen, da sie sonst nicht die Ursache des zu beobachtenden Ergebnisses, und damit nicht die richtige, also ursächliche, unabhängige Variable, sein kann. Dann dürften weder der Beinbruch noch der Tod der Patienten mit dem Unfall in Zusammenhang stehen – was offensichtlich nicht zutrifft. Dass die gleiche Ursache (Unfall) zu zwei so unterschiedlichen Ergebnissen (Beinbruch, Tod) führen kann, dürfte hauptsächlich daran liegen, dass mit der Merkmalsausprägung „Unfall" noch sehr wenig bestimmt ist: Um welche Art Unfall handelt es sich, wie genau und an welcher Körperstelle wurde der Patient verletzt, etc.?

Ähnlich dürfte es sich mit der unabhängigen Variable „Wohlfahrtsregime" verhalten. Sowenig wie geklärt ist, was unter dem Terminus des „Wohlfahrtsstaates" zu verstehen ist, sowenig ist eindeutig bestimmt, welche Länder unter die verschiedenen Regime zu subsumieren sind. So sind Frankreich und Deutschland in vielen Punkten vollkommen verschieden, und werden dennoch zumeist beide dem konservativen, teils sogar dem konservativ-korporatistischen, Wohlfahrtsregime zugeordnet – obwohl insbesondere im zweiten Fall deutlich ist, dass sich die beiden Länder in den ein Regime konstituierenden Variablen stark unterscheiden.[44] Dieses „*in*dependent variable problem" gleicht inhaltlich im Wesentlichen der gängigen Forschung zum dependent variable problem mit dem Wohlfahrtsstaat als abhängige Variable: "Major theoretical controversies in the social sciences have been tested by studying the welfare state and its development. In these studies the central problem has been the independent variable – economic development, class power, state development, etc. – with little attention to a precise specification of the dependent variable, the welfare state." (Alber/Esping-Andersen/Rainwater 1987, 459).

2.2.3 Der methodische Bias in der Anwendung

Die Ausführungen zum „Dependent Variable Problem" waren notwendig da vermutet werden kann, dass hier einer der wichtigsten Gründe zu suchen ist, warum die bisherigen Untersuchungen zum Zusammenhang zwischen Selbstständigkeit und Wohlfahrtsregime zum Ergebnis kamen, dass hier keine Ursache-Wirkung-Beziehung vorliegen würde – und weil es die maßgebliche Begründung für das in der vorliegenden Arbeit eingesetzte Forschungsdesign bietet, das sich einer besonderen Variante des Vergleichs bedient.

Der Vergleich als Methode kennt verschiedene Vorgehensweise, eine der wichtigsten Unterscheidungen betrifft die Fallauswahl, die, wie oben dargestellt maßgeblich zu den methodischen Fehlschlüsse beiträgt. Üblicherweise werden

44 Mehr zum diesem Thema siehe Kapitel 3.5.4 und 4.3.

Differenz- und Konkordanzmethode unterschieden,[45] wobei aus meines Erachtens unerklärlichen Gründen die Differenzmethode innerhalb der vergleichenden Studien prominenter vertreten ist. (Siehe z.B. Svallfors 1997, Lewis 2002, teilweise auch Huber/Stephens 2000, Duvander 2001, Wood 2001 oder auch Gangl 2004, Crouch 1999a sowie Burgoon/Baxandall 2004, um nur einige wenige, prominente Beispiele anzuführen) Auch Lohmann (2001) sowie Henrekson (2002), also die beide Untersuchungen, die im Großen und Ganzen die einzigen Studien sind, die sich mit dem Zusammenhang zwischen Selbstständigkeit und Wohlfahrtssystem beschäftigt haben, gehen im Wesentlichen nach der Differenzmethode vor: Es werden verschiedene Fälle (Wohlfahrtsregime) als Ausgangslage (unabhängige Variable) herangezogen bzw. je ein für sie repräsentatives Land (einmal USA – Deutschland, einmal Deutschland – Frankreich – Schweden) ausgewählt. Die zugrunde liegende Null-Hypothese lautet, dass ein Zusammenhang zwischen Wohlfahrtsregime und Selbstständigenquote besteht. Dies könne bestätigt werden, wenn voneinander unterscheidbare Selbstständigenquoten (abhängige Variable) für die jeweiligen Länder (unabhängige Variable) zu beobachten wären. Im Ergebnis zeigt sich aber, dass die Unterschiede zwischen den Regimetypen in Bezug auf die Selbstständigenquote nicht signifikant ausfallen, weswegen die Null-Hypothese verworfen wid (Fehlschluss (1)). Aus dieser unzulässigen Verkehrung der Kausalkette wird danach ein unzulässiger Schluss gezogen (Fehlschluss (2)): Da die untersuchten Länder eindeutig nicht demselben Wohlfahrtsregime zuzuordnen sind, wird daraus gefolgert, dass es keinen Zusammenhang zwischen Selbstständigkeit und Wohlfahrtsregime gäbe.

2.2.4 Konkordanzmethode als Ausweg?

Um die erläuterten Fehlschlüsse zu vermeiden, könnte ein Weg sein, sich einer anderen (angemesseneren) Methode zu bedienen. Ein Vorgehen nach der Konkordanzmethode hätte folgendes Aussehen: Um festzustellen, ob ein Zusammenhang zwischen zwei Variablen besteht, werden mehrere Länder, die üblicherweise dem gleichen Wohlfahrtsregime zugeordnet sind, untersucht. Dabei ist es

45 Ein guter Überblick über die verschiedenen Forschungsdesigns findet sich z.B. bei Lauth/Winkler (2002b) oder auch Schmidt M./Siegel (2005); zur Unterscheidung in Differenz- und Konkordanzmethode siehe Mill (1872); zur Besprechung siehe z.B. Jacobs (oJ.) oder Lieberson (1991).

gar nicht nötig, eine Vollerhebung über das gesamte Regime vorzunehmen. Einige (als besonders typisch angesehene) Repräsentanten können stellvertretend herangezogen werden, da das gesamte Wohlfahrtsregime streng genommen aufgrund seiner Homogenität als ein einziger Fall betrachtet werden darf – sonst wäre es auch kein „Regime", sondern nur eine Gruppe unterschiedlicher Staaten. Weitere Länder können und sollen aber immer dann ergänzend beachtet werden, wenn es bedeutende Abweichungen an relevanter Stelle zwischen den Repräsentanten und einzelnen Ländern gibt.

Für das vorliegende Beispiel heißt das, nur ein, in diesem Fall das konservative, Wohlfahrtsregime herauszugreifen, und zu untersuchen, ob und inwieweit hier ein Zusammenhang zwischen Selbstständigkeit und dem Wohlfahrtsregime besteht. Der Unterschied in der Herangehensweise wird in der Fallauswahl[46] am deutlichsten und lässt sich tabellarisch veranschaulichen (s. Tabelle 1).

Für die Spezifizierung der abhängigen Variable kann die Selbstständigenquote herangezogen werden.[47] Es ergibt sich nach der hier präferierten Konkordanzmethode das in Tabelle 2 zusammengestellte Untersuchungsdesign.

Durch die Beschränkung auf nur einen Fall ergeben sich in Bezug auf die beschriebenen methodischen Probleme folgende Vorteile: Das Problem der unzulässige Verkehrung der Kausalkette (Fehlschluss 1) wird zwar nicht im eigentlichen Sinn gelöst, aber umgangen. Eine Verkehrung der Kausalkette hat keine Auswirkungen mehr, da der Ausgangspunkt, die unabhängige Variable, nur eine Ausprägung aufweist. Die Frage, ob eine gleiche Ausprägung der abhängigen Variable auch eine gleiche Ausprägung der unabhängigen Variable bedeuten muss, stellt sich damit nicht mehr. Auch die unzulässige Schlussfolgerung (Fehlschluss 2) wird so umgangen. Bleibt eine mögliche Verkehrung der Kausalkette folgenlos, so kann auch der daraus resultierende Fehlschluss nicht mehr auftreten.

---

46 Prinzipiell zur Bedeutung der Fallauswahl für die unterschiedlichen methodischen Herangehensweisen siehe z.B. Schmidt M./Siegel.

47 In Kapitel 2.3 wird angesprochen, welche Schwierigkeiten es im Umgang mit der Selbstständigenquote als Operanden geben kann. Da es hier aber nur um eine erste Darstellung des Forschungsdesigns und um eine Begründung für die Wahl genau dieser Vorgehensweise handelt, reicht es hier noch durchaus aus, sich auf dieses Merkmal zu stützen.

Tabelle 1: Unabhängige Variablen der Konkordanz- und Differenzmethode[48]

Unabhängige Variablen – Differenzmethode	
Fälle	**Repräsentant**
Liberaler WS	Großbritannien
Konservativer WS	Deutschland
Sozialdemokratischer WS	Schweden
Unabhängige Variablen – Konkordanzmethode	
Fälle	**Repräsentant**
Konservativer WS	Deutschland
Konservativer WS	Frankreich
Konservativer WS	Österreich

Tabelle 2: Selbstständigenquote in konservativen Wohlfahrtssystemen in %, 2005. Quelle: OECD 2007a

Unabhängige Variable	**Repräsentant**	**Selbstständigenquote**
Konservativer WS	Deutschland	9,3
Konservativer WS	Frankreich	10,6
Konservativer WS	Österreich	10,8

48 Genau genommen handelt es sich bei den hier vorgestellten und in der Forschungspraxis so auch angewandten Forschungsstrategien um leichte Abwandlungen der Differenz- und der Konkordanzmethoden. Eigentlich liegt ein Vorgehen nach der Differenzmethode dann vor, wenn abweichende Ergebnisse (abhängige Variable) bei Fällen mit sehr ähnlichem Kontext (unabhängige Variable) untersucht werden – hier unterscheidet sich aber auch der Kontext in Form verschiedener Wohlfahrtsregime. Die Konkordanzmethode hingegen würde Fälle mit sehr ähnlichen abhängigen Variablen heranziehen und versuchen, die gemeinsame Ursache in sehr verschiedenen Kontexten ausfindig zu machen, wohingegen hier von sehr ähnlichen Fällen ausgegangen wird. Für die praktische Einordnung in Differenz- und Konkordanzmethode ist es hilfreich, dass die Konkordanzmethode üblicherweise mit nur einem Fall als Ausgangslage arbeitet, wohingegen die Differenzmethode mehrere Fälle als unabhängige Variablen heranzieht. (Siehe dazu Lauth/Winkler 2002b)

Zudem ließen sich allgemeine Schwierigkeiten,[49] die sich beim Vergleich von Wohlfahrtssystemen immer wieder ergeben, durch den Einsatz der Konkordanzmethode relativieren. Im Groben handelt es sich dabei hauptsächlich um die Festlegung der Fallzahl (i), die Auswahl der Fallrepräsentanten (ii) und die Untersuchungstiefe im Allgemeinen (iii).

(i) Festlegung der Fallzahl

Die Fallzahl orientiert sich meistens an der gewählten Einteilung in Wohlfahrtsregime. Am häufigsten wird dabei auf die „klassische" Einteilung nach Esping-Andersen (1990) zurückgegriffen. Problematisch an dieser Vorgehensweise ist, dass es in der wissenschaftlichen Debatte keineswegs Einigung darüber gibt, dass dies die „richtige" Clusterung[50] wäre. (Vgl. insbesondere Scruggs/Allen 2006 sowie Bambra 2006 und Kasza 2002; siehe auch oben „Exkurs: Ein drittes methodisches Problem") Bei so viel Uneinigkeit innerhalb der wissenschaftlichen Gemeinde fällt es schwer zu begründen, warum in der vergleichenden Forschung dennoch immer wieder auf drei Fälle, also das konservative, das liberale und das sozialdemokratische Regime, zurückgegriffen wird, auch wenn aus pragmatischer Sicht einige Gründe dafür sprechen mögen.[51] Die Konkordanzmethode geht hingegen von nur einem zu untersuchenden Fall aus (wie hier z.B. das konservative Wohlfahrtsregime) und untersucht innerhalb dieses einen Falles einzelne Repräsentanten oder nimmt auch eine Vollerhebung vor. Ob die Gruppenbildung, also die Zuschneidung des einen zu untersuchenden Falls, dann zutreffend (und überhaupt nötig) war, ist eine davon getrennte Fragestellung. Um eine sinnvolle Ausgangsbasis wählen zu können, ohne sich wiederum auf die Frage nach der „richtigen" oder zutreffenden Clusterung einzulassen, dürfte es ausreichen, auf gängige Indikatoren zur Bildung von Gruppen der unabhängigen Variable zurückzugreifen. Siegel bemerkt zu dieser so zu lösenden Problematik,

---

49 Auf diese Punkte soll hier nur kurz eingegangen werden, da sie nicht das eigentliche Thema der Arbeit sind.

50 Weder quantitativ noch qualitativ-inhaltlich.

51 Zum Einen ist es ein beliebtes Vorgehen, mit dem sozialdemokratischen und dem liberalen Wohlfahrtssystem zwei Antipoden zu präsentieren und das konservative als „Mischsystem" darzustellen, das es sachlich gesehen gar nicht ist. Doch so kann man der klassischen Dreiteilung, die beinahe schon einer Gliederung in These – Antithese – Synthese entspricht, folgen. Zum Anderen ist die Bearbeitung von drei Fällen forschungspragmatisch noch relativ leicht durchzuführen, und geht doch über die Analyse von nur ein bis zwei (möglicherweise sehr zufällig gewählten) Fällen hinaus.

es gibt ein „... core set of political variables which can serve as standard independent variables ...“ (Siegel 2005, 23) Dafür erscheint es ausreichend, wenn die „empirically observed variation among types is greater than variation within types.“ (Korpi/Palme 1998, 665) Die Frage nach Inhalt und Gestalt von Wohlfahrtsstaaten, -systemen und -regimen ist damit keineswegs gelöst, sondern nur für dieses Untersuchungsdesign und Forschungsfragen dieser Art umgangen, indem man sich auf ein Institutionen-Set bezieht, dass in weiten Teilen in den für die unabhängige Variable ausgewählten Ländern sehr ähnlich ist.

(ii) Auswahl der Repräsentanten

Die Praxis, ein Land stellvertretend als Repräsentant für den gesamten Fall auszuwählen, und damit einen Vergleich über mehrere Fälle anstellen zu wollen, greift meines Erachtens deutlich zu kurz: „Simply patterning differences between four countries, one from each regime type, is less satisfactory, since differences will always occur between different countries.“ (Svallfors 1997, 286) Es müssten zunächst zumindest die so ermittelten Resultate einer weiteren Überprüfung durch den Austausch des jeweils stellvertretenden Landes überprüft werden. Schließlich besteht durchaus die Möglichkeit, dass eine Hypothese, die sich mittels eines Vergleichs von Deutschland, Schweden und Großbritannien stellvertretend für ihre jeweiligen Regimetypen als richtig erweist, zufällig befürwortet wurde, während ein Vergleich von Österreich, Dänemark und den USA zu einem ganz anderen Ergebnis kommen würde.

Die Schwierigkeiten mit der Auswahl der Repräsentanten lassen sich auch bei der Konkordanzmethode nicht gänzlich beseitigen. Der Vorteil dieser Vorgehensweise ist aber, dass die möglichen Repräsentanten sich durch die Zugehörigkeit zu einem Fall ähnlich genug sind, dass es nicht nötig sein sollte, eine Vollerhebung durchzuführen. Zudem stellen Schmidt und Siegel fest, dass

> „[d]urch die Auswahl sehr ähnlicher Fälle ... das Konstanthalten möglichst vieler Kontextfaktoren erleichtert [wird]. Aus forschungspragmatischen Gesichtspunkten kommt bezüglich der Dominanz von EU- und OECD-Vergleichen hinzu, dass infolge der Bemühungen um die internationale Standardisierung von Statistiken in den Mitgliedsländern dieser Organisationen am ehesten vergleichbare Daten verfügbar sind. (Hering 2003, 8)

(iii) Untersuchungsdichte

Hinzu kommen Probleme der Untersuchungsdichte im Allgemeinen. Viele vergleichende Studien gehen weder in der zeitlichen Dimension, noch bezogen auf den quantitativen Umfang der behandelten Daten weit genug in die Tiefe. Für den hier interessierenden Zusammenhang zwischen Selbstständigkeit und Wohlfahrtsregime heißt das: Es reicht keineswegs aus, die Selbstständigenquote dreier Länder zu einem bestimmten Zeitpunkt zu vergleichen, um verlässliche Ergebnisse zu erhalten. Die abhängige Variable müsste sich aus mehr als nur der Selbstständigenquote zusammensetzen, der Untersuchungszeitraum deutlich ausgeweitet werden. Ein Vorschlag für ein verbessertes Untersuchungsdesign, das sich auch auf andere Bereiche der Wohlfahrtsforschung anwenden lässt, wird im Folgenden skizziert. Der deutliche Vorteil der Konkordanzmethode besteht darin, dass es bei nur einem Fall und dementsprechend weniger potenziellen Repräsentanten ungleich leichter möglich ist, stärker in die Tiefe der Detail-Analyse zu gehen.

2.2.5 Schlussfolgerungen für das eigene Forschungsdesign

Mithilfe der Wahl eines angemesseneren Forschungsdesigns ist es also möglich, die Fehler, die bei den bisherigen Untersuchungen zum Zusammenhang zwischen Wohlfahrtssystem und Selbstständigkeit gemacht wurden, zu umgehen. Für die hier zu untersuchenden Fragestellung ergeben sich damit weitreichende Konsequenzen für das anzuwendende Forschungsdesign: Aus den eben genannten Gründen wird ein Vergleich nach der Konkordanzmethode in der Form, wie sie auch in der Fußnote zu Tabelle 1 beschrieben wurde, vorgenommen. Um den Zusammenhang, der sich aus den theoretischen Überlegungen des Kapitels 2.1 ergibt, überprüfen zu können, wird die Gruppe der Länder, die ein konservatives Wohlfahrtssystem haben, untersucht. Dabei reicht es aufgrund der hohen Homogenität dieser Gruppe wie besprochen aus, ein Land stellvertretend für die gesamte Ländergruppe herauszugreifen. Dennoch darf nicht übersehen werden, dass selbst bei einer Gruppe, die gerade in den relevanten Charakteristika (System der sozialen Sicherung, Arbeitsmarktregime) eine hohe Ähnlichkeit aufeist, immer noch Differenzen in einigen Punkten bestehen können. Deswegen wird immer dann, wenn es relevante Abweichungen vom deutschen Fall in den anderen Ländern der konservativen Gruppe gibt, auch darauf einzugehen sein. Zudem ist es an einigen Stellen notwendig, eine Aussage darüber zu treffen, ob es sich bei den präsentierten Daten um „hohe" oder „niedrige" Werte handelt, so insbesondere in den Kapiteln zum Arbeitsmarktregime, und das kann nur über den internationalen Vergleich geschehen. Trotzdem: Der Fokus liegt allein auf der Analyse des Zusammenhangs zwischen Selbstständigkeit und Wohlfahrtssystem in Deutschland. Diese Vorgehensweise wird durchgängig im Hauptteil der Arbeit, dem Kapitel 3 angewendet.

Spätestens an dieser Stelle wird aber auch deutlich, dass vor dem Einstieg in die eigentliche Analyse noch ein Punkt zur klären ist, der eben noch im Zusammenhang mit dem Dependent Variable Problem kritisiert wurde: die (sprachliche) Unklarheit darüber, was unter einem Wohlfahrtsstaat, einem Wohlfahrtssystem, einem Wohlfahrtsregime eigentlich zu verstehen sei. Wenn (zumindest) ein Teil der Uneinigkeit in der Wohlfahrtsforschung daraus resultiert, dass verschiedene Einschätzungen über die aktuelle Lage oder Entwicklung von Wohlfahrtsstaaten/-systemen/-regimen daher rührt, dass die Variable, die man erklären möchte, eine andere ist, muss zunächst dieses Problem gelöst werden. Es ist nicht Aufgabe dieser Arbeit, hier einen Konsens herzustellen und eine Definition zu bieten, auf die sich alle einigen könnten. Dennoch ist es nötig zumindest kurz zu umreißen, was in den weiteren Ausführungen unter den genannten Begriffen zu verstehen ist. Innerhalb der drei Begriffe gibt es eine Abstufung. Der engste Begriff ist der des Wohlfahrts*staates*. Er ist nicht vollkommen deckungsgleich mit dem Sozialstaat, da er nicht nur soziale Risiken absichert, sondern auch Chancen eröffnet, die zu einer Steigerung der individuellen Wohlfahrt beitragen. Der Wohlfahrtsstaat ist ein zentrales Element in jedem Wohlfahrts*system*, das aber neben den staatlichen, hoheitlichen Trägern auch andere Leistungserbringer wie Familien, den Markt oder den dritten Sektor kennt. Das Ausmaß in dem diese Institutionen zur Leistungserstellung beitragen, wie diese Leistungen bereit gestellt werden, und wie das Zusammenspiel der Träger ausgestaltet ist, charakterisieren das Wohlfahrtssystem. Ist dieses in mehreren Ländern sehr ähnlich, kann man von einem Wohlfahrts*regime*, also einer Ländergruppe, einem Cluster, sprechen. Zusammen gefasst könnte man also formulieren: Ein Wohlfahrtsregime besteht aus Länder mit gleichem Wohlfahrtssystem, in dem der Wohlfahrtsstaat jeweils eine wichtige, aber nicht allein bestimmende Rolle, einnimmt. Übertragen auf den hier interessierenden Zusammenhang heißt das: Das konservative Wohlfahrtsregime besteht aus den fünf Ländern, die ein konservatives Wohlfahrtssystem haben, also Deutschland, Belgien, Frankreich, Luxemburg und Österreich. Im Folgenden wird deswegen von Wohlfahrts*regime* gesprochen, wenn die gesamte Ländergruppe gemeint ist, von Wohlfahrts*system*, wenn es um die konkrete Ausprägung in einem Land geht, und nur da von Wohlfahrts*staat*, wo es tatsächlich rein um die staatliche Bereitstellung von Leistungen geht.

Bis zu diesem Punkt wurde zunächst nur gezeigt, dass es theoretische Gründe für den zu untersuchenden Zusammenhang gibt, und warum die Verbindung zwischen Wohlfahrtssystem und Selbstständigkeit bislang wenig Aufmerksamkeit erfahren hat bzw. sogar negiert wurde. Bevor also der eigentliche Hauptteil der Erklärung des bis hierhin nur (plausibel) vermuteten Zusammenhangs nachgehe kann, wird es Aufgabe des folgenden Kapitels sein, diesen zunächst anhand der empirischen Datenlage aufzuzeigen. Für diesen Abschnitt ist es nötig, das Untersuchungsfeld noch breit zu belassen und nicht nur die Länder des konservativen Wohlfahrtssystems zu betrachten, sondern auch die anderen Systeme, da es ansonsten nicht möglich wäre, eine Aussage über die Existenz des potenziellen Zusammenhangs zu treffen.

2.3 Empirischer Zusammenhang

Das folgende Kapitel wird nun zeigen, dass sich auch empirisch ein Zusammenhang zwischen Wohlfahrtsregime und Selbstständigkeitsverhalten finden lässt. Dabei haben die folgenden Ausführungen allein zur Aufgabe, diesen Zusammenhang aufzuzeigen, ohne noch auf die Ursachen dafür einzugehen. Dies wird Bestandteil der Abschnitte des Hauptteils (Kapitel 3.1-3.6) sein.

An dieser Stelle ist es nötig, die Datenlage, auf die sich die nachfolgenden Darstellungen beziehen, zu thematisieren. Wie in den meisten Bereichen der Sozial- und Arbeitsmarktpolitik gestaltet sich die Datensammlung schon deswegen eher schwierig, da es keine langfristige Erhebung gibt, die alle interessierenden Merkmale zusammentragen würde. So entstand auch bei der Erarbeitung der Ausführungen dieses Kapitels, wie auch der Analyse des Hauptteils der Arbeit (Kapitel 2.2),[52] das Problem, dass auf sehr unterschiedliche Datensätze von mehreren Institutionen zurückgegriffen werde musste. Eine weitere Schwierigkeit ergibt sich durch die Dauer der Aufarbeitung nationaler Daten auf internationaler Ebene. Gerade im Bereich der Arbeitsmarktpolitik stehen daher vergleichende Daten oft nur mit einer beträchtlichen Zeitverzögerung zur Verfügung. Die

52 Zur Datenbasis für die entsprechenden Abschnitte siehe die Einleitung zu Kapitel 3.

kommenden Abbildungen zum empirischen Zusammenhang zwischen Wohlfahrtsregime und Selbstständigkeit beziehen folglich nur Daten bis zum Jahr 2003 mit ein, da aus diesem Jahr die letzten vollständigen Zahlen für die relevanten Länder vorliegen. Das ist aber insofern unproblematisch, als es hier darum geht, einen *prinzipiellen* Zusammenhang aufzuzeigen.

Der genannte Zusammenhang lässt sich nachweisen, auch wenn er nicht sofort ins Auge sticht. Um die Beziehung korrekt erfassen zu können, reicht es nicht aus, wie bereits in Kapitel 2.2 (Forschungsdesign) angesprochen, die abhängige Variable Selbstständigkeit mit der Höhe der Selbstständigenquote zu einem bestimmten Zeitpunkt gleichzusetzen, da dies nur eine flüchtige Momentaufnahme widerspiegeln würde. Zusätzlich muss die Entwicklung, die zum aktuellen Bestand hinleitet, in Betracht gezogen werden, gerade um auch Tendenzen identifizieren zu können.

2.3.1 Entwicklung der Selbstständigkeit

Die Entwicklung der abhängigen Variable Selbstständigkeit wurde bereits in Abbildung 3 gezeigt. Aus dieser Gesamtübersicht lässt sich allerdings noch sehr wenig herauslesen. Um eine bessere Übersichtlichkeit erreichen zu können, bietet es sich an, die Gesamtheit der Länder in einzelne Gruppen zu unterteilen. Eine genauere Übersicht über die verschiedenen Regimetypen[53] zeigt ein deutlicheres Bild der Entwicklung der abhängigen Variablen (s. Abbildung 9-11).

Alle drei Wohlfahrtstypen zeigen ein in sich ähnliches Verhalten. Während die Länder des konservativen Wohlfahrtsregimes einen eher schwachen Verlauf aufweisen, mit nur einer kleinen Erhöhung, die erst Anfang der 1990er-Jahre einsetzt, zeigen die skandinavischen Länder bereits ab Mitte der 1980er-Jahre einen vergleichsweise starken Anstieg. Auch die liberalen Staaten können einen (wenn auch eher schwachen) Zuwachs ab Anfang der 1990er aufweisen, starteten aber bereits davor auf vergleichsweise hohem Niveau, und erleben Ende der 1990er-Jahre sogar eine leichtes Abflachen. Augenscheinlich ist zudem, dass die sozialdemokratischen Länder Schweden und Finnland in ihrem Verhalten (also der Entwicklung über die Zeit) eine große Ähnlichkeit zum Durchschnitt aufweisen,

53 Die Orientierung an den klassischen Regimetypen bietet sich aufgrund der Notwendigkeit, kleinere Gruppen zu betrachten, im Bereich der Wohlfahrtsforschung an.

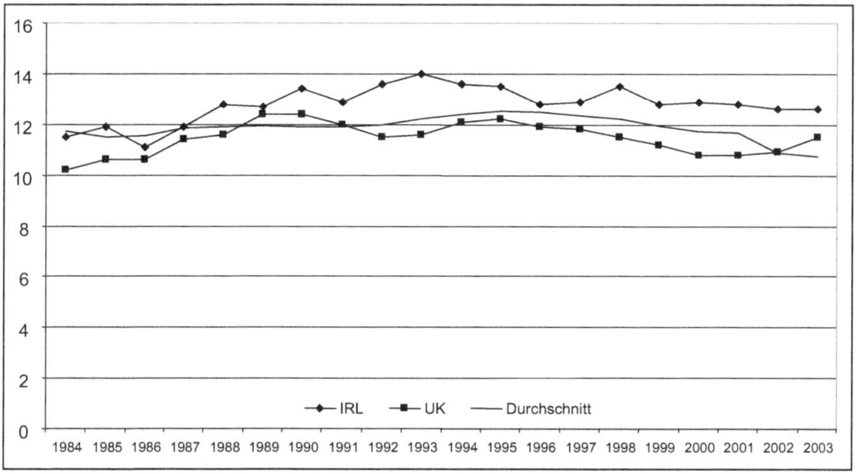

Abbildung 9: Selbstständigkeit im liberalen Wohlfahrtsregime[54] in %, 1984-2003. Quelle: www.oecd.org; eigene Berechnungen

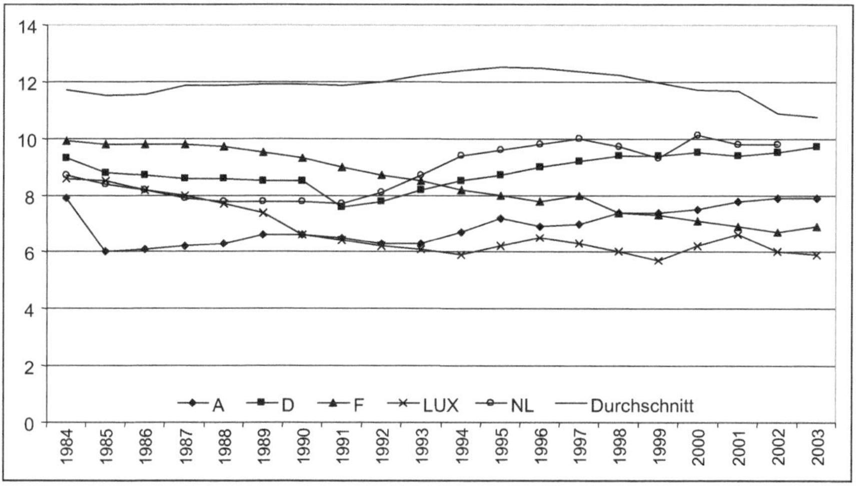

Abbildung 10: Selbstständigkeit im konservativen Wohlfahrtsregime in %, 1984-2003. Quelle: www.oecd.org; eigene Berechnungen

54 Mit „Durchschnitt" ist hier wie auch in den folgenden Abbildungen der Mittelwert aller untersuchten Länder gemeint, nicht der Durchschnitt des jeweiligen Regimes.

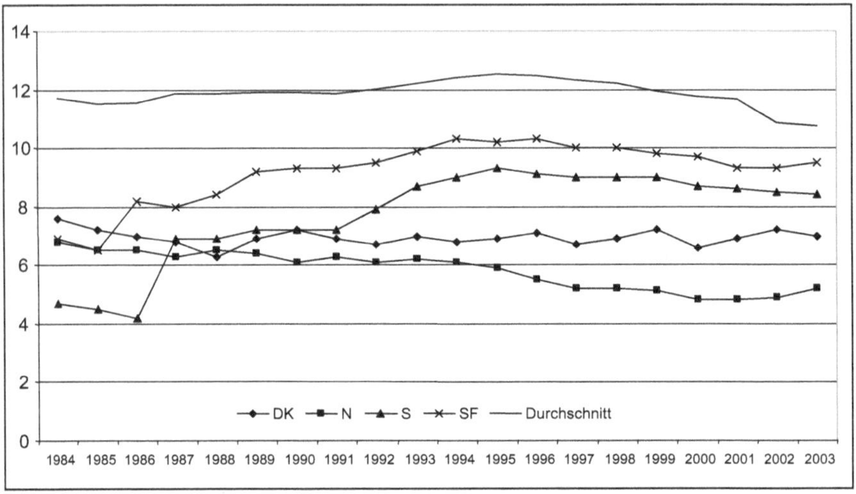

Abbildung 11: Selbstständigkeit im sozialdemokratischen Wohlfahrtsregime in %, 1984-2003. Quelle: www.oecd.org; eigene Berechnungen

im Niveau aber deutlich abweichen, während die liberalen Staaten Großbritannien und Irland in ihrem Verhalten nicht so sehr dem Durchschnitt ähneln, im Niveau aber näher am Mittelwert sind. Die konservativen Länder Deutschland, Österreich, Niederlande und Luxemburg hingegen zeigen keinerlei Ähnlichkeiten mit dem Verlauf oder dem Niveau der Durchschnittskurve.[55]

Da dieser Durchschnitt maßgeblich durch die hohen Werte der südeuropäischen Länder mitbestimmt wurde, lohnt ein Blick auch auf diese Gruppe (s. Abbildung 12).

Der enge Zusammenhang zwischen dem Verlauf der Durchschnittskurve und den südeuropäischen Ländern ist deutlich erkennbar: Insbesondere Portugal und Spanien zeigen ein äußerst ähnliches Verhalten.

55 Frankreich weist zudem ein stark abweichendes Verhalten, sowohl verglichen mit „seinem“ Regimetyp, den konservativen Wohlfahrtsstaaten, als auch gegenüber dem allgemeinen Trend auf, da die Selbstständigenquote bis zuletzt weiterhin gefallen ist. In der weiteren Analyse wird Frankreich deshalb für den Verlauf dieses Kapitels als Ausreißer behandelt.

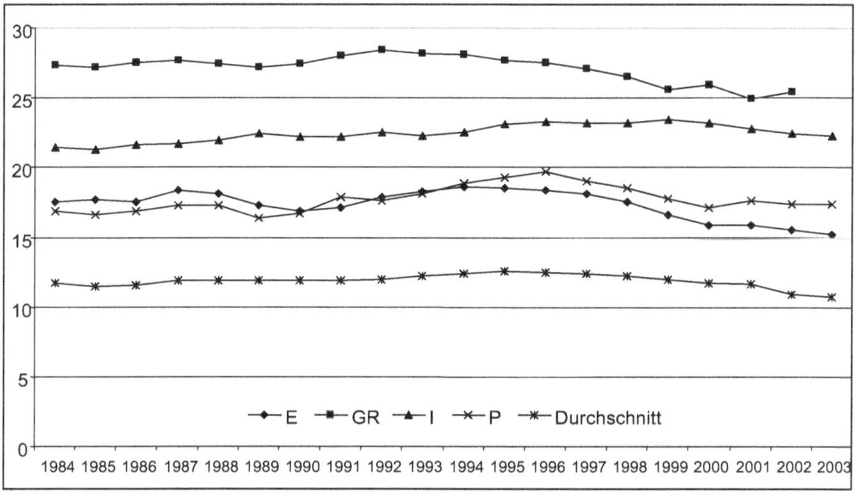

Abbildung 12: Selbstständigkeit im südeuropäischen Wohlfahrtsregime in %, 1984-2003. Quelle: www.oecd.org; eigene Berechnungen

Diese ersten Ergebnisse können anhand einer Korrelationsanalyse vertieft werden. Die Gesamtübersicht über einen Großteil der EU-Staaten bietet hierfür noch kein sehr aufschlussreiches Ergebnis, wie es zuvor auch schon bei der Entwicklung der Selbstständigkeit der Fall war. Dabei ist zu bedenken, dass insbesondere für die neuen EU-Mitglieder großteils keine (verlässlichen) Daten für die Zeit vor 1993 vorliegen und sowohl in den osteuropäischen als auch den südeuropäischen Ländern durch den teilweise erst relativ spät eingetretenen Strukturwandel über eine lange Zeit hinaus noch sehr hohe Selbstständigenquoten vorlagen, die zu relativieren sind.[56]

56 Die durch den verspäteten Strukturwandel entstehende hohe Selbstständigkeit resultiert aus dem besonders hohen Anteil an Selbstständigen im landwirtschaftlichen Sektor, da dies dort die dominierende Betriebsform ist. Im sekundären Sektor hingegen dominieren große Unternehmen als Organisationsform, weswegen hier wiederum die Selbstständigenquote besonders niedrig ist (siehe auch Kapitel 3.1).

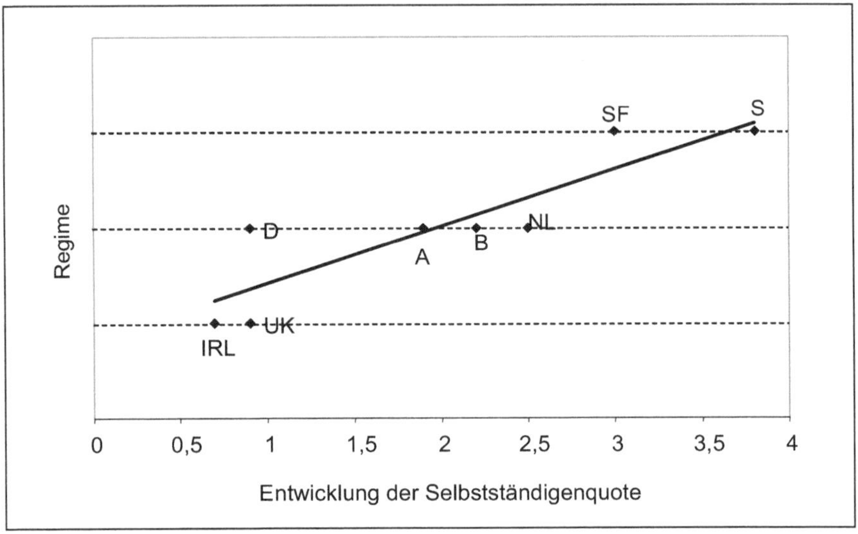

Abbildung 13: Entwicklung der Selbstständigkeit[57] und Regimetyp[58]. Korrelationskoeffizient: 0,8840904. Quelle: www.oecd.org; eigene Berechnungen

Eine Übersicht über die „konventionellen" Regimetypen nach Esping-Andersen (1990) bietet schon ein klareres Bild (s. Abbildung 13). Hier zeigt sich ein deutlicher Zusammenhang zwischen Selbstständigkeitsverhalten und Wohlfahrtsregime, was unterstreicht, wie wichtig es ist, als abhängige Variable nicht nur das aktuelle Niveau der Selbstständigenquote in Betracht zu ziehen, sondern darüber hinaus auch deren Entwicklung. Werden auch hier wieder die südeuropäischen Länder hinzugezogen, verstärkt sich der Zusammenhang noch weiter (s. Abbildung 14).

57 Entwicklung der Selbstständigkeitsquote zwischen 1985 und 2003 in Prozentpunkten.

58 Für die Variable Regimetyp wurde der Dekommodifizierungsgrad des jeweiligen Regimes herangezogen. (Vgl. Esping-Andersen 1990) Frankreich fehlt in dieser Korrelation, weil es (wie weiter vorne erwähnt) aufgrund seines vollkommen untypischen Verlaufs der Selbstständigenquote als Ausreißer eliminiert werden musst, um die Korrelation nicht zu verzerren.

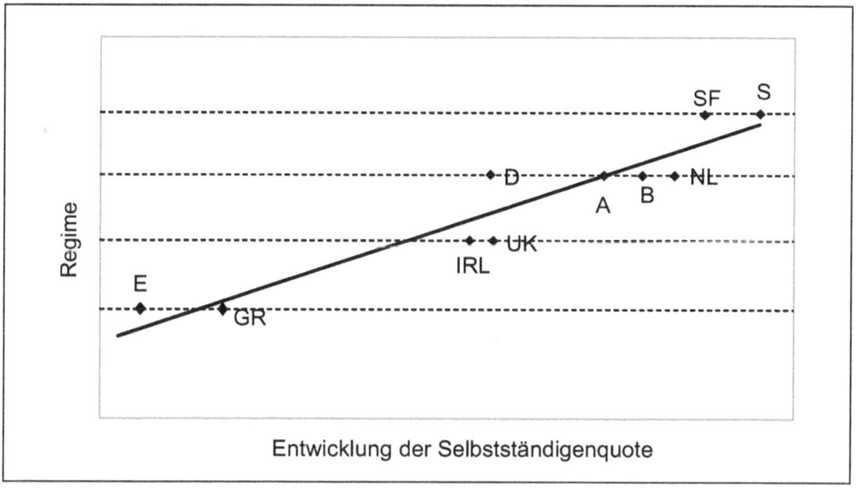

Abbildung 14: Entwicklung der Selbstständigenquote und Wohlfahrtsregime. Korrelationskoeffizient: 0,94539905, Quelle: www.oecd.org; eigene Berechnungen

2.3.2 Clusterung

Die Korrelationsgrafiken im vorherigen Abschnitt zeigen, dass es einen Zusammenhang zwischen den Wohlfahrtsregimen und dem Selbstständigkeitsverhalten gibt, wenngleich auch keine 100%-ige Übereinstimmung. Das war aber auch nicht zu erwarten, denn das Selbstständigkeitsverhalten gehört nicht zu den Variablen, die üblicherweise die Regimetypen ausdifferenzieren.[59] Folglich wäre es sogar eher erstaunlich gewesen, wenn sich die Länder anhand des Merkmals „Selbstständigkeitsverhalten" ausnahmslos in die gängigen Regimetypen einordnen ließen. Ähnlich lässt sich auch das Ergebnis der entsprechenden Clusteranalyse interpretieren (siehe Abbildung 8).

Es ist also möglich, "Selbstständigkeitsregime" zu bilden, die zudem eine hohe Ähnlichkeit mit den gängigen Wohlfahrtsregimen aufweisen. Dahingestellt

59 Diese wären z.B. Dekommodifizierungs- und Stratifizierungsgrad, Art und Intensität des Zusammenspiels zwischen Staat, Markt und privaten Leistungserbringern wie Familien, etc.

bleibt aber, inwieweit dies die eigentliche Fragestellung nach dem Zusammenhang zwischen Wohlfahrtsregime und Selbstständigkeit voran bringt. Gleiches gilt für andere Indikatoren und Variablen. So ist es möglich (und zum Teil auch üblich), Arbeitsmarktregime, Rentenregime oder Bildungsregime zu bilden, und diese mit den Wohlfahrtsregimen zu vergleichen. Falsch wäre es aber, nur bei einer (hohen) Übereinstimmung der so zu findenden Gruppierungen von einem Zusammenhang zwischen den Variablen Wohlfahrtsregime und Arbeitsmarktpolitik, Rentenpolitik, Bildungspolitik, etc. auszugehen. Vielmehr muss, nachdem empirisch nachgewiesen wurde, dass es einen ausreichend hohen Zusammenhang zwischen Wohlfahrtsregime und Selbstständigkeit gibt, als nächster Schritt untersucht werden, worin dieser Zusammenhang besteht und welche Begründungen es für den Zusammenhang gibt.

Nach diesen ersten Ergebnissen kann ein Zusammenhang zwischen Wohlfahrtsregime und Selbstständigkeitsverhalten als erwiesen gelten. Als nächstes muss nun den eben gestellten Fragen nachgegangen werden, also überprüft werden, wie dieser Zusammenhang genau ausgestaltet ist, denn: „[A]ssociation does not necessarily mean causality. [...] Despite a long-standing and keen awareness of the dangers, social scientists still tend to be uncritically happy when associations are found, and the stronger the better." (Lieberson 1985, 91)

Die These lautet, dass essentielle Bestandteile des Wohlfahrtsregimes einen starken Einfluss auf das Selbstständigkeitsverhalten haben. Dies soll in den sechs Abschnitten des Kapitels 3 gezeigt werden, in dem diese Einflussfaktoren dargestellt und auf ihre Wirkung auf die Selbstständigkeit hin überprüft werden. Zuvor braucht es aber noch einen kurzen Einschub, um eine andere These zur Entstehung des Zusammenhangs zwischen Wohlfahrtsystem und Selbstständigkeit zu widerlegen: Eine Zufälligkeit wurde bereits anhand der empirischen Datenlage ausgeschlossen. Möglich wäre aber, dass der Zusammenhang durch den Einsatz der gleichen oder zumindest ähnlichen Instrumente zur Förderung von Unternehmensgründungen und Unterstützung von Selbstständigen entsteht. Das folgende Kapitel wird also zeigen, welche Instrumente die verschiedenen Länder für die Förderung der Selbstständigkeit einsetzen, und dass diese keineswegs so ähnlich sind, dass hier von einem konstituierenden Einfluss gesprochen werden könnte.

2.4 Instrumente zur Erhöhung der Selbstständigenquote

Um auszuschließen, dass die sehr ähnliche Entwicklung der Selbstständigenquote in den konservativen Ländern aus dem Einsatz ähnlicher bis gleicher Steuerungsinstrumente resultiert, wird dieses Kapitel zeigen, dass der Instrumenteneinsatz in den interessierenden Staaten durchaus unterschiedlich ist. Durch die bisherigen Ausführungen wurde gezeigt, dass Länder, die dem gleichen Wohlfahrtsregime zugeordnet werden, eine vergleichbare Selbstständigenquote aufweisen. Anders müsste es sich aber verhalten, wenn in diesen Ländern in Qualität und Quantität unterschiedliche Fördermaßnahmen eingesetzt werden: Die ursprünglich ähnliche Selbstständigenquote müsste je nach Förderintensität unterschiedlich ausfallen. Dieser Zusammenhang lässt sich folgendermaßen verdeutlichen:[60]

Zeitpunkt	**Land**	**Fördermaßnahmen**	**Selbstständigenquote**
t_0	A	keine	niedrig
	B	keine	niedrig
t_1	A	keine	niedrig
	B	hohe Anstrengungen	mittel

Die Erhöhung der Selbstständigenquote wäre also ursächlich auf die Erhöhung der Fördermaßnahmen zurück zu führen. Übertragen auf ein (verkürztes) reales Beispiel zeigt sich aber ein anderes Ergebnis:

Zeitpunkt	**Land**	**Fördermaßnahmen**[61]	**Selbstständigenquote**
1993	Deutschland	wenig	niedrig
	Frankreich	wenig	niedrig
2003	Frankreich	niedrig	niedrig
	Deutschland	hoch	niedrig

60 Hierbei geht es nur um einen schematischen Problemaufriss – so sind etwa die konkreten Jahreszahlen, die für t_0 und t_1 gewählt wurden, beliebig austauschbar.

61 Die Einstufung hoch, mittel und niedrig für die Fördermaßnahmen bezieht sich in diesem ersten Schritt rein auf das Ausmaß an quantitativen Mitteln, das für Gründungsinitiativen zur Verfügung gestellt wird.

Obwohl sowohl Deutschland als auch Frankreich ihre jeweils sehr unterschiedlich ausgestalteten Fördermaßnahmen (siehe dazu weiter unten) auch in unterschiedlicher Intensität bereitstellten, blieb die Selbstständigenquote beider Länder vergleichsweise gering. Der Instrumenteneinsatz kann also nicht für das Ausmaß an Selbstständigkeit verantwortlich sein.

Eine Aufgabe der vorliegenden Arbeit ist es folglich, die Ursachen für diese Stagnation, oder zumindest den entgegen den Erwartungen, die sich aus dem Instrumenteneinsatz ableiten lassen, geringen Anstieg, zu suchen. Drei Gründe könnten hierfür ausschlaggebend sein:

- die getroffenen Maßnahmen sind ineffektiv
- das konservative Wohlfahrtsregime überlagert die getroffenen Maßnahmen und behindert einen Anstieg der Selbstständigenquoten
- die konkrete Ausgestaltung der Wohlfahrtsregime ist unterschiedlicher, als es die gemeinsame Einordnung vermuten ließe

Die Annahme, die der vorliegenden Arbeit implizit zugrunde liegt, ist die an zweiter Stelle genannte Vermutung. Um aber nicht im Bereich von Vermutungen zu bleiben, sondern fundierte Einsichten zu erhalten, und sicher gehen zu können, dass es nicht ein „zufälliger“ Einfluss ist, der zu den Ergebnissen der empirischen Analyse aus Kapitel 2.3 führte, müssen alle anderen Möglichkeiten ausgeschlossen werden. Der folgende Abschnitt widmet sich somit den Instrumenten, die zur Förderung von Selbstständigkeit eingesetzt werden – zunächst aus einer theoretischen Perspektive, danach auch in einer empirischen Analyse.[62]

2.4.1 Steuerungsinstrumente

Der Begriff der „Instrumente“ oder „Maßnahmen“ ist weitläufig und lässt einen breiten Interpretationsspielraum zu. In einem weit gefassten Verständnis kann man sie als „Hilfsmittel zur Problemlösung“ verstehen: „...es [kommt] darauf an, politische Probleme mit den jeweils richtigen Instrumenten anzugehen.“ (Braun/Giraud 2003, 157) Maßnahmen zur Erhöhung der Selbstständigenquote können als Steuerungsinstrumente eingestuft werden, die „... das gesellschaftliche Handeln, direkt oder indirekt, beeinflussen“. (Braun/Giraud 2003, 149) wobei gilt:

62 Auf die dritte Vermutung bezüglich einer möglichen Heterogenität der Wohlfahrtssysteme wird zum Schluss der Arbeit eingegangen.

„Zwei Hauptkategorien lassen sich hier unterscheiden: der Staat kann entweder auf Zwang zurückgreifen oder auf verschiedene Arten von Anreiz und indirekter Lenkung". (Braun/Giraud 2003, 150) Diese Kategorien lassen sich noch weiter in drei Unterkategorien ausdifferenzieren:

- finanzielle Anreize
- Verhaltensangebote durch Strukturierung
- Überzeugungsinstrumente

In den hier relevanten Politikbereichen können alle diese drei Kategorien von Steuerungsinstrumenten zum Einsatz kommen. Sowohl finanzielle Anreize (Subventionierung der Sozialversicherungsabgaben, direkte Starthilfen, Unterstützung bei der Kapitaleinwerbung, Steuernachlässe, ...), Strukturierungsmaßnahmen (Unterstützung beim Aufbau von Netzwerken, Business-Angel-Programme, Verwaltungsvereinfachung, ...) als auch Überzeugungsinstrumente (z.B. in Form öffentlicher Kampagnen) sind im Repertoire der Maßnahmen, die zur Erhöhung der Selbstständigkeit beitragen können und werden auch von den einzelnen Staaten in unterschiedlichem Ausmaß genützt.

Da die Selbstständigenquote sowohl von Mikro- wie auch Makrofaktoren bestimmt wird (siehe dazu ausführlich Kapitel 1.4), können auch die möglichen Fördermaßnahmen sehr unterschiedliche Gestalt annehmen. Audretsch teilt sie in drei[63] Policy-Kategorien ein (Audretsch 2002, 31):

- Policies, die die Umfeldbedingungen, die zu einer Gründung führen können, verbessern (z.B. Privatisierung, Deregulierung, leichteren Zugang zu Fördermaßnahmen, aber auch die Unterstützung von Netzwerken, etc.).
- Verbesserungen der Angebotsseite, also die Steigerung der Selbstständigenzahlen in absoluten Zahlen. Hierunter fallen vielfältige Maßnahmen, wie etwa die angebotsseitige zahlenmäßige Steigerung an Unternehmern durch Immigrationspolitik oder auch die Förderung von Unternehmensgründungen durch Angehörige von Minderheiten.[64] Ganz andere Maßnahmen aus diesem Be-

63 Audretsch selbst spricht zunächst von fünf Policy-Kategorien, fasst dann aber drei davon zu dem hier an zweiter Stelle genannten, heterogenen Maßnahmenkatalog zusammen.

64 Wie auch in anderen Bereichen der Arbeitsmarktpolitik wird häufig, wenn konkrete Defizite im Arbeitsangebot behoben werden sollen, versucht auf Nicht-Erwerbspersonen einzuwirken, also Personen, die weder beschäftigt noch arbeitslos sind, sondern

reich wären die Verbesserung des Humankapitals, also der Kenntnisse und Fähigkeiten potenzieller Gründer, wie auch der eigentlichen Kapitalausstattung der Unternehmen. Zudem fallen in diese Kategorie auch Maßnahmen zur Förderung des Unternehmergeistes über Medienkampagnen oder durch das (Aus)Bildungssystem.

- direkte Unternehmens- und Gründungsförderung, die hauptsächlich über Steuer- und Subventionspolitik, Arbeitsmarktgesetzgebung und Konkurs-Regelungen erfolgt.

Im Rahmen des folgenden Kapitels soll dargestellt werden, welche Instrumente prinzipiell zur Förderung von Selbstständigkeit zur Verfügung stehen, welche Maßnahmen von den einzelnen (konservativen) Ländern eingesetzt werden, ob sich diese essentiell voneinander unterscheiden, und ob und wie sich solche eventuellen Unterschiede im Ergebnis bemerkbar machen.

2.4.2 Instrumente zur Förderung von Selbstständigkeit

Derzeit kann davon ausgegangen werden, dass im gesamten EU-Raum, unabhängig von den bereits vorhandenen Selbstständigkeitsquoten, das Potenzial für selbstständige Erwerbstätigkeit noch nicht ausgeschöpft ist. (Vgl. Europäische Kommission 2003b, 3) Deswegen „... muss sich die EU ernsthaft bemühen, Europa für unternehmerische Tätigkeiten attraktiver zu machen“. (Europäische Kommission 2003b, 4) Auch die einzelnen Mitgliedstaaten setzen sich die Erhöhung der Selbstständigenquote zum Ziel: Ein wichtiges Anliegen der Wirtschaft- und Arbeitsmarktpolitik z.B. in Deutschland ist die Förderung der Aufnahme einer selbständigen Tätigkeit. Hiervon verspricht man sich sowohl einen Beitrag zur Bewältigung des Strukturwandels als auch mittelbare Effekte durch die Beschäftigung zusätzlicher Mitarbeiter in den neu gegründeten Betrieben (Panneberg 1998, 1).

ihre Arbeitskraft dem Arbeitsmarkt gar nicht zur Verfügung stellen („out of the labour force“). Eine Strategie dabei ist, ausländische Arbeitskräfte zu motivieren, ins Land zu kommen, oder spezielle Gruppen zu aktivieren, die häufiger zu den Nicht-Erwerbspersonen zählen. Dabei sind oft Immigranten im Fokus, sowie auch Frauen. Ebenso wird neben vielen anderen Instrumenten auch zur Förderung der Selbstständigkeit vorgegangen.

Die diesbezüglichen Zielsetzungen der EU und der OECD lauten deshalb (siehe (Schettkat 2000, 12):

- Sicherung stabiler makroökonomischer Rahmenbedingungen,
- Abbau und Erleichterung von administrativen Regelungen sowie Reduktion von (Verwaltungs)Kosten, die Klein- und Mittelbetriebe überproportional treffen,
- Förderung einer Kultur der Selbstständigkeit und Schaffung einer „selbstständigen“ Gesellschaft, insbesondere durch Aus-, Fort- und Weiterbildung,
- besondere Berücksichtigung lokaler/regionaler Entwicklungsstrategien bei der Förderung von Selbstständigkeit und
- Verbesserung der Datenlage und der Informationen über Gründer und Gründungswillige.[65]

Inhaltlich gibt es zwischen den Instrumenten, die in den verschiedenen Ländern zur Zielerreichung eingesetzt werden, wenige Unterschiede in der Hinsicht, dass in einem Land Instrumente angewendet würden, die in einem anderen gänzlich unbekannt wären. Die Analyse der Situation ist großteils geteilt, nicht zuletzt aufgrund der sehr eindeutigen Empfehlungen von Seiten der OECD und der EU. (Vgl. z.B. Europäische Kommission 2003b, Europäische Kommission 2003a, OECD 2000) Es gibt zu wenige Selbstständige, zu wenige Neugründungen und zu wenig Dynamik in diesem Sektor. (Siehe Europäische Kommission 2003b, 3) Woran es mangelt, bzw. was die Ursachen dafür sind, gehört ebenfalls zu den allgemein über die Ländergrenzen hinweg geteilten Auffassungen: Die wichtigsten Punkte werden in den Bereichen schlechter Zugang zu Finanzmitteln, mangelnder Unternehmergeist, administrative und regulatorische Belastungen sowie eines Ungleichgewichts von Risiken und Erträgen verortet (Europäische Kommission 2003b, 5-8). Die potenziellen Instrumente stammen aus teils sehr unterschiedlichen Politikfeldern, was die OECD als Vorteil ansieht, da sich dadurch verschiedenste Ansatzpunkte bieten (OECD 2000).

65 Dieser letzte Punkt verdient insofern besondere Aufmerksamkeit, als an derselben Stelle auch darauf eingegangen wird, dass die Förderung der Selbstständigkeit aufgrund der geringen Kenntnisse, die über Selbstständige, Gründer und deren Motivationen zur Verfügung stehen, an Grenzen stößt (OECD 2004a, 40-41).

Tabelle 3: Problemlagen bei Unternehmensgründung und potenzielle Instrumente zu deren Behebung. Quelle: Lundström 2005, Europäische Kommission 2003d; eigene Darstellung

Problemlagen	**Instrumente**
zu viele und zu hohe Kosten für den administrativen Aufwand	vereinfachte Verwaltungsabwicklung
Mangelndes Startkapital	Verbesserung der finanziellen Ausstattung sowie des Zugangs zu Kapital
hohe Beschaffungskosten	Verbesserung der finanziellen Ausstattung sowie des Zugangs zu Kapital
mangelnder Unternehmergeist/ zu wenige positive Vorbilder	Verbesserung des Humankapitals
Hoher Profitanteil wird für Abgaben benötigt	Schaffung geeigneter Umfeldbedingungen
mangelndes Know-how/ hohe Beratungskosten	fachlichen wie rechtlichen Information, betriebsspezifischen Beratung, strategische Unterstützung
niedriger Internationalisierungsgrad	Exportförderung, strategische Unterstützung

Aufgrund der geteilten Problem- und Ursachenanalyse fallen die eingesetzten Maßnahmen ähnlich aus. Die konkret empfohlenen Instrumente zur Behebung der jeweiligen Problemlagen sind in Tabelle 3 zusammengefasst.

Die konkrete Umsetzung der Empfehlungen und Vorschläge bezüglich der Instrumente liegt in der Verantwortung der jeweiligen Nationalstaaten, die ihrerseits eine Schwerpunktsetzung sowohl bei der Einschätzung der Wichtigkeit der einzelnen Problemlagen vornehmen sowie bei der Einbettung der Förderung der Selbstständigkeit in die relevanten Politikfelder – und hierbei zeigen sich dann doch Unterschiede zwischen den Ländern.

2.4.3 Ländervergleich

Die Förderung von Selbstständigkeit ist kein genuines Politikfeld für sich, sondern steht immer im Kontext anderer Politikbereiche. Sie kann sowohl als Teil der Arbeitsmarkt- als auch als Teil der Wirtschaftspolitik verstanden werden.

Vor allem in der Wirtschaftspolitik ist zudem nicht immer eindeutig, unter welche Subkategorien Selbstständigkeitsförderung zu subsumieren ist, da hier zahlreiche Wechselwirkungen bestehen. Vor allem zwei grundsätzliche Ansätze können dabei unterschieden werden (vgl. OECD 2004a, 9):

- Förderungen der Wirtschaftstätigkeit an sich
- Förderungen gezielt für Unternehmensgründer

Die finanziellen Anstrengungen, die für die Förderung der Selbstständigkeit eingesetzt werden, sind in den verschiedenen Ländern sehr unterschiedlich, und zudem auch kaum vergleichbar. Will man diesen Aufwand quantifizieren, fällt es aus den genannten Gründen schwer, eindeutig abzugrenzen, welche Maßnahmen und Instrumente hier zu betrachten sind.

Auf den ersten Blick würde es keinen Sinn machen, in diesem Kontext allgemeine Wirtschaftsförderungsinstrumente mit in die Analyse einzubeziehen. Viele haben aber eigentlich das Ziel, die Gründungsquote zu erhöhen und kommen als „Nebenprodukt" auch allen anderen Wirtschaftstreibenden und bereits bestehenden Unternehmen zugute. Umgekehrt kommen Maßnahmen der allgemeinen Wirtschaftsförderung natürlich auch neuen Unternehmen zugute. Insbesondere betrifft diese Verflechtung Instrumente der Fiskal- und Geldpolitik, die für ein stabiles makroökonomisches Umfeld sorgen sollen, aber auch die Strukturpolitik, die den Rahmen jeder Wirtschaftstätigkeit vorgibt (arbeitsmarktpolitische und -rechtliche Regelungen, Ausgestaltung der Steuern und Abgaben, Wettbewerbsregelungen, Regulierung der Finanzmärkte,...; vgl. OECD 2004a, 9). Zudem gibt es vor allem breite Überschneidungen mit der Förderung von Klein- und Mittelbetrieben, die auch vielen Unternehmensgründungen zu Gute kommt, da diese sich zu einem Großteil in diesem Betriebsgrößensegment bewegen. (Siehe Schulte 2006 oder auch Audretsch 2002) Viele Maßnahmen zur Gründungsförderung sind deshalb bereits so angelegt, dass sie vor allem die Gründung von KMUs begünstigen.

Wie das Zusammenspiel zwischen Gründungsförderung und genereller Wirtschaftsförderung (insbesondere der KMU-Politik) aussieht, hat Lundström abgebildet (s. Abbildung 15).

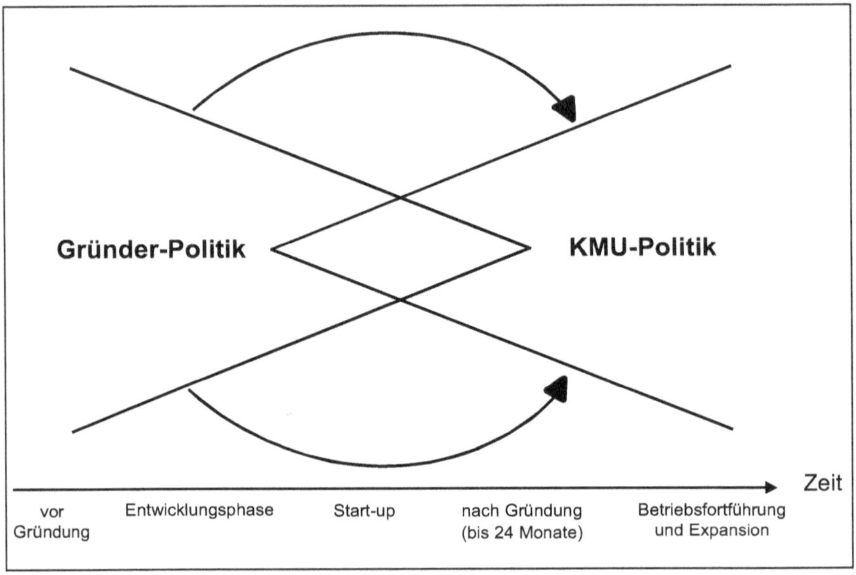

Abbildung 15: Zusammenhang zwischen KMU- und Gründungsförderung. Quelle: Lundström 2005

Hier wird deutlich, wie sehr die verschiedenen Politikbereiche sich überschneiden und ineinander spielen. Dadurch ist es nicht möglich, eine klare Trennungslinie zu ziehen, um den quantitativen, finanziellen Aufwand, der für die Förderung von Selbstständigkeit eingesetzt wird, zu ermitteln.

Genau zu bestimmen, wie viel für Selbstständigkeit staatlicherseits investiert wird, ist nicht zuletzt auch wegen der genannten Verflechtung von Politikbereichen (Arbeitsmarkt-, Wirtschafts-, Bildungspolitik) schwer zu sagen, und da eine Reihe von Umfeldbedingungen, die nicht nur Selbstständige betreffen bzw. nicht nur die Gründung eines Unternehmens erleichtern, mit einbezogen werden müssten. Wie soll eine Steuererleichterung, die den Staat zwar Geld kostet, aber in keiner Unternehmensbilanz ausgewiesen wird, bewertet werden? Mit welchem Betrag soll die Bürgschaft für einen Kredit bewertet werden? Im Folgenden wird darum als Näherungswert das Ausmaß an Ausgaben für Gründungsförderung der aktiven Arbeitsmarktpolitik herangezogen. Mehrere Gründe sprechen für die Wahl dieses Indikators. Zunächst sind es pragmatische Erwägungen, die zum Tragen kommen. Die angesprochenen Daten sind gut zugänglich, für alle interessierenden Länder verfügbar und aufbereitet. Hinzu kommt, dass diese Budget-Position großen Aufschluss darüber gibt, wie viel Aufwand für die Förderung von Selbstständigkeit ein Land tatsächlich bereit ist einzusetzen. Der Posten der aktiven Arbeitsmarktpolitik kommt direkt Unternehmensgründungen zugute, was ein Vorteil gegenüber etwaigen Maßnahmen der und Ausgaben für die KMU-Förderung ist, die nicht nur für Gründungen eingesetzt werden kann. Natürlich wäre es wünschenswert, eine Maßzahl zu finden, die alle Anstrengungen der Förderung von Selbstständigkeit quantifizierbar und bezifferbar machen würden. Da dies aber aus den genannten Gründen nicht möglich ist, muss im weiteren Verlauf dieses Kapitels zwar bedacht werden, dass das gesamte Ausmaß, das die jeweiligen Länder zur Förderung der Selbstständigkeit aufwenden, quantitativ höher liegt als die hier ausgewiesenen Summen – beim Vergleich der Länder steht aber im Vordergrund, eine schlüssige Approximation zu finden, deren Daten für alle Länder zugänglich sind und den gleichen Indikator für alle Länder zu verwenden.

Die eingesetzten Instrumente unterscheiden sich in den diversen Ländern vor allem hinsichtlich der Schwerpunktsetzung der Maßnahmen, also der Gesamtausrichtung der Förderung Selbstständiger. Nicht immer ist die Erhöhung der Selbstständigenquote das eigentliche Ziel. So ist es in einigen Ländern das Hauptanliegen, darüber die Konjunktur anzukurbeln, andere sehen darin ein Mittel zur Beschäftigungsförderung, wieder andere setzten die Förderung der Selbstständigkeit als Teil eines strukturpolitische Maßnahmenpakets ein. (Siehe dazu die qualitative Analyse weiter unten) Ein weiterer Unterschied besteht in der Intensität der getroffenen Maßnahmen, also den darauf verwendeten Geldmitteln. Im Detail unterscheiden sich die eingesetzten Instrumente also trotz der groben Gemeinsamkeiten sehr wohl, und insbesondere als komplette Maßnahmenpakete verstanden, in der Gesamtschau betrachtet, lassen sich große Unterschiede ausmachen. (Vgl. Sternberg 2002)

So fällt es schwer, Länder strikt in solche einzuteilen, die hohe Förderanstrengungen unternehmen und solche, die mit etwas weniger Intensität herangehen. Eine Kombination von qualitativer wie quantitativer Bewertung ist folglich angebracht, die es erlaubt, sowohl die Anzahl und das Zusammenspiel der einzelnen Maßnahmen wie auch die dafür eingesetzten finanziellen Mittel zu bewerten und so zumindest einen Näherungswert für die aufgewendeten Förderanstrengungen zu erhalten. Da es in diesem Bereich immer wieder Neuerungen gibt, muss ein Stichtag gewählt und die zu diesem Zeitpunkt bestehenden Maßnahmen betrachtet werden. Dafür wurde Dezember 2003 gewählt, da mit diesem Datum eine umfassende Reihe an Untersuchungen[66] der EU abgeschlossen wurde und diese die aktuellsten umfassenden Daten beinhaltet.

2.4.3.1 Quantitative Analyse – Ausgaben zur Förderung der Selbstständigkeit

Die hier untersuchten Instrumente zur Förderung der Selbstständigkeit sind Teil der aktiven Arbeitsmarktpolitik. Die EU fasst sie unter dem Titel „Gründungsinitiativen" zusammen, was alle „... Maßnahmen, die den Unternehmergeist fördern, indem die Arbeitslosen und Zielgruppen dabei unterstützt werden, eigene Unternehmen zu gründen oder selbständig zu werden" (Melis 2005, 7) beinhaltet. Das hohe Gewicht, das die EU auf diese Instrumentengruppe legt wird anhand der Steigerungsraten der Ausgaben deutlich: Zwischen 1998 und 2003 wuchsen diese jährlich um 18,1%[67] an. Zum Vergleich: Den nächsthöchsten Steigerungswert konnten Maßnahmen zur Schaffung von Beschäftigungsanreizen mit 6,5% verzeichnen, Maßnahmen der direkten Beschäftigungsförderung nahmen jährlich sogar um 5,1% ab. Die Maßnahmen der passiven Arbeitsmarktpolitik verzeichneten einen ebenfalls vergleichsweise moderaten Anstieg von 0,13% (Melis 2005).

Anteilsmäßig an allen Ausgaben der aktiven Arbeitsmarktpolitik macht die Förderung der Gründungsinitiativen in der EU nicht ganz 5% (2003) aus, fünf Jahre zuvor lag der Anteil allerdings bei nur 2,2% und hat damit, verglichen mit allen Instrumenten der aktiven Arbeitsmarktpolitik, am meisten hinzugewonnen. Die Anstrengungen der einzelnen Mitgliedstaaten fallen sehr unterschiedlich aus. Während Griechenland einen mit Abstand enormen Prozentsatz verausgabt (9,5% im Jahr 2003), widmet Großbritannien diesem Kapitel gerade 0,3% aller aktiven Arbeitsmarktausgaben. (Melis 2005) Auch die hier interessierenden Länder mit konservativem Wohlfahrtssystem unterscheiden sich in ihren Aufwendungen erheblich, wie Tabelle 4 dokumentiert.

66 Siehe Europäische Kommission 2003 a-e sowie 2004 und 2005a, darüber hinaus auch Letowksi 2005, Lundström 2005, OECD 2004a, Reynolds/Bygrave/Autio 2003 und Sternberg 2005.

67 Durchschnittliche jährliche Steigerungsrate, real, pro Kopf (15-64-Jährige) im EU-15-Raum.

Tabelle 4: Ausgaben für Gründungsinitiativen, in % der Ausgaben für aktive Arbeitsmarktpolitik, 2003. Quelle: Melis 2005, 6

Land	**%**
EU-14[68]	4,9
Dänemark, Irland, Niederlande	0[69]
Großbritannien	0,3
Frankreich	0,4
Belgien	0,5
Portugal	0,6
Österreich	1,0
Finnland	1,5
Schweden	3,5
Italien	7,6
Spanien	7,7
Deutschland	9,5
Griechenland	34,8

Da die einzelnen Länder sehr unterschiedliches Gewicht auf die Ausgaben für aktive Arbeitsmarktpolitik legen, lohnt auch ein Blick darauf, wie hoch der jeweils auf Gründungsinitiativen verwendete Anteil in Relation zum BIP ist (s. Abbildung 16 und Tabelle 5).

Während innerhalb des konservativen Wohlfahrtssregimes Deutschland schon immer einen vergleichsweise hohen Anteil seines Bruttosozialprodukts für Gründungsinitiativen aufgewendet hat, gibt es in Belgien, Frankreich, Luxemburg und Österreich keine derartige Tradition. Zudem baute Deutschland diesen Anteil auch noch erheblich aus und zeigt die höchste Steigerungsrate in Prozent-

68 Nicht verfügbar: Luxemburg.

69 In den genannten Ländern werden sämtliche Ausgaben für andere Gruppen der aktiven Arbeitsmarktpolitik aufgewendet. Interessant ist das vor allem im Fall von Irland, da hier im in der Quelle angegebenen Vergleichjahr noch 6,1% der Mittel der aktiven Arbeitsmarktpolitik hierfür eingesetzt wurden (Dänemark: 2,6%, Niederlande: 0%).

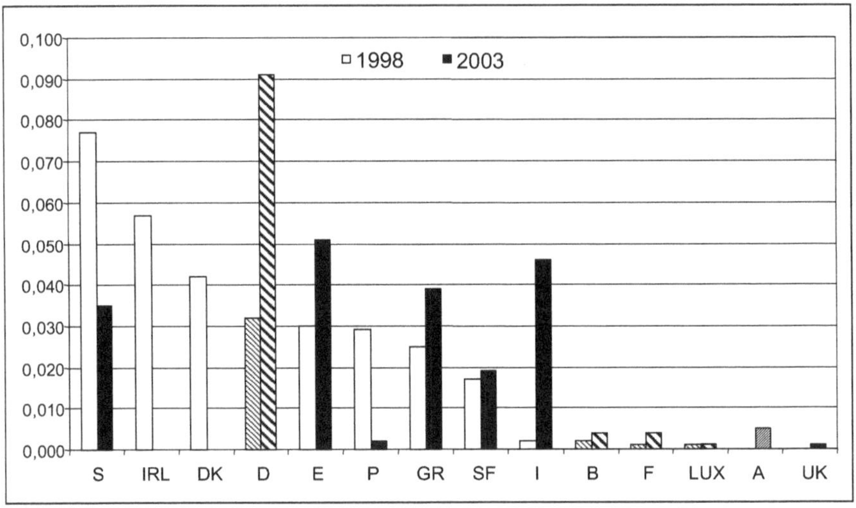

Abbildung 16: Ausgaben für Gründungsinitiativen in % des BIP, 1998 und 2003. Quelle: Melis 2005, 7

punkten. Österreich kann zwar immerhin noch die fünft-höchste Steigerungsrate im Zeitraum 1998-2003 aufweisen, dies dürfte sich allerdings hauptsächlich durch den marginalen Beitrag aus dem Jahr 1998 ergeben.

Anhand dieser quantitativen Datenanalyse kann also kein gemeinsames Muster der konservativen Länder ausgemacht werden. Diese Feststellung ist wichtig zu betonen, da dies eine der Grundannahmen der vorliegenden Arbeit ist, die somit in einem ersten Schritt bestätigt werden kann: Zwischen Förderhöhe und Selbstständigkeitsverhalten besteht kein ursächlicher Zusammenhang. Im Folgenden muss nun, wie oben angekündigt, aufgrund der Schwierigkeiten im Umgang mit der Datenlage zu den Ausgaben für die Förderung von Selbstständigkeit, die qualitative Analyse folgen.

Tabelle 5: Ausgaben für Gründingsinitiativen in % des BIP 1998 und 2003, Veränderung in Prozentpunkten und Rangfolge der Steigerung. Quelle: Melis 2005, 8

	1998	2003	Veränderung in %-Punkte	Rang
EU 15	0,016	0,034	0,018	
Niederlande	0	0	–	–
UK	0	0	0	–
Dänemark	0,042	0	–0,042	12
Irland	0,057	0	–0,057	13
Luxemburg	0,001	0,001	0,000	8
Portugal	0,029	0,003	–0,026	10
Frankreich	0,001	0,004	0,003	7
Belgien	0,002	0,005	0,003	6
Österreich	0,000	0,005	0,005	5
Finnland	0,017	0,011	–0,006	9
Schweden	0,078	0,037	–0,041	11
Griechenland	0,025	0,039	0,014	3
Spanien	0,030	0,043	0,013	4
Italien	0,008	0,050	0,042	2
Deutschland	0,032	0,090	0,058	1

2.4.3.2 Qualitative Analyse – Instrumenteneinsatz zur Förderung der Selbstständigkeit

Gesamt gesehen setzen die einzelnen Länder der EU in sehr unterschiedlichem Ausmaß Instrumente zur Förderung der Selbstständigkeit ein (s. Abbildung 17).

Es wird deutlich, dass die eingesetzten Anstrengungen weder im Zusammenhang mit der Größe eines Landes stehen (Österreich ist mit 281 verschiedenen Instrumenten an zweiter Stelle) noch mit der bereits bestehenden Selbstständigenquote (Italien hatte im Jahr 2003 mit 22,3% eine der höchsten Selbstständigenquoten in der EU, siehe OECD 2000) Ähnlich unterschiedlich fällt die Schwerpunktsetzung der einzelnen Länder aus (s. Abbildung 18).

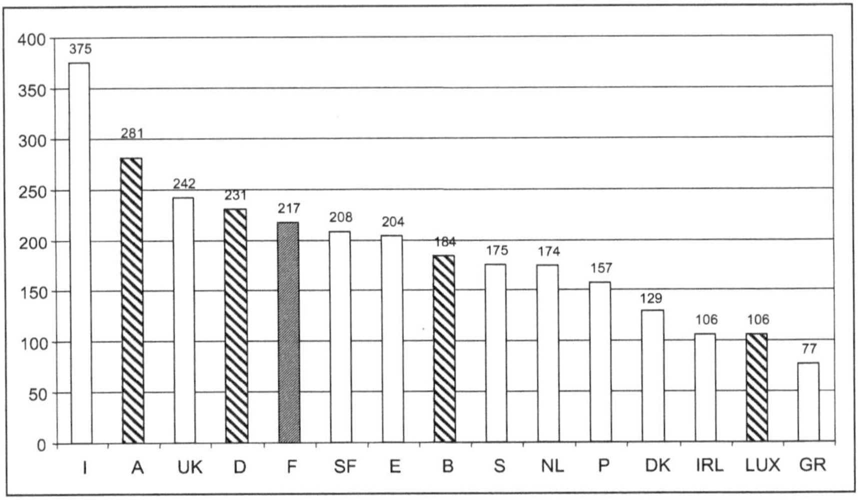

Abbildung 17: Instrumente zur Förderung der Selbstständigkeit. Quelle: Europäische Kommission 2003d

Auch wenn abgesehen von Italien und Finnland alle Länder den Hauptteil ihrer Anstrengungen auf die Verbesserung der Finanzlage abstellen (was angesichts der Tatsache, dass hier auch die größten Schwierigkeiten und Hemmnisse zu verorten sind,[70] auch schlüssig ist), gibt es doch große Unterschiede in der Gewichtung.

Mit Ausnahme von Belgien und Griechenland sind durchwegs Instrumente zur Finanzierung und Beratung die zahlenmäßig bedeutendsten. Spanien setzt mit fast 80% fast ausschließlich nur Instrumente zur Verbesserung der Finanzausstattung der Unternehmen ein, auch Deutschland (69%) und Österreich (61%) weisen hier sehr hohe Werte auf. Verglichen mit diesen drei Spitzenreiter bezogen auf die Anzahl der Finanzierungsinstrumente haben Finnland und Italien sogar überwiegend Instrumente, die sich der Beratung neuer Unternehmen widmet (jeweils 32%), und auch Irland (27%), Portugal und das Vereinigte Königreich (jeweils 25%) widmen einen vergleichsweise großen Teil ihrer Anstrengungen der Beratung.

70 Siehe dazu auch Kapitel 1.4.

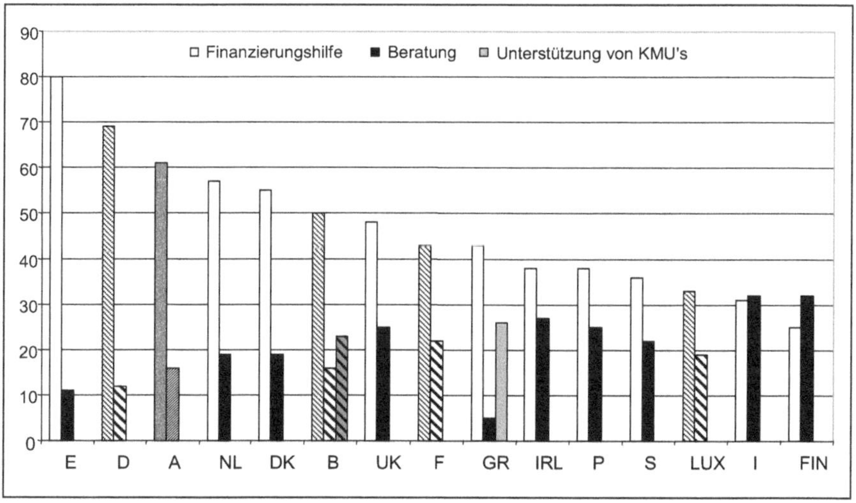

Abbildung 18: Förderung der Selbstständigkeit – Schwerpunktsetzung der Maßnahmen, in % aller Instrumente[71]. Quelle: Europäische Kommission 2003d

2.4.4 Erfolg der Anstrengungen

Für die Fragestellung der vorliegenden Arbeit ergibt sich eine wichtige Feststellung: Nicht nur können weder die Größe eines Landes noch dessen bereits vorhandene Selbstständigenquote das Ausmaß und die Schwerpunktsetzung der eingesetzten Instrumente erklären. Ebenso wenig ist es möglich, die Länder nach Wohlfahrts-Cluster einzuteilen. Finnland setzt überwiegend auf Beratungstätigkeit, Dänemark betont die Finanzierungsunterstützung überdurchschnittlich. Betrachtet man, wie viele Maßnahmen insgesamt gesetzt wurden, ist Großbritannien an dritter Stelle, Irland an drittletzter. Und auch die hier interessierenden Länder des konservativen Wohlfahrtsregimes setzten offensichtlich voneinander gänzlich unterschiedliche Prioritäten in der Förderung Selbstständiger: Während Deutschland und Österreich ihre Anstrengungen beinahe ausschließlich auf die

71 Dargestellt werden jeweils die beiden wichtigsten Instrumente eines Landes, nur für Belgien und Griechenland die drei wichtigsten, um die hier erst an dritter Stelle kommenden Beratungs-Maßnahmen auch darstellen zu können.

finanzielle Förderung konzentrieren, verteilt Frankreich seine Maßnahmen deutlich ausgewogener auf die verschiedenen Förderungstypen, und widmet auch der nicht-monetären Förderung in Form von Beratung und Unterstützung einen beträchtlichen Anteil (22%). Belgien wiederum ist neben Griechenland das einzige Land, in dem die spezielle Förderung von KMUs an zweiter Stelle der Fördermaßnahmen steht und einen vergleichsweise sehr hohen Anteil gemessen an allen Instrumenten aufweist (23%). Die Wahl der Förderungsinstrumente kann also keine Erklärung für das Selbstständigkeitsverhalten liefern.

Üblicherweise wird davon ausgegangen, dass zur Erreichung politischer Ziele verschiedene Instrumente eingesetzt werden können, die in ihrer Effektivität variieren (Braun/Giraud 2003). Die Erwartungshaltung kann folgendermaßen verdeutlicht werden:

$X + a = Y \qquad X + b = Z$

X Ausgangslage (hier: Niveau der Selbstständigenquote vor Intervention)

Y, Z Outcome (hier: Niveau der Selbstständigenquote nach Intervention)

a, b Instrumentenbündel

Der Einsatz von Steuerungsinstrumenten (a, b) führt zu einer Veränderung der Ausgangslage (X wird zu Y bzw. Z), unterschiedliche Instrumente(nbündel) führen zu unterschiedlichen Ergebnissen.

Um gesetzte Ziele zu erreichen kann dementsprechend der Vergleich mit anderen politischen Einheiten, die ähnliche Probleme haben, aber andere Instrumente zu deren Behebung einsetzten, angestrengt werden. So ist es möglich, die effektivsten Instrumente herauszufiltern. Angewandt auf das politische Ziel „Steigerung der Selbstständigenquote" würde dies bedeuten, zu analysieren, welche Länder eine besonders hohe Steigerungsrate der Selbstständigenquote aufweisen und zu untersuchen, wie sie dies bewerkstelligt haben. Grundproblem bei jedem (sozialwissenschaftlichen) Vergleich politischer Einheiten ist die fragwürdige Vergleichbarkeit. (Siehe dazu z.B. Schmid J. 2002a, 69-101 bzw. 82-91 oder auch Antal/Dierkes/Weiler 1987, Berg-Schlosser/Cronqyist 2006, Lauth/Winkler 2002a) Ein Weg, diese herzustellen ist, nur solche Objekte (meist Nationalstaaten) in die Analyse mit einzubeziehen, die über möglichst gleiche Grundvoraussetzungen verfügen (Lieberson 1985, 44). Dies ist auch die Vorgehensweise, der sich die vorliegende Arbeit bedient, indem in Anwendung der Konkordanzmethode (siehe dazu Kapitel 2.2.4 und 2.2.5 zum Forschungsdesign) nur die Länder des konservativen Wohlfahrtsregimes betrachtet werden, und somit eine große Ähnlichkeit in den relevanten Charakteristika (System der sozialen Sicherung, Zusammenspiel zwischen Staat, Markt und Familie, etc., um nur einige der das Wohlfahrtsregime determinierenden Faktoren zu nennen) sowie in der Ausgangslage (Selbstständigenquote) besteht.

Die beschriebene Überlegung stößt aber durch die Analyse der vorangehenden Abschnitte auf ein „Problem“: Wie gezeigt werden konnte, bedienen sich die konservativen Staaten durchaus unterschiedlicher Instrumente und setzen voneinander variierende Schwerpunkte bei der Förderung der Selbstständigkeit. Die Ergebnisse, also die Selbstständigenquoten, weichen aber kaum voneinander ab. In jedem der Länder konnte eine gewisse Steigerung erreicht werden, weder aber in dem Ausmaß, wie die Selbstständigenquote etwa in den skandinavischen Ländern gestiegen ist, noch konnte an das vergleichsweise hohe Niveau der liberalen Länder angeschlossen werden. Da die überwiegende Zahl der EU-Länder in den letzten 20 Jahren eine Steigerung der Selbstständigenquote erlebte, kommt hinzu, dass die Steigerung im konservativen Wohlfahrtsregime nur diesem Trend entspricht, und somit (im Vergleich mit den anderen Staaten gesehen) auch auf Struktureffekte zurückzuführen sein kann. Eine „tatsächliche“ Steigerung, die auf den Einsatz von Förderinstrumenten zurückzuführen wäre, müsste diesen Struktureffekt überwiegen. Das Ergebnis (Steigerungsrate) müsste dann also höher liegen, als es ohne Förderung der Fall wäre. Strukturbereinigte Quoten in diesem Bereich sind immer mit mehr oder weniger Spekulation verbunden (Stichwort: counterfactual conditionals[72]). Ursache hierfür ist eines der Grunddilemmata der Sozialwissenschaften – die Unmöglichkeit von echten Experimenten. (vgl. Lisle 1987, 475) Deswegen kann nicht mit Sicherheit eine Aussage darüber getroffen werden, ob die Steigerung der Selbstständigenquote ohne die eingesetzten Förderinstrumente gleich hoch gewesen wäre: „[H]ow can one truly verify or falsify a conclusion predicated on an event that did not occur?“ (Lieberson 1985, 45)

Zurück aber zur Frage der Effektivität von Instrumenten. Wie erwähnt setzen die Länder der konservativen Gruppe quantitativ wie qualitativ unterschiedliche Schwerpunkte in ihrem Bestreben nach Erhöhung der Selbstständigenquote. Das Ergebnis fällt aber zum überwiegenden Teil nicht, wie es zu erwarten

---

72 Zum Problem der „counterfactual conditionals“ (nur unzureichenden übersetzbar als „unvollständige Schlussfolgerungen“) sowie zu den Bedingungen, unter denen solche Ergebnisse verwertbar sind bzw. zur Problematik, dass diese Schwierigkeiten in den Sozialwissenschaften kaum umgehbar sind. (Siehe Lieberson 1985, 45-47).

wäre, entsprechend unterschiedlich aus. Formal lässt sich diese Feststellung folgendermaßen abbilden:

Erwartung:		Empirie:	
X + a = Y	X + b = Z	X + a = Y	X + b = Y

X	Ausgangslage (hier: Niveau der Selbstständigenquote vor Intervention)
Y, Z	Outcome (hier: Niveau der Selbstständigenquote nach Intervention)
a, b	Instrumentenbündel

Wie lässt sich dieses unerwartete Ergebnis erklären? Zunächst besteht immer die Möglichkeit, dass unerwartete oder unerwünschte Ergebnisse durch den Einsatz ineffektiver Maßnahmen zustande kommen. In einigen Teilbereichen kann diese Vermutung zutreffen: Trotz der stetig ansteigenden Zahl an Programmen und Fortbildungsmaßnahmen geht die Mehrzahl der Förderung als Gesamtes gesehen an den spezifischen Charakteristika, individuellen Bedürfnissen und Fähigkeiten von „atypischen" Gruppen, die einen immer größeren Anteil an allen Gründern und damit längerfristig auch Selbstständigen ausmachen, und damit einen zunehmenden Teil der eigentlichen Zielgruppe darstellen, vorbei. „One reason for this is the standardized biography towards which self-employment policies are still tailored". (Kreide 2003, 206) Da die einzelnen Länder aber, wie gezeigt werden konnte, auf so unterschiedliche Instrumente(nbündel) zurückgreifen, dürfte es ausgeschlossen sein, dass es sich hier um unwirksame oder unangemessene Maßnahmen handelt: Es ist sehr unwahrscheinlich, dass zufällig alle Länder ineffektive Instrumente eingesetzt haben.

Wenn Instrumente nicht ihr Ziel erreichen, gibt es eine Fülle von möglichen Ursachen, von denen mangelnde Effektivität bzw. Angemessenheit nur eine ist. Die politikwissenschaftliche Literatur kennt hier eine Reihe weiterer Erklärungsfaktoren, die von einer falschen oder unzureichenden Problemanalyse, über akteurs- und institutionendominierte Erklärungsansätze bis hin zu Mängeln bei der Implementation (auch hier wieder hauptsächlich bezogen auf die beteiligten Akteure und Institutionen) und eine falsche Evaluierung reichen.

Und noch eine Möglichkeit gibt es. Um auf die Ausgangsfrage der vorliegenden Arbeit zurück zu kommen, lässt sich bis hierhin festhalten: Das Selbstständigkeitsverhalten, definiert als Niveau der Selbstständigenquote sowie dessen längerfristige Entwicklung, weist eine Verbindung zum jeweiligen Wohlfahrtsregime des betrachteten Landes auf. Ähnliche Entwicklungen würden sich in einem ersten Schritt als Folge des Einsatzes von Steuerungsinstrumenten erklären lassen. Thema des letzten Abschnittes war es aber nun gerade, aufzuzeigen, dass die in den einzelnen Ländern eingesetzten Maßnahmen eben *nicht* für die ähnliche Entwicklung der Selbstständigenquote ausschlaggebend sein können. Was bleibt nun noch, um diese Entwicklung verstehen zu können? Die einzig verbleibende Erklärung ist, dass das Selbstständigkeitsverhalten vom Wohlfahrtsregime beeinflusst wird, und sich deswegen ähnliche Tendenzen bis parallele Entwicklungen in den Wohlfahrtsclustern häufen.

Aufgabe der folgenden Kapitel wird es also sein, die Bestimmungsfaktoren, die hier zum Tragen kommen, zu identifizieren und die Wirkungen, die diese auf das Selbstständigkeitsverhalten haben, im Detail zu erklären. Die eben angesprochenen Probleme (mangelnde Effektivität/Angemessenheit der Instrumente, Mängel in der Problemanalyse, Implementation oder Evaluation) sind damit nicht irrelevant, doch die folgenden Ausführungen werden einen Schritt weiter gehen. Zum Einen kann man davon ausgehen, dass nicht alle eingesetzten Instrumente ungeeignet sind, nicht alle Evaluierungen fehlerhaft und auch nicht alle Problemanalysen unvollständig. Da dieses Kapitel nicht nur den Einsatz eines Instruments in einem Land betrachtet hat, muss man zwar weiterhin die methodischen Problemfelder im Hinterkopf behalten, kann aber davon ausgehen, dass die Ergebnisse einigermaßen zuverlässig sind. Formale Kritik zu üben sollte ein zentrales Anliegen in den Sozialwissenschaften sein, um nicht möglicherweise falsche Ergebnisse zur Grundlage weiterführender Überlegungen zu machen. So war es ja auch für die vorliegende Arbeit wichtig, zunächst genauer auf das bisher vorherrschende Untersuchungsdesign in der Wohlfahrtsforschung einzugehen. Die folgenden Kapitel werden aber nun über die reine Methodenkritik hinausgehen, und einen inhaltlichen Beitrag zum Zusammenhang zwischen Selbstständigkeit und Wohlfahrtssystem aufzeigen. Nicht auf der Ebene formaler Kritik stehen zu bleiben ist ebenso zentral, wie die Erkenntnis, dass es sozialwissenschaftlichen Untersuchungen oft an einer sorgfältigen und angemessenen Herangehensweise mangelt. Diesen einen Schritt weiter zu gehen ist wichtig, um nicht in einer Methodendebatte als „l'art pour l'art“ zu verharren.

3 Selbstständigkeit im konservativen Wohlfahrtssystem – Der Fall Deutschland

In den vorangegangenen Kapiteln wurde bereits ausführlich auf den empirischen Zusammenhang zwischen Selbstständigkeitsverhalten und Wohlfahrtssystem hingewiesen (Kapitel 2.3) und theoriegeleitete Erklärungsansätze aufgezeigt (Kapitel 2.1). Im folgenden Kapitel werden nun jene Faktoren, die eine Verbindung zwischen Wohlfahrtssystem und Selbstständigkeit herstellen, genauer untersucht und ihre Wirkungsweise dargestellt. Der Einfluss kann, wie in Kapitel 2.1 angesprochen, zwei verschiedene Ursachen haben: Einmal gibt es die direkte Verbindung. Das Sicherungssystem, als integraler Bestandteil des Wohlfahrtssystems, beeinflusst die Selbstständigkeit eines Landes. Zudem gibt es eine indirekte Verbindung über den Arbeitsmarkt: Das Wohlfahrtssystem bestimmt zu weiten Teilen das Arbeitsmarktregime, und diese beeinflusst wiederum die Selbstständigkeit. Diese beiden Ausgangspunkte, das soziale Sicherungssystem und das Arbeitsmarktregime sind somit die unabhängigen Variablen in der folgenden Untersuchung. Während das System der sozialen Sicherung (Kapitel 3.6) für sich relativ leicht fassbar ist über dessen Charakteristika wie Finanzierungsform, Abgabengestaltung und Versichertenkreis, ist es nötig die Arbeitsmarktstruktur durch Operanden näher zu bestimmen. Diese sind die Branchenstruktur (Kapitel 3.1), Arbeitslosigkeit (Kapitel 3.2), Frauenerwerbsbeteiligung (Kapitel 3.3), Kultur der Selbstständigkeit (Kapitel 3.4) sowie die Akteurskonstellation in der Arbeitsmarktpolitik (Kapitel 3.5).[73] Das kommende Kapitel beschäftigt sich im Detail mit den einzelnen Operanden dieser beiden unabhängigen Variabeln und deren Einfluss auf die Selbstständigkeit. Zur Verdeutlichung sei hier nochmals die grafische Darstellung dieser Zusammenhänge hingewiesen (s. Abbildung 1 und 2). Jedes dieser Charakteristika, oder jeder dieser Operanden, hat in den

---

73 Sowohl zum System der sozialen Sicherung als auch über die Arbeitsmarktstrukturen könnte eine Reihe weiterer Details gesagt werden. Die für den hier relevanten Kontext interessierenden sind aber einzig die eben genannten.

Ländern, die ein konservatives Wohlfahrtssystem haben, eine relativ ähnliche Ausprägung. Grund dafür ist, dass sie alle direkt oder zumindest indirekt vom Wohlfahrtssystem beeinflusst sind, oder dieses sogar mit konstituieren. So bestimmt das Wohlfahrtsregime, neben einigen anderen Faktoren wie dem Zusammenspiel vom privaten, staatlichen und marktlichen Akteuren in der Leistungserstellung oder dem Stellenwert der Familie, die Zuordnung eines Landes zu einer bestimmten Gruppe von Wohlfahrtssystemen. Zwar sind das Wohlfahrtsregime[74] und das Wohlfahrtssystem nicht deckungsgleich. Vielmehr muss man die soziale Absicherung als Teil des größeren Wohlfahrtssystems verstehen. Da es aber gerade dieser (Teil)Bereich des Wohlfahrtssystems ist, der Auswirkungen auf die Selbstständigkeit hat, steht dieses als unabhängige Variable im Zentrum des Interesses. Die zweite unabhängige Variable, das Arbeitsmarktregime, steht als zusätzlicher Einflussfaktor wie eine Art Mittler zwischen dem Wohlfahrtssystem und der Selbstständigkeit: Das Wohlfahrtssystem prägt die Arbeitsmarktstruktur, diese wiederum prägt die Selbstständigkeit.[75]

Im Weiteren werden nun die einzelnen Operanden der beiden unabhängigen Variabeln im Detail untersucht, und deren Einfluss auf die Selbstständigkeit erklärt, deren Ausprägung in der Bundesrepublik Deutschland, als Stellvertreter für die Gruppe des konservativen Wohlfahrtsregimes, aufgezeigt und die Wirkungsweise, die die jeweiligen Operanden auf die Selbstständigkeit hat, besprochen. Immer dort, wo es in den anderen konservativen Ländern relevante empirische Abweichungen vom deutschen Fall gibt, wird darauf einzugehen sein. Aufgrund der Vielzahl an zu betrachtenden Operanden ist es nötig, diese sehr knappe und kompakte Struktur möglichst strikt einzuhalten, um am Ende des Kapitels ein klares Bild erhalten zu können.

Zwei Vorbemerkungen sind an dieser Stelle aber noch nötig. Wie auch schon in Kapitel 2.3 zum empirischen Zusammenhang zwischen Wohlfahrtsregime und Selbstständigkeit, muss hier die Datenlage angesprochen werden. Da es keinen Datensatz gibt, der alle hier relevanten Indikatoren beinhaltet, wurde vor allem mit den Zahlen von Eurostat, der OECD, dem Statistischen Bundesamt und dem Eurobarometer gearbeitet. Das bietet zwar die Möglichkeit, auf mehr

74 Auch zu verstehen als das (öffentliche) System der sozialen Sicherung, wie es im Verlauf der Arbeit folglich alternativ genannt wird.

75 Zum Zusammenhang zwischen Wohlfahrtssystem und Arbeitsmarktregime siehe z.B. Esping-Andersen (1991), Esping-Andersen/Kolberg (1991 und 1992), Rhodes (1998) oder Schmid J. (2002a).

Maßzahlen eingehen zu können, als würde man nur eine Quelle verwenden – bringt aber auch den Nachteil der teils sehr hohen Inkompabilität der Daten mit sich. Gerade EU und OECD verwenden in vielen Bereichen unterschiedliche Messkonzepte und Herangehensweisen, die es unmöglich machen, die verschiedenen Datensätze miteinander zu verbinden. So war es auch nicht möglich, eine multivariate Regression für alle interessierenden Indikatoren zu berechnen. Stattdessen werden die einzelnen Indikatoren, die den jeweiligen Einflussfaktor möglichst genau abzubilden versuchen, für den deutschen Fall detailliert untersucht, sowie etwaige Abweichungen aufgezeigt. Aus der Literatur zur Selbstständigkeit ist bekannt, wie sich die sechs Einflussfaktoren Branchenstruktur, Arbeitslosigkeit, Frauenerwerbstätigkeit, Kultur der Selbstständigkeit, Akteurskonstellation in der Arbeitsmarktpolitik und System der sozialen Sicherung auf das Selbstständigenniveau auswirken. (Siehe dazu Kapitel 1.4 sowie jeweils die zweiten Unterkapitel der folgenden Abschnitte) So kann eine Schlussfolgerung gezogen werden, wie sich die (deutsche) Ausprägung der Einflussfaktoren (also des Wohlfahrtssystems) auf die Selbstständigkeit auswirkt.

Da aber auch immer die Daten der anderen Länder des konservativen Wohlfahrtsregimes mit in die Analyse einbezogen werden, und es für viele Einschätzungen wichtig ist, den internationalen Vergleich zu haben, wurden wie bereits angesprochen auch viele Daten der EU und er OECD verwendet. Leider stehen in beiden Fällen viele Daten nur mit erheblicher Zeitverzögerung zur Verfügung. Soweit möglich, wurde daher in den folgenden Kapiteln versucht, Daten bis inklusive dem Jahr 2005 zu verwenden.[76] In vielen Fällen war das aber nicht möglich, sodass dort auf die letzten verfügbaren Daten zurückgegriffen werden musste.

3.1 Branchenstruktur

Die Relevanz der Branchenstruktur für das Ausmaß an Selbstständigkeit ergibt sich hauptsächlich darüber, dass es Wirtschaftssektoren und Branchen gibt, die sich mehr, und solche, die sich weniger für die diese Erwerbsform eignen.

76 2005 ist das letzte Jahr, für das überhaupt Daten zur Verfügung stehen. Mit wenigen Ausnahmen gibt es derzeit (Stand Frühjahr 2007) ab dem Jahr 2006 kaum mehr Daten, sowohl von der OECD als auch der EU.

Zum einen gibt es den offensichtlichen Zusammenhang der dadurch entsteht, dass der primäre und der tertiäre Sektor sich eher für die Erwerbsform der Selbstständigkeit eignen. In der Landwirtschaft ist diese Erwerbsform folglich deutlich stärker vertreten als in den anderen Wirtschaftssektoren.[77] Aus den bereits dargelegten Gründen (allen voran Erfassbarkeit des Strukturwandels, siehe Kapitel 1.1) wird die Landwirtschaft aber bei der Berechnung der Selbstständigenquote meistens außen vor gelassen. Im sekundären Sektor, der Industrie und dem verarbeitenden Gewerbe ist die Erwerbsform Selbstständigkeit hingegen nur sehr selten anzutreffen. Grund hierfür ist die Produktionsweise, die sich insbesondere für Massenproduktion in möglichst großem Umfang eignet. In den Branchen, die zu diesem Wirtschaftssektor gehören, fällt es deswegen besonders schwer, ein neues Unternehmen zu eröffnen. Die Eintrittsbarrieren, also die Hürden, die bei der Unternehmensgründung überwunden werden müssen,[78] sind besonders hoch, ebenso die benötigten Finanzmittel, um die Erfordernisse betreffend Betriebsgröße, Personal und Materialausstattung erfüllen zu können: „... capital-intensive manufacturing activities tend to be organized into large production units and firms with diffuse ownership."[79] (Davis/Henrekson 1999, 60) Länder, in denen diese kapitalintensiven Branchen überwiegen haben folglich auch weniger Selbstständige, da die bestehenden Firmen größer sind. Ganz anders verhält es sich wiederum im dritten Sektor. Hier sind mehr Selbstständige anzutreffen, was vor allem mit der Häufung an Dienstleistungen zusammen hängt (OECD 2000, 9, Europäische Kommission 2003b, 3). Ein Unternehmen der Dienstleistungsbranche kann in vielen Fällen auch von nur einer Person mit einer vergleichsweise geringen Kapitalausstattung und, je nach Dienstleistung,

77 Zu den genauen Daten siehe weiter unten.

78 Insbesondere ist hier an mit steigender produzierter Stückzahl steigende Skalenerträge zu denken.

79 „Ownership" bezeichnet nicht das Innehaben eines Unternehmens an sich, sondern dessen wertmäßigen „Besitz". Unter „diffuse ownership" ist also nicht zu verstehen, dass es in diesen Branchen besonders viele, kleine Selbstständige gäbe, sondern ganz im Gegenteil, dass hier das *Eigentum* an den Unternehmen auf viele Personen aufgeteilt ist – gemeint ist damit die Form von Kapital-, insbesondere Aktiengesellschaften, die so gut wie ausschließlich bei großen Unternehmen anzutreffen ist, bezogen auf ein Unternehmen, nicht die gesamte Branche.

mit tlw. beinahe zu vernachlässigbarer Materialausstattung eröffnet werden.[80] Im Extrem können insbesondere die persönlichen und höchstpersönlichen Dienstleistungen[81] sogar ohne fixe Räumlichkeiten auskommen. "As a generalization, economic activities that are highly substitutable between market and home production sectors (cooking, laundering, landscaping, home repairs, etc.) offer greater than average scope for self-employment, employment in small firms, start-ups, and family-owned business." (Davis/Henrekson 1999, 67), weswegen sich die folgenden Ausführungen auch stark auf den Dienstleistungssektor konzentrieren werden, der als Schlüssel zu mehr Selbstständigkeit verstanden werden kann.[82]

Über den jeweiligen Arbeitnehmeranteil der Wirtschaftssektoren kann die Tatsache, dass der Anteil an Selbstständigen in der Landwirtschaft vergleichsweise groß ist, mit der Grafik in Abbildung 19 untermauert werden.

Auch wenn der Arbeitnehmeranteil im primären Sektor rund 50% ausmacht, so liegt dieser Wert doch deutlich unter den Anteilen in den anderen Wirtschaftsbereichen und dem gesamtwirtschaftlichen Durchschnitt (88,8%).

Zudem gibt es einen weiteren Zusammenhang zwischen Selbstständigkeit und Branchenstruktur. Die betriebsspezifische Ausbildung und Kenntnisse der Branche des Gründers sind ein wesentlicher Faktor, die über das Scheitern oder Weiterbestehen eines Unternehmens (mit) entscheiden können (Bates/Servon 2000, 24; Näheres dazu siehe Kapitel 1.4.1 sowie 3.4). Wer noch nie mit der Branche, den dort üblichen Gepflogenheiten und Abläufen und ihren Spezifika zu tun hatte, hat ein deutlich höheres Risiko zu scheitern. Zudem ist es eher unwahrscheinlich, dass man sich in einem Bereich selbstständig macht, ohne zuvor jemals dort tätig gewesen zu sein, und gerade in Deutschland ist das tlw. auch gar nicht möglich aufgrund vergleichsweise strenger Zugangsvoraussetzungen zu einigen Branchen (McManus 2001, 25). Es gibt hier also einen gewissen

80 Natürlich ist dies eine generalisierende Aussage, die nur eine Tendenz wieder geben soll. Ebensogut gibt es auch Dienstleistungsbranchen, die einen hohen Kapital- oder Gerätebedarf haben.

81 Das sind z.B. anwältliche und ärztliche Dienstleistungen, die durch die Verschwiegenheitspflicht des Dienstleisters höchstpersönlich werden, sowie viele andere freiberufliche Tätigkeiten und solche, die an den Inanspruchnehmer persönlich gebunden sind.

82 Die Gründe dafür werden im folgenden Abschnitt dargelegt.

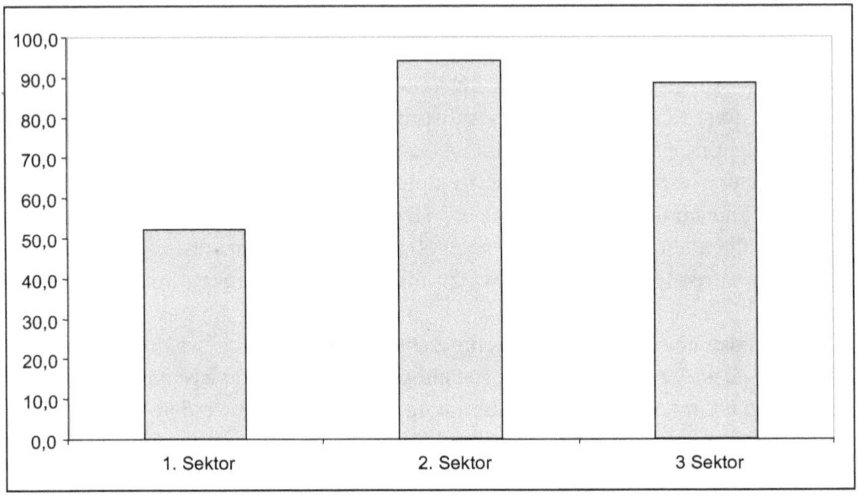

Abbildung 19: Arbeitnehmeranteil an allen Erwerbstätigen nach Wirtschaftssektor 2005, in %. Quelle: Statistisches Bundesamt 2006b; eigene Berechnungen und Darstellung

Selbstverstärkungs-Effekt[83]. Gibt es in einem Land bereits ein hohes Maß an Dienstleistungsbetrieben und Beschäftigten im Dienstleistungsbereich, ist das zumindest eine gute Voraussetzung dafür, dass die Selbstständigenquote in den nächsten Jahren wachsen könnte.[84]

Wie eben erwähnt, gibt es zu bestimmten Branchen hohe Zugangsrestriktionen, etwa in Form von Gewerbeordnungen, die selbstständige Ausübung gewisser Berufe nur nach erfolgter Meisterprüfung gestatten. Ein weiteres in diesem

83 Es ist allerdings zu vermuten, dass dieser Effekt abnehmen könnte durch das verstärkte Aufkommen von Branchenzweigen, die wenige Vorkenntnisse erfordern. Gerade Unternehmen der „Neuen Selbstständigkeit“ sind hier, verglichen mit traditionellen Handwerksberufen oder auch anderen Dienstleistungen, etwa aus dem Bereich der unternehmensbezogenen Dienstleistungen, oft vergleichsweise voraussetzungslos.

84 Natürlich kann hier kein linearer Zusammenhang gezogen werden, da Branchenkenntnisse nur *ein* Faktor sind, der den Schritt in die Selbstständigkeit attraktiver werden lässt und die Überlebenschancen verbessert. Dennoch ist dieser Bestimmungsfaktor nicht zu vernachlässigen. Ähnliche Selbstverstärkungseffekte sind auch bei der „Vererbung“ von Selbstständigkeit zu finden (vgl. dazu weiter oben sowie Kapitel 3.4).

Kapitel zu diskutierendes Merkmal der Branchenstruktur ist deswegen Frage des Zugangs zu bestimmten Branchen.

Ebenfalls in diesem Kapitel zu diskutieren ist der Staatsanteil an Beschäftigung und Bruttowertschöpfung. Zwar wird das Ausmaß des öffentlichen Sektors nicht direkt unter den Terminus „ Branchenstruktur“ subsumiert, hängt damit aber doch im Kontext der Selbstständigkeit zusammen. Je größer der Staatsanteil, umso geringer sind die Chancen für eine hohe Selbstständigenquote, da es bei der öffentlichen Beschäftigung keine Selbstständigen geben kann. Dies ist insbesondere dann ein Problem für eine hohe Selbstständigenquote, wenn Dienstleistungen, die in andern Ländern über den Markt angeboten oder unentgeltlich privat erbracht werden, durch den Staat bereitgestellt werden. Damit wird das Selbstständigkeitspotenzial erheblich beeinträchtigt. Das heißt, dass über den rein statistischen Zusammenhang, der dadurch entsteht, dass es definitionsgemäß im Bereich der öffentlichen Beschäftigung keine Selbstständigen geben kann, auch eine Verbindung über die konkreten Tätigkeiten der öffentlich Beschäftigten besteht. Werden viele Tätigkeiten des Dienstleistungssektors (vor allem in den Bereichen der sozialen Dienste sowie Unterricht und Erziehung) staatlich organisiert und bereitgestellt, wird ein vergleichsweise dynamischer Sektor, in dem es relativ einfach ist, sich selbstständig zu machen, zu großen Teilen der Selbstständigkeit entzogen. (Vgl. Henrekson 2002, 15) Ein hoher Staatsanteil wirkt hier wie ein Verdrängungseffekt. Bezogen auf Investition kennt man diesen Verdrängungsmechanismus aus der Wirtschaftswissenschaft als „crowding out“ (siehe z.B. Stiglitz 2000) – wenngleich auch diese Hypothese nicht unwidersprochen ist. (Siehe z.B. Nowotny 1996, 600-609 zum „crowding-in“ oder auch Samuelson/Nordhaus 1998, 648-649) Liberale Ökonomen wie z.B. Wolfgang Franz oder auch Norbert Berthold verorten diesen Effekt auch auf dem Arbeitsmarkt. Bestimmt ist diese Ansicht in Teilen zu befürworten, jedoch kommt es stark auf die Rahmenbedingungen an, ob es hier zu einem Beschäftigungs-crowding out kommt.

In den folgenden Abschnitten wird also zunächst die Branchenstruktur Deutschlands anhand der Wertschöpfung und Beschäftigtenzahl der einzelnen Sektoren und Branchen und der relevanten arbeitsrechtlichen Voraussetzungen sowie des Staatssektors besprochen, um im Anschluss daran die Auswirkungen auf die Selbstständigkeit zu besprechen.

3.1.1 Branchenstruktur in Deutschland

In diesem Abschnitt wird untersucht, wie die Branchenstruktur in der Bundesrepublik Deutschland ausgestaltet ist. Als Indikatoren wird der Beitrag zum BIP der einzelnen Sektoren und Branchen. Noch wichtiger ist aber, da es in den Kapiteln 3.1-3.5 ja um die Arbeitsmarktstruktur geht, wie sich die Beschäftigten auf die Sektoren und Branchen verteilen und ob und wie sich hier in den letzten Jahren markante Verschiebungen eingestellt haben. Zudem ist gerade auch bei den Beschäftigten im tertiären Sektor relevant, in welchen Branchen konkret die Beschäftigten zu finden sind.

Charakteristisch für den deutschen Arbeitsmarkt der letzten Jahrzehnte, bezogen auf die anzutreffende Branchenstruktur, ist eine massive Verschiebung der Beschäftigtenzahlen zwischen den verschiedenen Wirtschaftssektoren und -zweigen.

> (...) 1960 [waren] noch die meisten Erwerbstätigen ... in der Land- und Forstwirtschaft, Fischerei tätig. Diese Zahl hat sich bis 1990 um fast drei Viertel verringert. ... Auffallend ist die starke Zunahme der Zahl der Erwerbstätigen im Bereich der Dienstleistungen. Die Erwerbstätigen von Kreditinstituten und Versicherungen haben sich dabei sogar mehr als verdoppelt. (Bleses/Stahmer 1997, 116-117)

Auch gemessen an der Wertschöpfung lässt sich langfristig eine positive Bilanz ziehen: Stammten 1960 noch gerade 40% des BIP aus dem tertiären Sektor (Hegelich 2005, 453), liegt der Anteil heute über 70%.

Die Bruttowertschöpfung der BRD sowie die Verteilung der Beschäftigten auf die drei Wirtschaftssektoren ergaben 2005 das in den Tabellen 6 und 7 zusammengestellte Bild.

Sowohl bezogen auf die Bruttowertschöpfung wie auch den Arbeitnehmeranteil sind die Dienstleistungen unter den Branchen in Deutschland am stärksten vertreten.

Tabelle 6: Bruttowertschöpfung nach Sektoren 2005, in Mrd. € und %. Quelle: Statistisches Bundesamt 2006a

Branche	**Mrd. €**	**%**
Primärer Sektor	21,60	1,06
Sekundärer Sektor	601,36	29,62
Tertiärer Sektor	1407,19	69,31

Tabelle 7: Verteilung der Beschäftigten auf Sektoren 2005, Gesamtzahlen und %. Quelle: OECD 2005c; eigene Berechnungen

Branche	**Beschäftigte**	**%**
Primärer Sektor	304.155	1,16
Sekundärer Sektor	8.553.835	32,68
Tertiärer Sektor	17.316.535	66,16

Dieses an sich für die Entwicklung von Selbstständigkeit sehr positive Bild relativiert sich etwas, betrachtet man diese Zahlen im Zeitverlauf. Hier zeigt sich, dass sich in den letzten Jahren kaum Verschiebungen zugunsten des Dienstleistungssektors ergeben haben, betrachtet man den Anteil an der Bruttowertschöpfung (s. Abbildung 20).

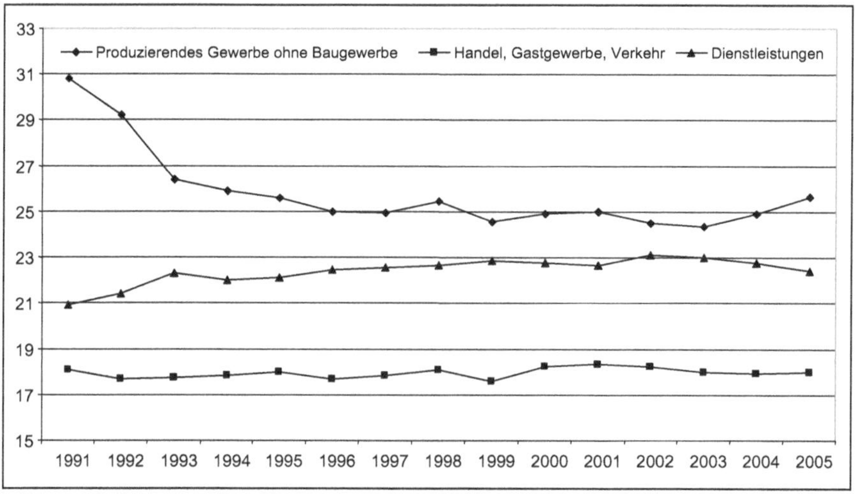

Abbildung 20: Anteil ausgewählter Branchen[85] an der Bruttowertschöpfung, Deutschland, 1991-2005, in %. Quelle: OECD 2005c; eigene Berechnungen und Darstellung

85 Hier dargestellt sind lediglich die drei, gemessen an der gesamten Bruttowertschöpfung, wichtigsten Branchen.

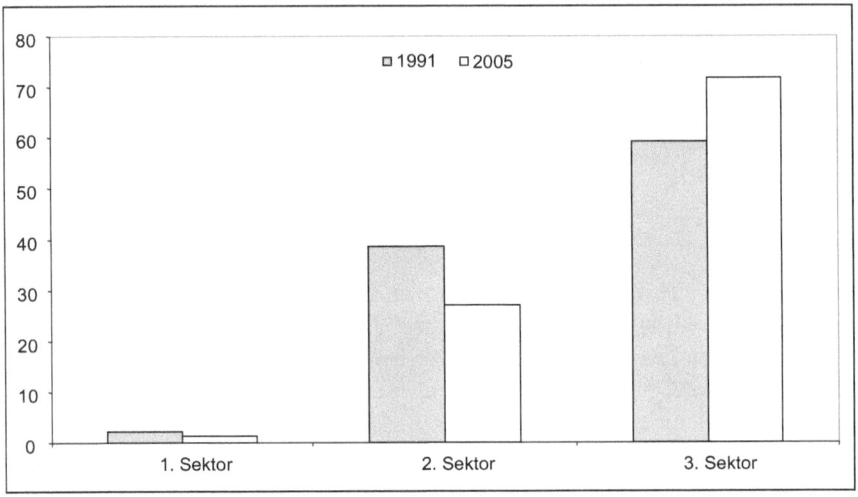

Abbildung 21: Anteil an Arbeitnehmern in den Wirtschaftssektoren, Deutschland, 1991 und 2005, in %. Quelle: OECD 2005c; eigene Berechnungen

Die öffentlichen und privaten Dienstleistungen konnten im beobachteten Zeitraum nur einen sehr geringen Anstieg verzeichnen von 20,9% auf 22,4% Anteil an der gesamten Bruttowertschöpfung. Allerdings sieht man auch deutlich, dass sich der Verlauf der Entwicklung des produzierenden Gewerbes und jener der Dienstleistungen beinahe vollkommen invers zueinander verhalten. Die Verluste der erstgenannten Branche konnten also durch die zweite aufgefangen werden, was den bereits angesprochenen Strukturwandel verdeutlicht. (Siehe dazu auch weiter unten) Noch positiver diesbezüglich ist das Bild bei der Beschäftigung. Hier zeigt sich eine deutliche Zunahme im dritten Sektor.

Interessant ist, dass diese Feststellungen nicht mit dem weit verbreiteten Bild über die deutsche Wirtschaft übereinstimmen. In diesem Kontext wird häufig von der „Dienstleistungslücke“ gesprochen. (Vgl. z.B. Haisken-De New 1998 oder auch Klös 1997) Gemeint ist damit, dass, verglichen mit anderen Ländern, im Dienstleistungsbereich das denkbare Beschäftigungspotenzial nicht ausgeschöpft wird. Eichhorst, Profit und Thode merken allerdings auch an, dass sich diese Dienstleistungslücke vor allem dann ergibt, wenn, wie im internationalen Vergleich üblich, die Werte nach Wirtschaftszweigen erhoben werden (Eichhorst/Profit/Thode 2001, 72). Vergleicht man hingegen Berufe, so die Autoren

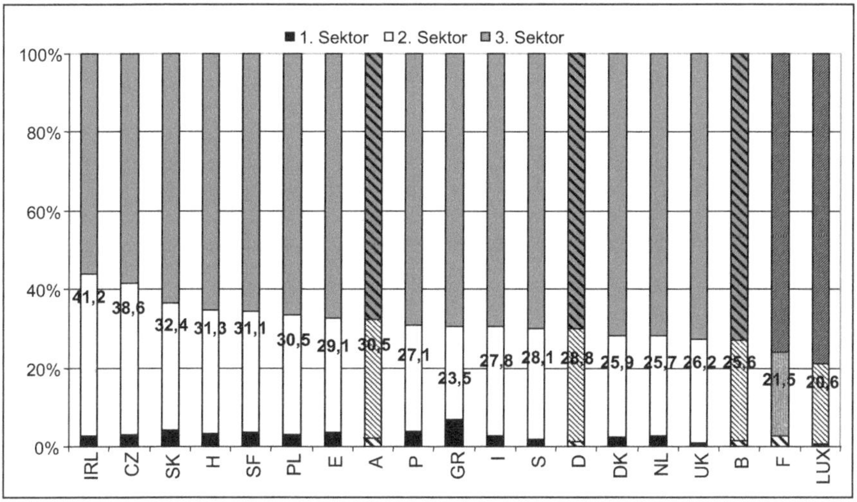

Abbildung 22: Anteil an der Bruttowertschöpfung nach Sektoren, ausgewählte Länder, 2004, in %[86]. Quelle: OECD 2007a; eigene Darstellung

des Benchmarking Deutschland-Berichts weiter, ist der Abstand zwischen der Dienstleistungsbeschäftigung in Deutschland und vielen anderen OECD-Ländern nicht mehr so groß. Ursache hierfür ist die schleppende Ausgliederung von Dienstleistungsberufen aus Industrieunternehmen. Vor allem die unternehmensbezogenen Dienstleistungen werden in Deutschland noch immer zu einem guten Teil innerhalb größerer Unternehmen angesiedelt und nicht extern zugekauft. Diese Vorgehensweise führt aber dazu, dass etwa ein hauseigener Steuerberater nicht dem tertiären, sondern dem sekundären Sektor zugeordnet wird (Eichhorst/ Profit/Thode 2001, 74-75). Zusammenfassend kann also gesagt werden, dass die Sektorenverteilung durchaus zugunsten des tertiären Sektors ausfällt. Auch wenn der Dienstleistungssektor noch ausbaufähig ist, sowohl was den Beitrag zur Wertschöpfung angeht, als auch gemessen an der Beschäftigtenzahl, scheint der Strukturwandel von der Industrie- zur Dienstleistungsgesellschaft doch besser bewältigt worden zu sein, als oftmals angenommen. Allerdings muss mit dieser Feststellung auch eine Einschränkung der Wachstumsraten der Selbstständigkeit

86 OECD-Mitglieder der EU-25; auch in der neuesten Ausgaben der „OECD in figures" sind weiterhin nur die Daten von 1994 und 2004 enthalten. (Siehe OECD 2007a)

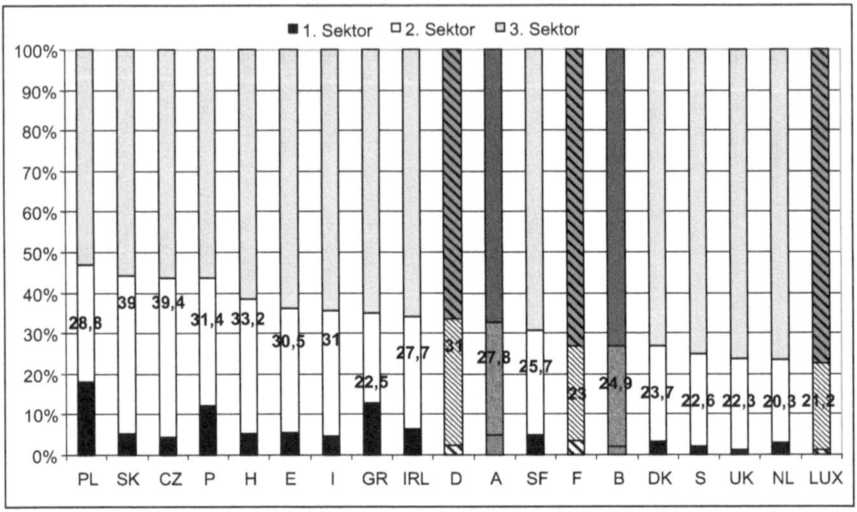

Abbildung 23: Erwerbsbevölkerung nach Wirtschaftssektor, ausgewählte Länder,[87] 2004, in %. Quelle: OECD 2005c; eigene Berechnungen und Darstellung

getroffen werden: Zum Teil handelt es sich dabei um einen reinen Struktureffekt, der mit zunehmender Ausgliederung steigt (Protsch 2006, 2).

Letztendlich kann, wie im weiteren Verlauf auch bei den anderen Einflussfaktoren, nur über den Vergleich mit anderen Ländern eine Aussage darüber getroffen werden, ob es sich bei den für Deutschland angegebenen Werten um „hohe“ oder „niedrige“ Werte handelt. Auffällig ist hier zunächst, dass der angesprochene vermeintlich retardierte Strukturwandel, der in allen Ländern des konservativen Wohlfahrtsregimes anzutreffen sei (vgl. z.B. Ebbinghaus/Hassel 2000, 44), scheint so nicht (mehr) auf – im Gegenteil (s. Abbildungen 22 und 23).

Wie auch in den anderen Ländern des konservativen Wohlfahrtsregimes nimmt in Deutschland der Dienstleistungssektor einen hohen Stellenwert ein und macht in allen fünf Ländern mehr als 60% der Erwerbsbevölkerung auf. In den letzten Jahren hat in diesen Ländern hier ein Anstieg sowohl was die Beschäftigtenzahlen, als auch die Wertschöpfung betrifft eingesetzt, sodass der tertiäre

87 OECD-Mitglieder der EU-25.

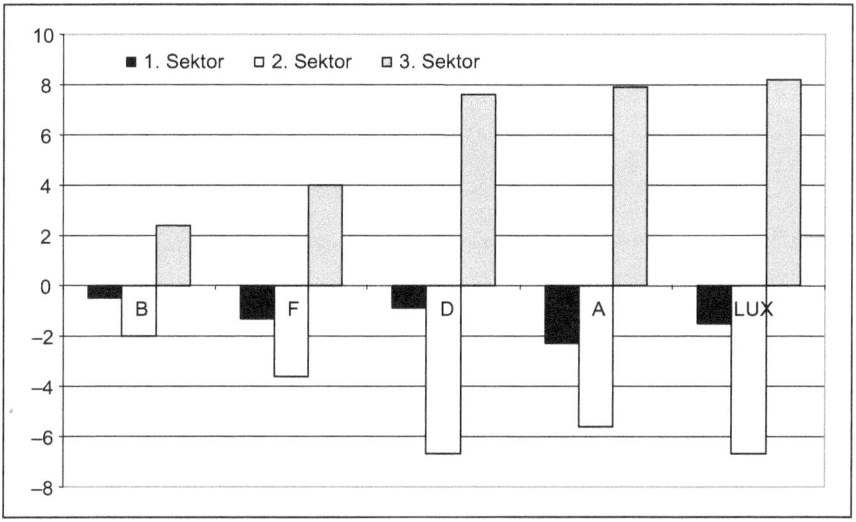

Abbildung 24: Entwicklung der Erwerbstätigenzahl nach Wirtschaftssektoren, konservatives Wohlfahrtsregime, 1995-2005, in Prozentpunkten. Quelle: OECD 2007a; eigene Berechnungen und Darstellung

Sektor mittlerweile auf beiden Skalen an erster Stelle, deutlich vor dem sekundären Sektor, rangiert, wenngleich auch der hohe Anteil des tertiären Sektors an der Bruttowertschöpfung noch deutlicher ausfällt (s. Abbildung 24).[88]

Zudem kann man deutlich die Verschiebung der Sektoren im Zeitverlauf erkennen. Der Abbau im ersten und zweiten Sektor während des Untersuchungszeitraums wurde beinahe vollständig vom 3. Sektor absorbiert,[89] was bedeutet, dass die Beschäftigungsverluste der beiden anderen Sektoren vom Dienstleistungssektor kompensiert werden konnten.

Da der tertiäre Sektor aber viele heterogene Branchen zusammenfasst, lohnt ein Blick auf die detaillierte Verteilung (s. Abbildung 25).

88 Zu den „Ausreißern", hier einmal Österreich bezogen auf die Abweichung in der Verteilung der Bruttowertschöpfung nach unten und Luxemburg bei der Erwerbsbevölkerung nach oben, ist festzuhalten, dass eine hundertprozentige Übereinstimmung kaum zu erwarten ist, die Ähnlichkeiten aber doch sehr hoch sind (siehe dazu auch die Ausführungen in Kapitel 2.3.2).

89 Nur in Belgien und Frankreich gibt es eine geringfügige Abweichung von 0,1 bzw. 0,9 Prozentpunkten.

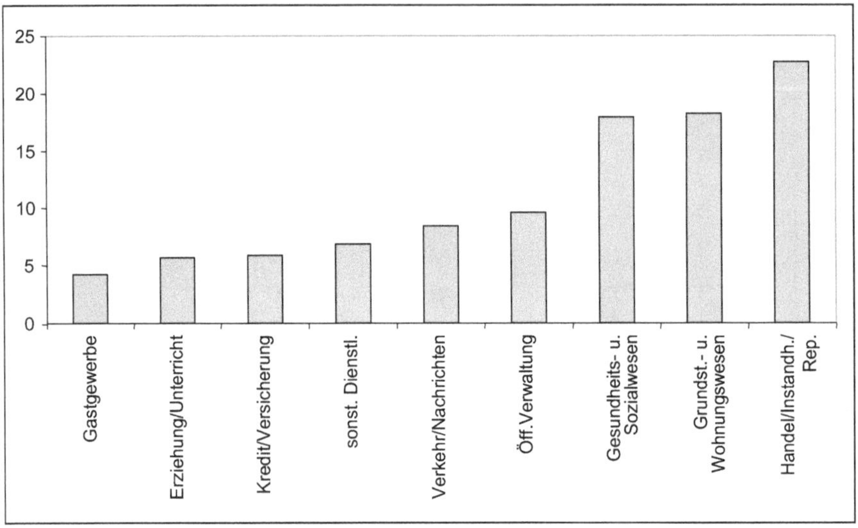

Abbildung 25: Anteil an sozialversicherungspflichtigen Beschäftigten im tertiären Sektor nach Branchen, Deutschland, 2005 in %. Quelle: Bundesagentur 2006a; eigene Berechnungen und Darstellung

Der Vergleich mit den anderen Ländern des konservativen Wohlfahrtsregimes fällt schwer, da keine Daten mit gleicher Bezugsgröße vorliegen.[90] Trotzdem kann die Darstellung in Abbildung 26 Aufschluss darüber geben, dass die Verteilung auf die einzelnen Branchen innerhalb des Dienstleistungssektors doch sehr ähnlich unter den fünf Ländern ist.

Damit dominieren auch in den andern Ländern des konservativen Wohlfahrtsregimes jene Branchen, die sich aufgrund ihrer betrieblichen Struktur und Anforderungen besonders gut für die Selbstständigkeit eignen. Die hohe Homogenität zeigt sich auch anhand der beinahe identischen Verteilung der Branchen in den fünf Ländern.

Ein anderes in diesem Zusammenhang relevantes Merkmal der deutschen Branchenstruktur ist der teils relativ stark regulierte Zugang, der den Einstieg in die Selbstständigkeit in diesen Bereichen hemmt. (Vgl. OECD 1998, 50-55) Vor

90 Für Deutschland beziehen sich die Anteile auf die Beschäftigten im Dienstleistungssektor, während die OECD-Daten alle Beschäftigten als Grundgesamtheit ansehen.

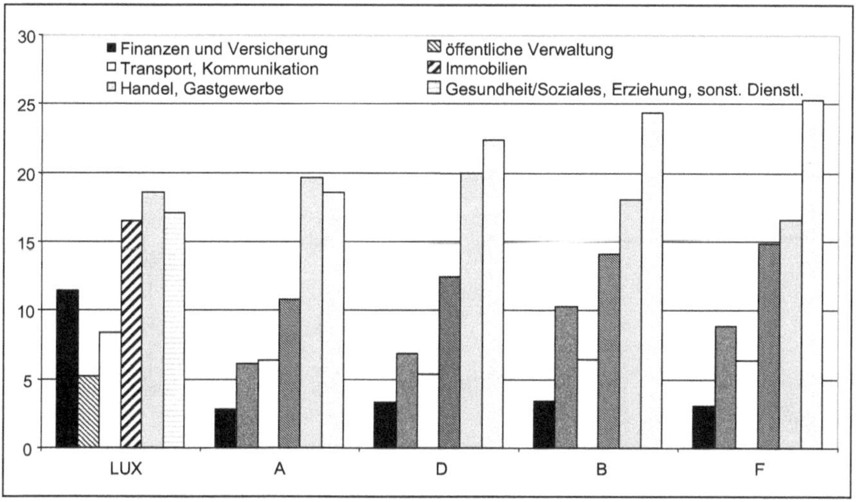

Abbildung 26: Anteil an Beschäftigten in den Branchen des 3. Sektors, konservatives Wohlfahrtsregime, 2003,[91] in % der Gesamtbeschäftigung. Quelle: OECD 2005c, 32-33; eigene Darstellung

allem trifft dies auf alle Berufe zu, die der Handwerksordnung unterliegen sowie viele Berufe im sozialen und medizinischen Bereich, also gerade Branchen, die sich gut für die Selbstständigkeit eignen (kleine Unternehmensgröße, kein unbedingter Bedarf, Arbeitnehmer einzustellen, kein großer Kapital- und Materialbedarf, ...). Auch wenn die diesbezüglichen Regelungen, vor allem für die Handwerksberufe, in den letzten Jahren gelockert wurden, besteht weiterhin verglichen mit anderen Ländern hier eine Hürde auf dem Weg in die Selbstständigkeit. (Siehe Nicoletti 2001)

Das Ausmaß des öffentlichen Sektors wurde bereits indirekt bei der Branchenverteilung angesprochen („sonstige öffentliche und persönliche Dienstleistungen", „Öffentliche Verwaltung"). Traditionell heißt es von den konservativen Staaten, dass sie über einen vergleichsweise gut ausgebauten öffentlichen Sektor, vor allem im Bereich der verstaatlichten Industrie (Frankreich, Österreich) bzw.

91 Auch in der neuesten Ausgaben der „OECD in figures" sind weiterhin nur die Daten von 1994 und 2004 enthalten. (Siehe OECD 2007a)

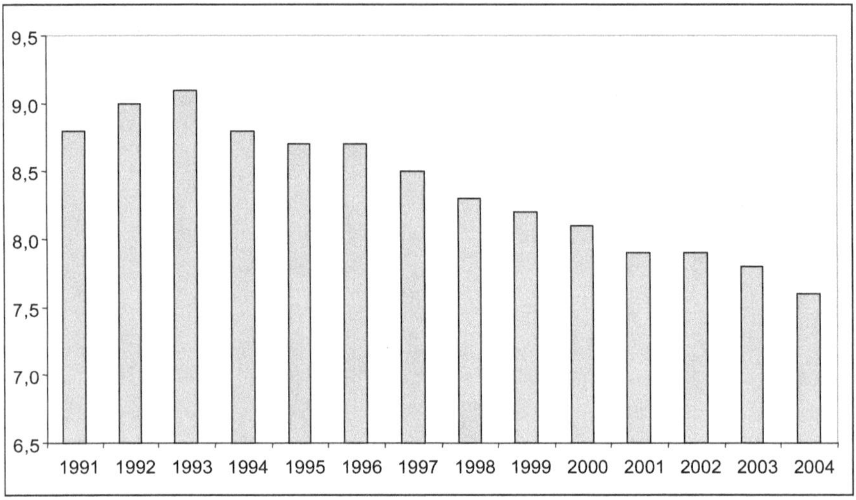

Abbildung 27: Entgelte für Staatsbedienstete, Deutschland, 1991-2005, in % des BIP (beginnend bei 6,5%). Quelle: Eurostat oJ.; eigene Berechnungen und Darstellung

der Bereitstellung von Dienstleistungen im Gesundheits- und Sozialwesen verfügen. Gemessen werden kann das Ausmaß, das der öffentliche Sektor einnimmt, anhand der staatlichen Ausgaben für die Entgelte der Staatsbediensteten (s. Abbildung 27), der durch den öffentlichen Sektor geschaffenen Bruttowertschöpfung, sowie am Beschäftigtenstand.

Seit 1993 hat also der Anteil des Bruttoinlandsproduktes, der für aktive Staatsbedienstete ausgegeben wurde, kontinuierlich abgenommen. In vielen anderen europäischen Ländern ist dieser Anteil hingegen in diesem Zeitraum gestiegen (s. Abbildung 28).

Gerade bei den Ländern in der rechten Hälfte der Grafik, also bei jenen, die bereits 1991 höherer Werte als die anderen aufzuweisen hatten, stieg der Anteil großteils noch zusätzlich an. Als interessant ist hier anzumerken, dass Deutschland, Luxemburg und Österreich nicht nur sehr nahe beieinander liegen, sondern auch einen Rückgang in den Ausgaben für die Staatsbediensteten im untersuch-

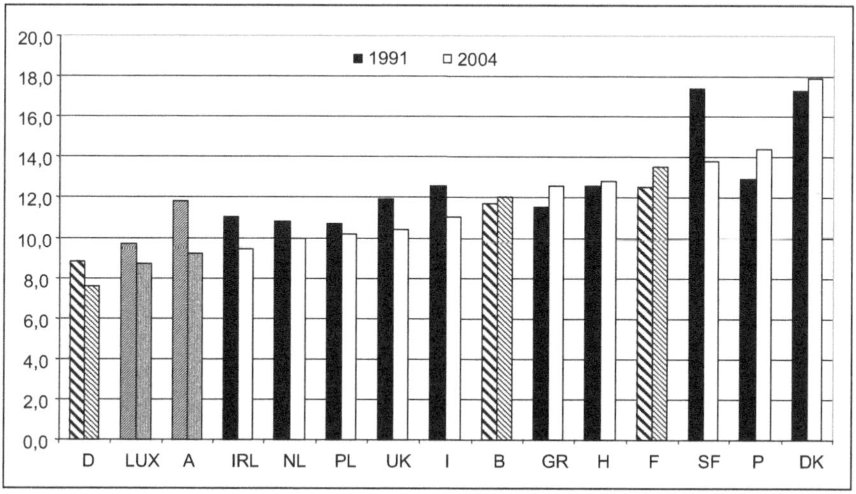

Abbildung 28: Entgelte für Staatsbedienstete, ausgewählte Länder, 1991 und 2004, in % des BIP. Quelle: Eurostat oJ.; eigene Berechnungen und Darstellung

ten Zeitraum aufweisen, während Frankreich und Belgien im Mittelfeld bzw. am oberen Ende der Skala liegen und den Anteil noch weiter ausgebaut haben.[92]

Die Entgelte an Staatsbedienstete in Prozent des BIP sind eine gute Annäherung an die Frage, wie groß der Staatssektor in den jeweiligen Ländern ist, sind aber natürlich auch abhängig vom Lohnniveau um öffentlichen Sektor. Theoretisch wäre es möglich, dass der Staatssektor auch in Deutschland im untersuchten Zeitraum ausgebaut wurde, gemessen an den Beschäftigtenzahlen (s. Abbildung 29) – und nur die Höhe der Entgelte insgesamt abgenommen hat.

Im Gegenteil ist es aber so, dass die Beschäftigtenzahl zwischen 1994 und 2002 stark abgenommen hat.

Ähnliches wie schon zuvor bezüglich der Ausgaben für Staatsbedienstete kann man auch festhalten, betrachtet man innerhalb des tertiären Sektors den dort anzutreffenden Anteil Beschäftigter in der staatlichen Verwaltung (s. Abbildung 30).

92 Diese unterschiedliche Entwicklung, die sich durch die gesamte Betrachtung des Staatssektors durchzieht wird weiter unten thematisiert.

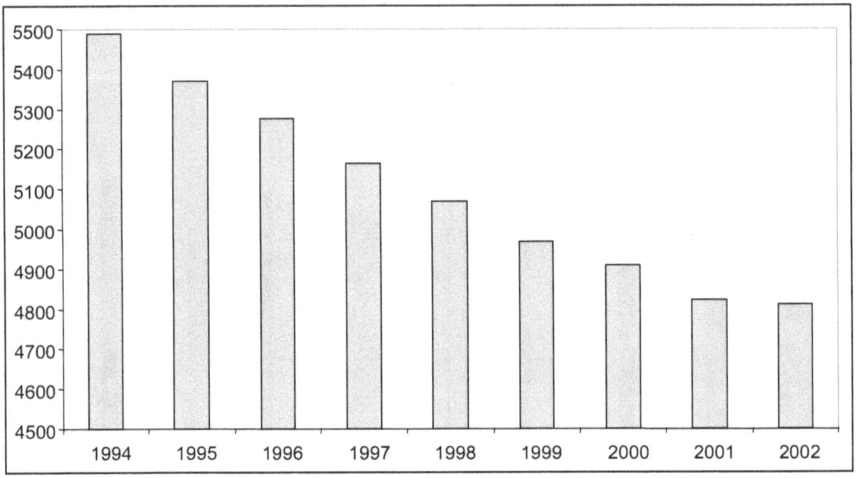

Abbildung 29: Staatlich Beschäftigte, Deutschland, 1994-2002, in 1000. Quelle: Statist. Bundesamt 2006b; eigene Berechnungen und Darstellung

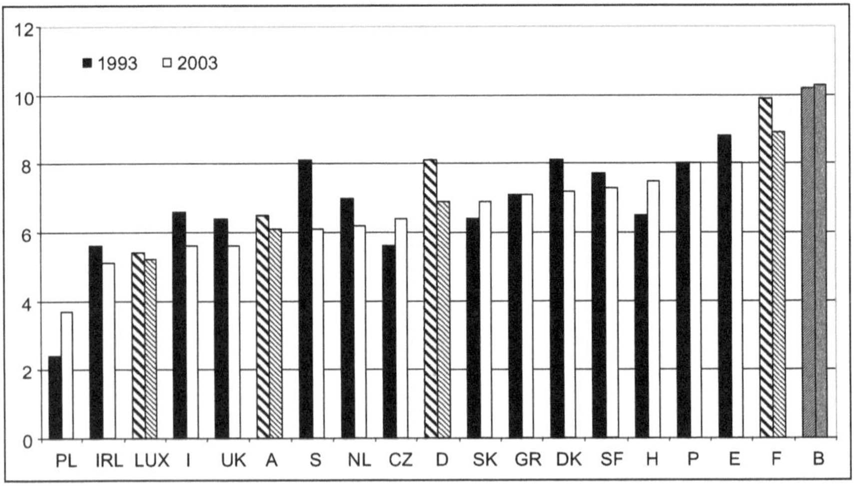

Abbildung 30: Anteil an Beschäftigten in der öffentlichen Verwaltung, ausgewählte Länder[93], 1993 und 2003, in % der Gesamtbeschäftigten. Quelle: OECD 2005c, 32-33

93 OECD-Mitglieder der EU-25.

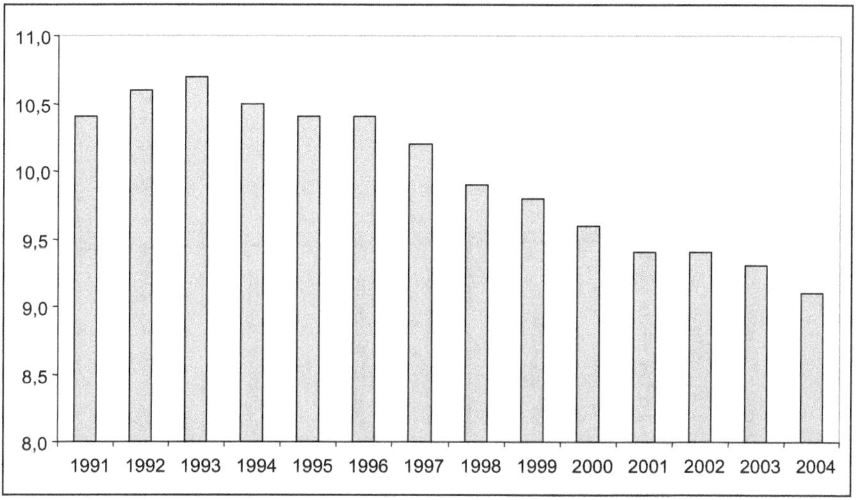

Abbildung 31: Staatsanteil am BIP, Deutschland, 1991-2004, in %. Quelle: Eurostat oJ.; eigene Darstellung

Frankreich und Belgien nehmen in beiden Vergleichjahren eine eindeutige Spitzenposition ein, während die anderen drei Länder im Mittelfeld bzw. am unteren Ende der Skala zu finden sind.

Der Staatsanteil am Bruttoinlandsprodukt ist sehr ähnlich verteilt wie die Entgelte der Staatsbediensteten (s. Abbildungen 31 und 32).

Anders als zuvor bezüglich der Entgelte für Staatsbedienstete und des Beschäftigungsanteils in der öffentlichen Verwaltung ist es allerdings so, dass hier alle Länder mit Ausnahme der ehemaligen Ostblock-Staaten sowie Griechenland und Portugal ihren Staatsanteil am BIP zwischen 1994 und 2004 gesenkt haben. Wie aber bereits auch bei den anderen beiden Indikatoren für das Ausmaß des Staatssektors bilden Deutschland, Österreich und Luxemburg eine relativ geschlossene Gruppe am unteren Rand der Verteilung, während Belgien und Frankreich im Mittelfeld bzw. oberen Mittelfeld anzusiedeln sind. Die generelle Behauptung, konservative Länder würden im Allgemeinen über einen stark ausgebauten Staatssektor verfügen, kann also zurückgewiesen werden.

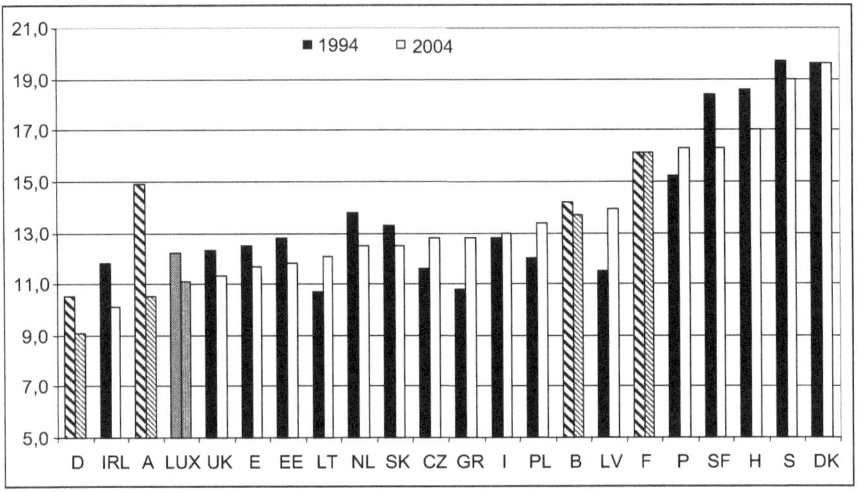

Abbildung 32: Staatsanteil am BIP, EU-25, [94] 1994 und 2004, in %. Quelle: Eurostat oJ.; eigene Darstellung

3.1.2 Branchenstruktur und Selbstständigkeit

Die wichtigste Feststellung in diesem Zusammenhang ist, dass das Potenzial für eine hohe und steigende Selbstständigenquote in Deutschland, stellvertretend für alle fünf Länder des konservativen Wohlfahrtsregimes, aufgrund der Branchenstruktur durchaus gegeben ist. Lange Zeit wurden in diesen Ländern große Anstrengungen in den Ausbau des sekundären Sektors gesetzt, sowie dessen wirtschaftlicher Förderung und die Unterstützung von Beschäftigung. Während Länder wie Frankreich oder Österreich hier massiv auf die Verstaatlichung von Schlüsselindustrien gesetzt haben,[95] hat Deutschland vor allem seit Ende der

94 Keine Daten verfügbar für Großbritannien, Slowenien und Malta.

95 Noch 1991 betrug der Anteil an Beschäftigten in Unternehmen mit öffentlicher Beteiligung sowie gemeinwirtschaftlichen Unternehmen in Frankreich 13,4% und in Österreich sogar 16,8%, in Deutschland hingegen nur vergleichsweise geringe 8,3%. Die Anteile an der Bruttowertschöpfung betrugen 15,1%, 16,9% und 10% (Schneider 2001, 6; zitiert nach CEEP 1993).

1970er-Jahre eher eine Förderung über Subventionierungen betrieben.[96] Heute ist der Dienstleistungssektor gut ausgebaut und sowohl die Bruttowertschöpfung als auch der Beschäftigtenanteil ist in jenen Branchen des Dienstleistungssektors stark repräsentiert, die sich aufgrund vergleichsweise geringer Human- und Geldkapitalanforderungen sowie Voraussetzungen bezüglich etwa Ausstattung und Materialanforderungen besonders gut für die Selbstständigkeit eignen. Ein hohes Potenzial an Selbstständigen haben vor allem die Branchen sonstige und persönliche Dienstleistung[97] (7,4% aller im tertiären Sektor Beschäftigten), das Gesundheitswesen (11,3%) sowie der Bereich Datenverarbeitung/Forschung und Entwicklung/Beratung (16,3%). Für die weitere Entwicklung der Selbstständigkeit ist es also äußerst positiv, dass vor allem von den beiden letztgenannten Branchen ein großer Anteil an Beschäftigten arbeitet und somit Kenntnisse in jenen Branchen erwirbt, die sich besonders für die Selbstständigkeit eignen.

Allerdings gibt es hohe Zugangsbeschränkungen zu vielen Berufen des Dienstleistungssektors – auch wenn, wie bereits angesprochen, diese Barrieren in den letzten Jahre vor allem im Bereich der Handwerksordnung verringert wurden. Hier gibt es geringfügige Abweichungen in den anderen relevanten Ländern, da der Zugang nicht in allen Ländern des konservativen Wohlfahrtsregimes gleich stark reguliert ist wie in Deutschland. Das bedeutet, dass es hier zwar Unterschiede unter den hier untersuchten Ländern gibt, und in Deutschland die Zugangsbeschränkungen mit am höchsten sind. Vergleicht man aber diese Ländergruppe mit anderen Staaten, zeigt sich, dass die Gemeinsamkeiten der Länder mit konservativem Wohlfahrtssystem zueinander relativ hoch sind in Abgrenzung zu Ländern mit anderem Wohlfahrtssystem. (Siehe z.B. Eichhorst/Profit/Thode 2001, 358)

Beinahe überraschend ist, dass von Seiten der öffentlichen Beschäftigung in Deutschland ein eher positives, und zunehmend besseres Klima für Selbstständigkeit geschaffen wird. Da es in diesem Bereich keine Selbstständigen geben kann, ist es für Länder mit einem hohen Anteil öffentlich Bediensteter, schwieriger, eine hohe Selbstständigkeit zu erreichen. Es muss zwar angemerkt werden,

---

96 Eine gute Übersicht übe die verschiedenen Positionen und Traditionen in der Industriepolitik der verschiedenen europäischen Staaten bietet die Webseite www.euractiv.com.

97 In dieser Zahl sind auch die öffentlichen Dienstleistungen enthalten – ein Faktum, dass der unterschiedlichen Erhebungs- und Einteilungsmethode auf internationalem Niveau zuschulden ist.

dass ein beträchtlicher Teil der Beschäftigten in der Dienstleistungsbranche beim Staat angestellt ist. Allerdings gehen der insgesamt für Staatsbedienstete aufgewendete Anteil am BIP sowie auch die Beschäftigtenzahl in den letzten Jahren kontinuierlich zurück. Dies gilt für Deutschland sowie Österreich und Luxemburg. Gerade was den Staatsanteil an Beschäftigung und Bruttowertschöpfung angeht, können aber deutlich zwei Gruppe unter den konservativen Ländern ausgemacht werden: zum einen die bereits genannten Länder, zum anderen Frankreich und Belgien. Es dürfte sich hier das grundsätzlich sehr unterschiedliche Staatsverständnis, vor allem im Vergleich der beiden großen Staaten Deutschland und Frankreich bemerkbar machen. (Siehe z.B. Schauer 1996) Wichtig für den Zusammenhang hier ist aber, dass es zwei „Blöcke" innerhalb des konservativen Wohlfahrtsregimes gibt, die gänzlich unterschiedliche Staatsanteile aufweisen, und so auch in diesem Teilbereich ein unterschiedliches Klima für mehr Selbstständigkeit schaffen. Versteht man den Staatsanteil als „Instrument" im weiteren Sinn, passt das zu den Ausführungen in Kapitel 2.4 Instrumente zur Erhöhung der Selbstständigenquote: Trotz unterschiedlichem Einsatz, gibt es keine (wie zu erwarten wäre) unterschiedliche Selbstständigenquote.

Zusammenfassend kann die deutsche Branchenstruktur aufgrund der vorhergehenden Analyse als überwiegend positiv für die Entwicklung der Selbstständigkeit eingestuft werden, während es für die Gesamtheit der konservativen Staaten keine eindeutige Bestimmung gibt. Für Österreich und Luxemburg gilt die gleiche Einschätzung wie für Deutschland. Frankreich und Belgien allerdings bieten aufgrund ihres höheren Staatsanteils ein ambivalentes Klima für die Entwicklung der Selbstständigkeit, das weder als rein positiv, noch als rein negativ zu bezeichnen ist. Wie auch bei allen anderen Einflussfaktoren ist dies natürlich nur ein Bestimmungsgrund, der durch andere Einflüsse überlagert, ausgeglichen oder verstärkt werden kann. Trotz der letzten Ausführungen zum Staatssektor kann doch für den gesamten Einflussfaktor Branchenstruktur ein relativ homogenes Bild innerhalb des konservativen Wohlfahrtsregimes festgehalten werden.

3.2 Arbeitslosigkeit

Arbeitslosigkeit ist aus wirtschafts- wie gesellschaftspolitischer Sicht negativ zu bewerten. Im Zusammenhang mit Selbstständigkeit, insbesondere bezogen auf die Förderung dieser Erwerbsform, hat Arbeitslosigkeit aber nicht ausschließlich diesen negativen Aspekt. Individuell wie auch auf der Makro-Ebene kann hohe Arbeitslosigkeit zu einer Steigerung der Selbstständigenquote führen und auch die Gesamtzahl an Selbstständigen erhöhen, da sie als Push-Faktor[98] den Schritt in die Selbstständigkeit fördern kann. Sowohl bereits Arbeitslose wie davon Bedrohte können diese Erwerbsform als einen Ausweg ansehen. Andererseits kann lang andauernde Arbeitslosigkeit auch ein Hemmnis auf dem Weg zu mehr Selbstständigkeit sein, da den Arbeitlosen durch die fehende Einbindung in den Arbeitsmarkt wichtige Voraussetzungen zur Betriebsgründung (wie etwa Branchenkenntnisse, rechtliches und buchhalterisches Wissen oder Startkapital) fehlen. Die Literatur hat sich in den letzten Jahren eingehend mit dieser Thematik beschäftigt, wobei im Vordergrund die Frage stand, inwieweit die Erwerbsform Selbstständigkeit einen Beitrag zur individuellen wie gesellschaftlichen Verringerung von Arbeitslosigkeit leisten kann. (Siehe z.B. Bates/Servon 2000, Meager 1992a oder auch Panneberg 1998) Bestimmte Personengruppen („Gründerpersönlichkeiten“) eignen sich eher für den Schritt in die Selbstständigkeit, bleiben in dieser Erwerbsform eher erfolgreich oder können zumindest die Selbstständigkeit eher als Chance wahrnehmen, sei es für einen dauerhafte eigene Unternehmertätigkeit oder auch als Übergang in eine abhängige Erwerbstätigkeit. Deswegen ist es wichtig, nicht nur das Niveau an Arbeitslosigkeit und deren Entwicklung im Zeitverlauf zu betrachten, sondern insbesondere auch ihre strukturellen Komponenten zu analysieren. Im Unterschied zur gängigen Literatur wird in der vorliegenden Arbeit daher, zusätzlich zum Arbeitslosenniveau, auch der Zusammenhang zwischen der Struktur von Arbeitslosigkeit und der Entwicklung der Selbstständigkeit im konservativen Wohlfahrtsregime untersucht und hierbei anhand der Daten für die Bundesrepublik Deutschland empirisch überprüft.

Aufgabe des kommenden Kapitels ist es also, zunächst die Höhe und Struktur der Arbeitslosigkeit in Deutschland darzustellen. Um hierbei eine Bewertung vornehmen zu können ist es darüber hinaus nötig, auf den internationalen Ver-

98 Siehe dazu Kapitel 1.4.1.

gleich zurück zu greifen. Eine Quote kann zwar auch für sich bewertet werden, aber erst der Vergleich ermöglicht eine genaue Bestimmung, ob es sich um einen „hohen“ oder „niedrigen“ Wert handelt. Im Anschluss daran wird gezeigt, was diese Ergebnisse für die Selbstständigkeit bedeuten.

3.2.1 Arbeitslosigkeit in Deutschland

Der deutsche Arbeitsmarkt ist seit einigen Jahren durch vergleichsweise hohe Arbeitslosigkeit geprägt, sowohl was den internationalen Vergleich anbelangt, als auch den nationalen Längsschnittvergleich (s. Tabelle 8). Wichtig ist hier an-

Tabelle 8: Arbeitslosenquoten nach Bundesländern, 2005, in %. Quelle: Bundesagentur 2006a

Bundesland	**Quote**
Baden-Württemberg	7,0
Bayern	7,8
Rheinland-Pfalz	8,8
Hessen	9,7
Saarland	10,7
Hamburg	11,3
Schleswig-Holstein	11,6
Niedersachen	11,6
Nordrhein-Westfalen	12,0
Bremen	16,8
Thüringen	17,1
Brandenburg	18,3
Sachsen	18,3
Berlin	19,0
Mecklenburg-Vorpommern	20,3
Sachsen-Anhalt	20,3
Deutschland West	9,9
Deutschland Ost	18,7
Gesamt	11,7

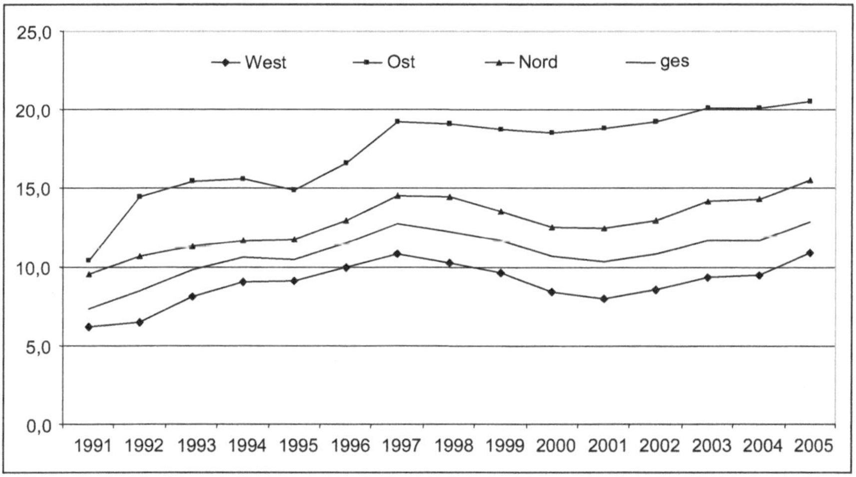

Abbildung 33: Arbeitslosenquoten bezogen auf abhängige Erwerbspersonen,[99] Deutschland nach Regionen, 1991-2005, in %. Quelle: Bundesagentur 2006b; eigene Darstellung und Berechnungen

zumerken, dass sich die Arbeitsmarktlage dabei regional sehr stark unterscheidet. In den Neuen Bundesländern ist die Arbeitslosenquote beständig deutlich höher. Zudem weisen auch die Stadtstaaten vergleichsweise hohe Werte auf.[100]

Diese Zahlen sind über die letzten Jahre hinweg relativ stabil geblieben, zwar nicht in ihrer absoluten Höhe, aber in der Rangfolge, die die Länder untereinander einnehmen. Die Grafiken 33 und 34 veranschaulichen diese stabile Entwicklung.

99 Die in diesem Zusammenhang aussagekräftigere Quote wäre eigentlich die in der nachfolgenden Grafik verwendete – die Arbeitslosenquote bezogen auf die zivile Erwerbsbevölkerung – und nicht wie hier auf die abhängigen Erwerbspersonen. Da hierfür aber nur Daten ab dem Jahr 1997 zur Verfügung stehen, wurde auf die Darstellung beider Quoten zurückgegriffen.

100 Das liegt hauptsächlich an ihrem Status als Stadt und Bundesland gleichzeitig. Städte, zumal Großstädte, weisen tendenziell immer höhere Arbeitslosenquoten auf als sie im ländlichen Raum anzutreffen sind. (Siehe z.B. Europäische Kommission 2005b)

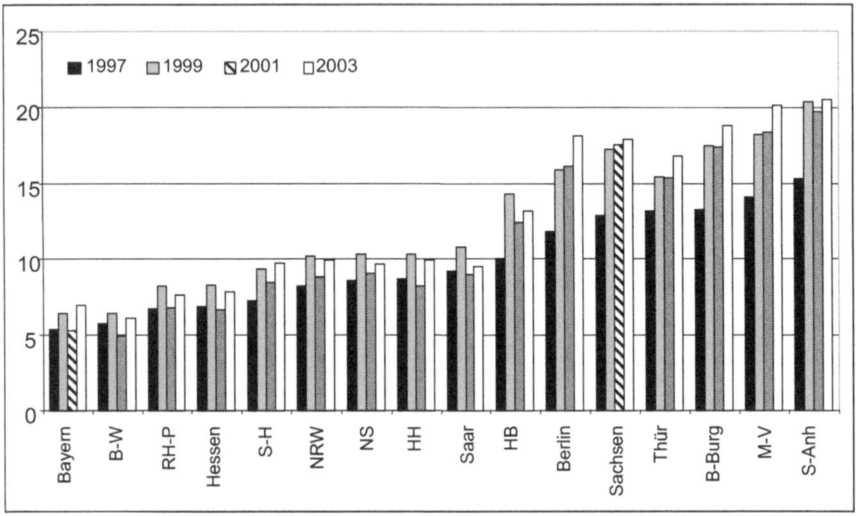

Abbildung 34: Arbeitslosenquoten bezogen auf zivile Erwerbspersonen, Deutschland nach Bundesländern, ausgewählte Jahre, in %. Quelle: Bundesagentur 2006b; eigene Darstellung und Berechnungen

Diese dargestellten Unterschiede zwischen den einzelnen Bundesländern sind wichtig, da, wenn vom Niveau der Arbeitslosigkeit ein Effekt auf die Selbstständigkeit ausgeht, innerhalb von Deutschland große Unterschiede bestehen müssten. Schon in der Aufteilung nach Regionen kann man deutlich erkennen, dass die Arbeitslosenquote im West-Teil der Republik traditionell unter den Werten für die anderen Regionen liegt, wohingegen die Region Nord in allen Jahren höhere Werte aufweist als der Durchschnitt. Gut erkennbar ist auch, dass die Region Ost von dem Aufschwung zwischen den Jahren 1997 und 2000 vergleichsweise weniger profitieren konnte, und zudem von Verschärfungen der Arbeitsmarktlage überdurchschnittlich stark betroffen war.[101] Zu ähnlichen Ergebnissen führt auch die Analyse der Arbeitslosenquote bezogen auf die abhängigen Erwerbspersonen (Abbildung 33). Die Rangfolge der einzelnen Bundes-

101 Siehe z.B. den Zeitabschnitt zwischen 1991 und 1992 oder auch 1995 und 1997, in dem zwar alle Regionen einen Anstieg der Arbeitslosenquoten verzeichneten, jedoch war keiner so stark wie im Ost-Teil Deutschlands.

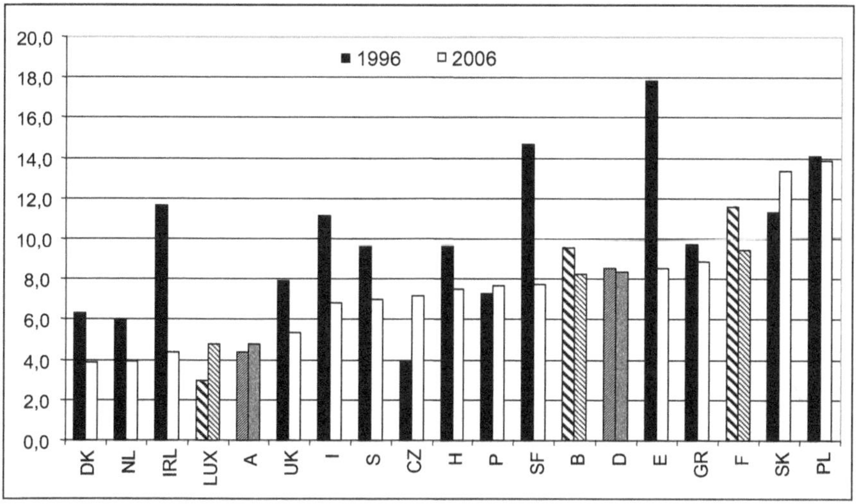

Abbildung 35: Arbeitslosenquote[102], ausgewählte Länder,[103] 1996 und 2006, in %. Quelle: OECD 2007b; eigene Darstellung

länder bleibt relativ stabil. Die meisten Veränderungen sind marginal, wie etwa der Wechsel Baden-Württembergs vom vorletzten auf den letzten Platz oder die kleinen Verbesserungen von Niedersachsen gegenüber Nordrhein-Westfalen, Thüringen im Vergleich zu Sachsen oder vom Saarland gegenüber Hamburg. Jeweils handelt es sich aber nur um einen Tausch zwischen „benachbarten" Plätzen in der Reihenfolge. Die einzige größere Veränderung verzeichnet das Land Berlin mit einer Verschlechterung vom sechsten auf den vierten Platz, was darüber hinaus den stärksten Anstieg der Arbeitslosenquote in der betrachteten Periode bedeutet (+7,1 Prozentpunkte[104]).

Wie bereits angesprochen kann die deutsche Arbeitslosenquote aber nur im internationalen Vergleich als hoch oder niedrig eingestuft werden (s. Abbildung 35).

102 Anteil an allen zivilen Erwerbspersonen.

103 OECD-Mitglieder der EU.

104 Bezogen auf die zivilen Erwerbspersonen zwischen 1997 und 2005; mit den abhängigen Erwerbspersonen als Grundgesamtheit im selben Zeitraum: 4,2 Prozentpunkte, was ebenfalls der Spitzenwert unter allen Bundesländern ist.

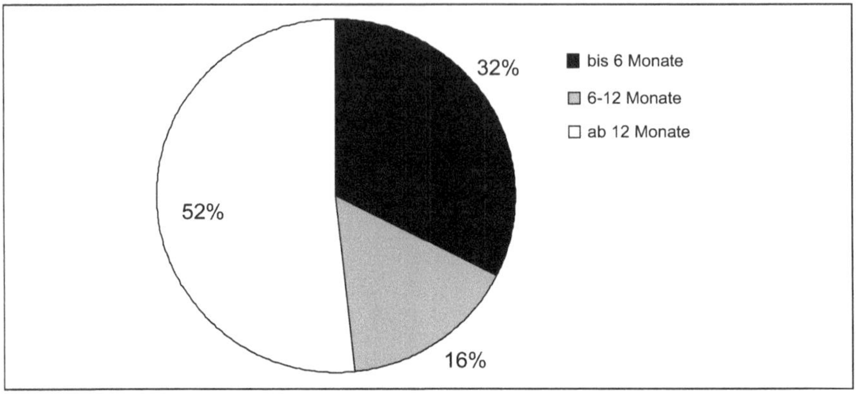

Abbildung 36: Verweildauer in Arbeitslosigkeit, Deutschland, 2004, in %[105]. Quelle: www.oecd.org; eigene Darstellung und Berechnungen

Die deutsche Arbeitslosenquote war 1994 zwar noch im unteren Mittelfeld der Vergleichstaaten, 2004 aber bereits auf einem der vordersten Ränge. Zwar hat sich die Arbeitslosenquote in Deutschland nicht dramatisch erhöht, jedoch konnten viele andere Länder ihre Position verbessern, allen voran Finnland und Irland. Lässt man aus der Betrachtung auch noch Polen und die Slowakei heraus, die einen außerordentlich geschwächten Arbeitsmarkt aufweisen, verschlechtert sich die deutsche Position im internationalen Vergleich noch zusätzlich.

Doch nicht nur das Niveau der Arbeitslosigkeit ist relevant, sondern auch deren Zusammensetzung. Die Struktur von Arbeitslosigkeit kann über die Verweildauer, das Ausmaß an struktureller Arbeitslosigkeit, geschlechtsspezifische Unterschiede sowie die Alters- und Qualifikationsgruppen der Betroffenen und

105 Hier wie auch in der darauf folgenden Abbildung werden der Anteil der Arbeitslosen mit einer Verweildauer von sowohl 6 Monaten und mehr, als auch 12 Monaten und mehr ausgewiesen, da es keine einheitliche Definition davon gibt, ab wann jemand als Langzeitarbeitsloser zu werten ist. Im Allgemeinen gilt in Deutschland, dass Langzeitarbeitslosigkeit ab einer Verweildauer von 12 Monaten beginnt (vgl. SGB III § 18) und das sehen auch die OECD und die ILO so. (Vgl. OECD 2006a und ILO 2006) Für Jugendliche allerdings beginnt Langzeitarbeitslosigkeit bereits ab 6 Monaten. Zudem sind Personen, die eine Verweildauer zwischen 6 und 12 Monaten haben, stark gefährdet, in die Langzeitarbeitslosigkeit abzurutschen. Man könnte hier also von „mittelfristiger" Arbeitslosigkeit sprechen, weswegen auch beide Quoten relevant sind.

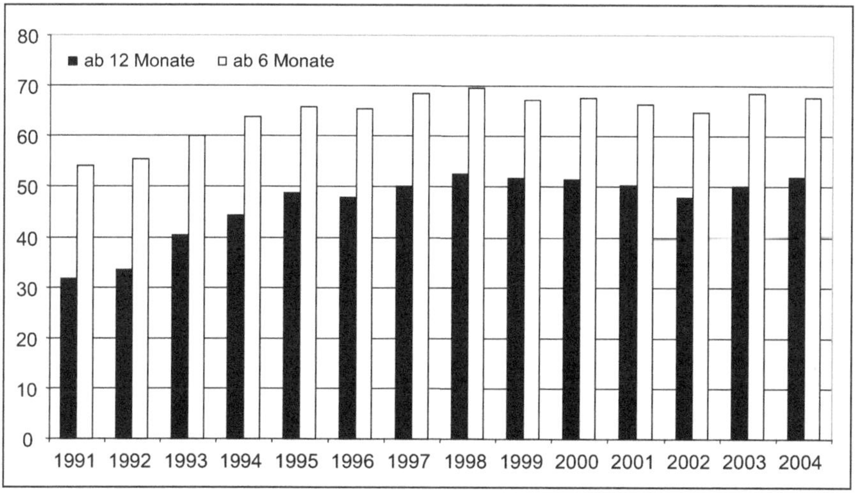

Abbildung 37: Langzeitarbeitslose als Anteil an allen Arbeitslosen, Deutschland, 1991-2004, in %. Quelle: www.oecd.org; eigene Darstellung und Berechnungen

deren Branchenzugehörigkeit charakterisiert werden. Im Folgenden werden diese Strukturmerkmale für die Bundesrepublik untersucht. Die dabei interessierenden Charakteristika ergeben sich vor allem aus der Forschung zum Personenprofil Selbstständiger und solcher Selbstständiger, deren Unternehmen eine höhere Überlebenschance haben. (Siehe z.B. Audretsch 2002, Blanchflower 2000, Brüderl/Preisendörfer 1998, Europäische Kommission 2003b, ILO 1990, Lazear 2002, Lohmann/Luber/Müller 1999, Luber/Gangl 1997, Lundström 2005 Meager 1992b, OECD 2004a, Panneberg 1998, Pfeiffer 1994 u.v.m.) Denn nur so kann abschließend eine Aussage darüber getroffen werden, ob die in Deutschland anzutreffende Arbeitslosigkeit ein positives oder ein negatives Klima für Selbstständigkeit erzeugt – nur alleine über die Höhe der Arbeitslosigkeit könnte man aufgrund der verschiedenen Push- und Pull-Mechanismen, die hier wirksam werden, keine Aussage treffen.

Der Anteil an Langzeitarbeitslosen an allen Arbeitslosen, der eine Verweildauer von 12 Monaten und mehr aufweist, ist zudem im Zeitverlauf sogar gestiegen (s. Abbildung 37).

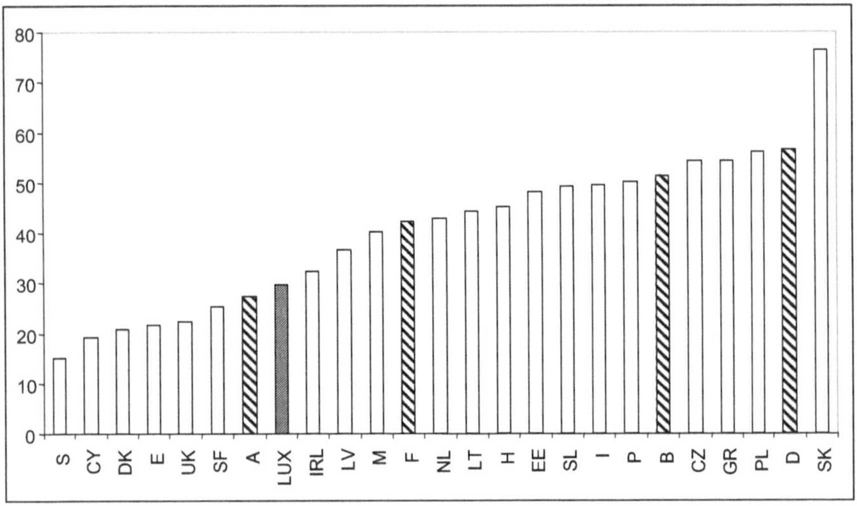

Abbildung 38: Langzeitarbeitslosigkeit[106], ausgewählte Länder,[107] 2006, in %. Quelle: OECD 2007b; eigene Darstellung

Auch hier kann aber erst über den internationalen Vergleich eine Aussage darüber getroffen werden, ob es sich bei den deutschen Werten um eher hohe oder moderate Anteile an der Gesamtarbeitslosigkeit handelt (s. Abbildung 38).

Mit dem vierthöchsten Anteil an Langzeitarbeitslosen nimmt Deutschland eine negative Spitzenposition im internationalen Vergleich ein. Der hohe Anteil an Langzeitarbeitslosigkeit ist somit ein typisches Charakteristikum des deutschen Arbeitsmarktes oder seiner Arbeitslosigkeit.

Neben der vergleichsweise hohen Langzeitarbeitslosigkeit ist ein weiteres Charakteristikum des deutschen Arbeitsmarktes die strukturelle Arbeitslosigkeit. Sie unterscheidet sich von der konjunkturellen darin, dass sie nicht mit dem Konjunkturzyklus mitschwingt und deswegen auch nicht einfach durch einen wirtschaftlichen Aufschwung oder kurzfristige Konjunkturprogramme beseitigt werden kann. (Siehe auch Engelen-Kefer 1995, 30-40) Ihr Entstehen wird einerseits auf den Strukturwandel seit Ende der 1970er-Jahre zurückgeführt, da hier Arbeitskräfte frei gesetzt wurden, die in der neuorientierten Wirtschaftsstruktur

106 Ab 12 Monate Verweildauer.

107 OECD-Mitglieder der EU.

nicht mehr untergebracht werden konnten. Andererseits ist ein Teil der strukturellen Arbeitslosigkeit auch auf mangelnde/falsche Qualifikationen zurückzuführen, sowie auf eine, durch Rationalisierungstendenzen bedingte, Verringerung der Arbeitsnachfrage. (Siehe z.B. Rudolph 1994, Zimmermann et al. 1999, 26-29) Eine weitere Ursache wird in den Strukturen der Arbeitsmarktpolitik, und hier vor allem in ihrer Akteurskonstellation gesehen, die, so das Argument, eine schnellere Aufnahme von Arbeitskräften aufgrund von Kündigungsschutz und anderen rechtlichen Vorgaben behindere.[108] Der Umschlag, oder die Fluktuation wird somit gehemmt, was nicht nur zu struktureller Arbeitslosigkeit, sondern auch zu Langzeitarbeitslosigkeit führt. Wer aber einmal als langzeitarbeitslos eingestuft wurde, hat es, vor allem aufgrund von Signalwirkungen (siehe z.B. Reichenbach 2001 bzw. zur Signaling-Theorie allgemein: Spence 1973) und Dequalifizierungsprozessen sehr schwer, wieder einen Arbeitsplatz zu finden. (Siehe z.B. Fuchs 2005) Deshalb wird die strukturelle Arbeitslosigkeit auch „verfestigte Arbeitslosigkeit" genannt, da sie auf einem bestimmten Niveau verharrt, oder „Sockelarbeitslosigkeit", da eine gewisse Basis an Arbeitslosigkeit vorhanden ist, die nicht mehr abzubauen ist (s. Abbildung 39).[109]

Im europäischen Vergleich fällt auf, dass Deutschland kein besonders hohes Niveau an struktureller Arbeitslosigkeit aufweist. Diese Feststellung ist von Bedeutung, als in der tagespolitischen Debatte konträr zum hier Gezeigten oft von der alarmierenden strukturell bedingten Arbeitslosigkeit gesprochen wird. (Siehe z.B.: Borstel 2000, Interview mit Meinhard Miegel 2002, Berger 2002)

---

108 Den theoretischen Rahmen hierfür bietet die Insider-Outsider-Theorie von Assar Lindeck und Dennis Snower. Siehe dazu vor allem das Diskussionspapier der beiden Autoren aus dem Jahr 2002, in dem sie die ursprüngliche Theorie darlegen, aber auch auf die Kritikpunkte eingehen, die im Lauf der Zeit dazu geäußert wurden. (Lindbeck/Snower 2002)

109 Meistens wird die strukturelle Arbeitslosigkeit mit der NAIRU (Non Accelerating Inflation Rate of Unemployment) gemessen – also Arbeitslosigkeit, die trotz Konjunkturschwankungen (oder genauer: Inflationsanstieg, also Konjunkturbelebung) gleich bleibt, bzw. einem auf dieser Idee aufbauenden Maßzahl. Das Konzept basiert ursprünglich auf der Phillips-Kurve, die einen Zusammenhang zwischen Arbeitslosigkeit und Inflation bzw. der Wachstumsrate der Nominallöhne, herstellt. (siehe Phillips 1958) Trotz mancher Kritikpunkte (siehe z.B. Nowotny 1974) wird sie bis heute mit einigen Modifikationen verwendet. (Siehe Boone et. al 2000)

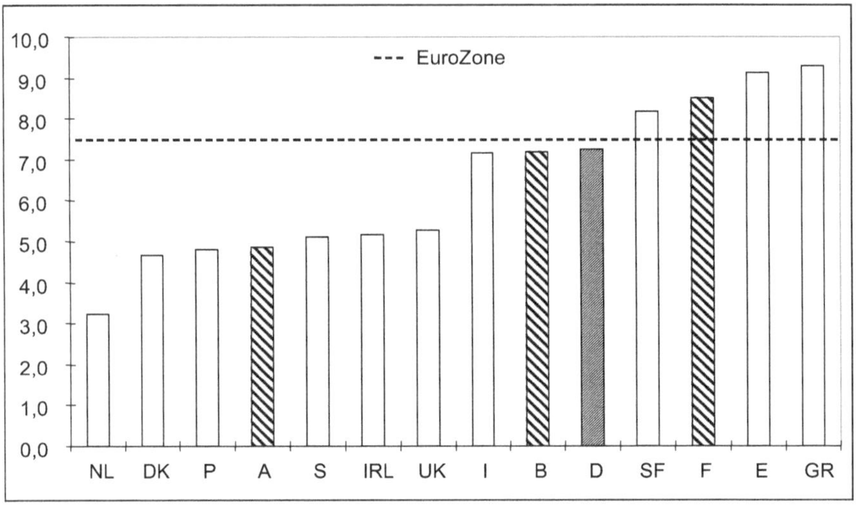

Abbildung 39: Strukturelle Arbeitslosigkeit, EU-15[110] sowie Durchschnitt der Länder der Euro-Zone,[111] 2006, in %. Quelle: OECD 2007b; eigene Darstellung

In vielen Ländern weichen die Arbeitslosenquoten der Frauen von jenen der Männer ab. Dies war lange Zeit auch in Deutschland der Fall, wobei hier zusätzlich Unterschiede zwischen West- und Ostdeutschland vorzufinden sind (s. Abbildung 40). Interessant sind die Unterschiede zwischen Frauen und Männer, da sich auch ihr Selbstständigkeitsverhalten unterscheidet. (Siehe dazu Kapitel 1.4.2 und die dort verwendeten entsprechenden Literaturangaben)

Bis vor wenigen Jahren war es so, dass die Frauenarbeitslosigkeit über jener der Männer lag. Ab dem Jahr 2002 liegt die Arbeitslosenquote der Männer sowohl in Ostedeutschland wie auch im gesamten Bundesgebiet über jener der Frauen. Nur in Westdeutschland war dieses Verhältnis ohnehin bereits seit An-

110 Keine Daten für Luxemburg verfügbar.

111 Der Durchschnittswert für die Euro-Zone wurde hier zusätzlich angegeben, da sich die Wirtschaftspolitik hauptsächlich an diesen Ländern orientiert. Deswegen sollte zur Beurteilung der inflationsneutralen Arbeitslosigkeit vor allem diese Ländergruppe herangezogen werden.

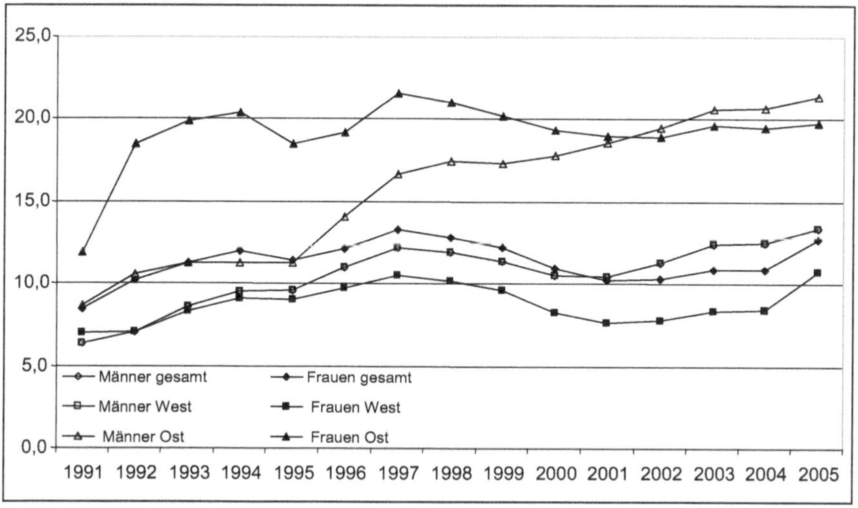

Abbildung 40: Arbeitslosenquoten[112] von Männern und Frauen, West- und Ostdeutschland, 1991-2005, in %. Quelle: Bundesagentur 2006c Zeitreihe Arbeitslose; eigene Darstellung

fang der 1990er-Jahre gegeben. Wie sich also auch schon hier andeutet, hat sich die Verteilung innerhalb der Gruppe der Arbeitlosen in den letzten Jahren geändert (s. Abbildung 41).

Im Zeitverlauf hat sich das Verhältnis also positiv für die Frauen entwickelt.[113] Nur in Westdeutschland lag der Anteil der Frauen an allen Arbeitlosen bereits 1991 unter der 50%-Marke.

112 Jeweils bezogen auf alle abhängigen Erwerbspersonen.

113 Was genau ausschlaggebend für diese Trendwende ist, kann noch nicht abschließend bestimmt werden. Mögliche Ursachen sind die „Feminisierung" der Erwerbsarbeit, aber auch das Faktum, dass Frauen nach wie vor für gleichwertige Arbeit niedriger entlohnt werden (können) und somit für den Arbeitgeber oft kostengünstiger sind. (Siehe z.B. Cornließen 2005)

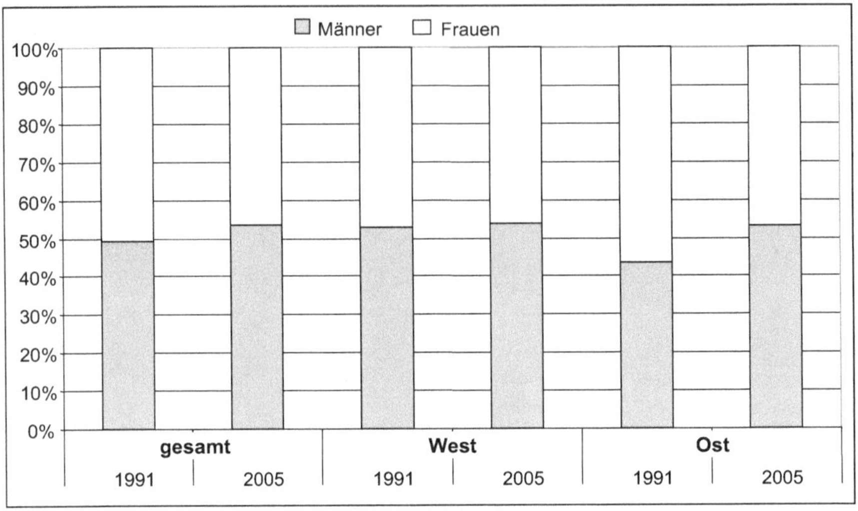

Abbildung 41: Verteilung aller Arbeitslosen nach Geschlecht, West- und Ostdeutschland, 1991 und 2005, in %. Quelle: Bundesagentur 2006c; eigene Darstellung und Berechnungen

Für den Vergleich mit anderen Ländern bietet es sich an, die internationale Differenz zwischen Männer- und Frauenarbeitslosigkeit zu betrachten (s. Abbildung 42). Wenngleich der Abstand auch relativ gering ist, so gehört Deutschland (derzeit) doch zu den wenigen Ländern, deren Frauenarbeitslosenquote unterhalb jener der Männer liegt.

Die Altersgruppen-Arbeitslosigkeit ist ebenfalls ein sehr wichtiges Kriterium: Zum Einen ist es ein Charakteristikum zur Beschreibung der Arbeitslosigkeit eines Landes. Zum anderen ist sie aber auch für den hier interessierenden Kontext relevant, da sich die verschiedenen Altersgruppen unterschiedlich für den Schritt in die Selbstständigkeit eignen. Dies liegt vor allem daran, dass für den Schritt in die Selbstständigkeit bestimmte Kenntnisse und Fähigkeiten benötigt werden, die in jungen Jahren und bei Berufsanfängern noch nicht vorhanden sein können, so dass für sie der Schritt in die Selbstständigkeit keine wirkliche Option darstellt.[114]

114 Näheres dazu siehe im Exkurs zu Qualifikationen im Kapitel 3.4.

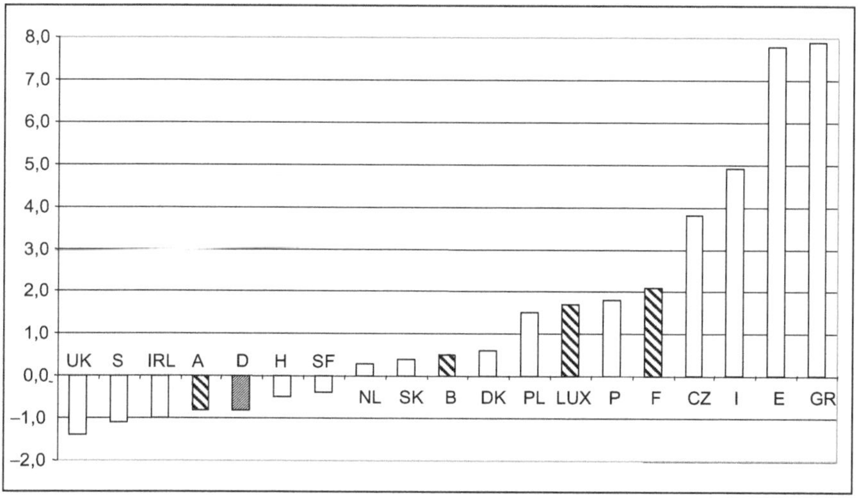

Abbildung 42: Differenz zwischen Frauen- und Männerarbeitslosenquoten, ausgewählteLänder,[115] 2003, in Prozentpunkten. Quelle: OECD 2004b, 295-296; eigene Berechnungen und Darstellung

Deutschland gehört zu jenen Ländern, die im internationalen Vergleich ein relativ moderates Niveau an Jugendarbeitslosigkeit aufweisen (s. Abbildung 43). Interessant ist hierbei, dass auch die Mehrzahl der anderen Länder mit konservativem Wohlfahrtssystem vergleichsweise niedrige Werte bei der Jugendarbeitslosigkeit haben. Nur Frankreich und Belgien stehen hier abseits.

Ganz anders verhält es sich in der zweiten interessierenden Altersgruppe, jener Erwerbspersonen über 54 Jahre (s. Abbildung 44). Hier steht Deutschland an dritter Stelle, nur übertroffen von der Slowakei und Polen, die beide eine insgesamt sehr schlechte Arbeitsmarktlage aufweisen, und sich demgemäß kaum als Referenzpunkt eignen. Wichtig ist hier festzuhalten, dass beide Quoten mit der allgemeinen Arbeitslosenquote verglichen werden müssen, da die altersbezogenen Quoten natürlich vom Gesamtbestand an Arbeitslosen beeinflusst werden.

115 OECD-Mitglieder der EU.

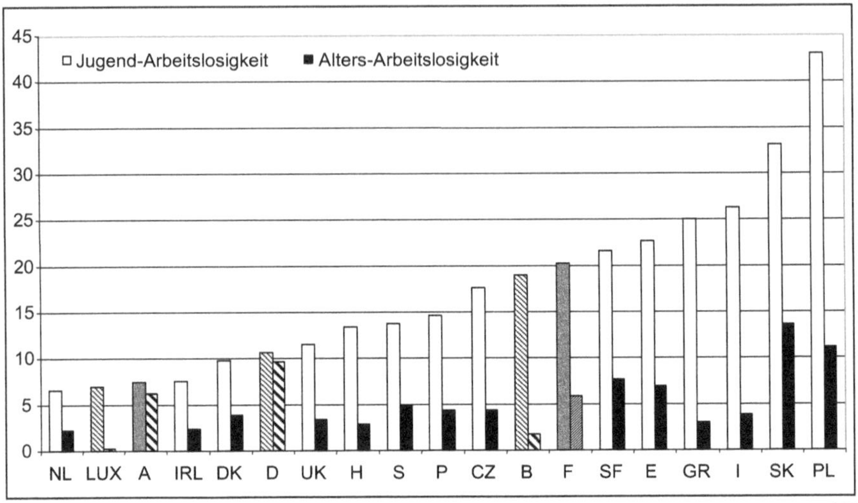

Abbildung 43: Jugend- und Altersarbeitslosigkeit,[116] ausgewählte Länder,[117] 2003[118], in %. Quelle: OECD 2004b, 297-299; eigene Darstellung

Im relevanten Jahr 2003 lag die allgemeine Arbeitslosenquote in der BRD bei 9,1% (OECD 2004b). Mit 10,6% Jugendarbeitslosigkeit und 9,7% unter den Älteren leicht über dem allgemeinen Wert. Während Deutschland, Österreich und Luxemburg jeweils Quoten haben, die in etwa dem Niveau ihrer jeweiligen allgemeinen Arbeitslosenquote entsprechen, weichen die Quoten in Belgien und Frankreich deutlich davon ab. Interessant ist hier auch die Entwicklung der jeweiligen Quoten (s. Abbildung 45).

116 Jugendliche zwischen 14 und 25 Jahren und Erwerbspersonen zwischen 55 und 64 Jahren.

117 OECD-Mitglieder der EU.

118 Abweichend beziehen sich die Daten für Frankreich und Luxemburg auf das Jahr 2002.

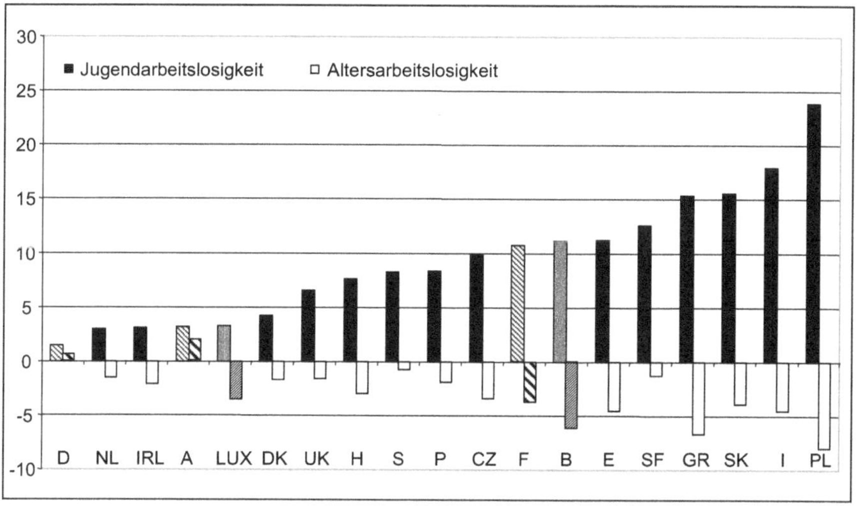

Abbildung 44: Differenz zwischen allgemeiner Arbeitslosenquote und Jugend-/Altersarbeitslosenquote, ausgewählte Länder,[119] 2003, in Prozentpunkten. Quelle: OECD 2005b; eigene Berechnungen und Darstellung

Während einige Länder (Niederlande, Irland, Dänemark und Spanien) sich sowohl hinsichtlich der Jugend- als auch der Altersarbeitslosigkeit verbessern konnten, verschlechterte sich die Position anderer Länder bei beiden betrachteten Quoten. Deutschland gehört hier zur zweiten Gruppe, wenngleich der Anstieg zumindest der Altersarbeitslosigkeit noch vergleichsweise moderat ausfällt. Allerdings wird hier eine relative Größe untersucht. Der Sachverhalt ist folglich nur in Kombination mit dem oben festgehaltenen Befund einer Altersarbeitslosigkeit, die sich ohnehin immer schon auf hohem Niveau befand, zu bewerten.

Wie im vorangegangenen Abschnitt bereits angesprochen, eignet sich nicht jeder Arbeitslose prinzipiell für den Schritt in die Selbstständigkeit bzw. hat seine Unternehmung nicht die gleichen Überlebenswahrscheinlichkeiten. Neben dem Alter ist eine wichtige Voraussetzung für die Entscheidung zu einer Existenzgründung und auch deren Gelingen, dass ein bestimmtes Qualifikations-

119 OECD-Mitglieder der EU.

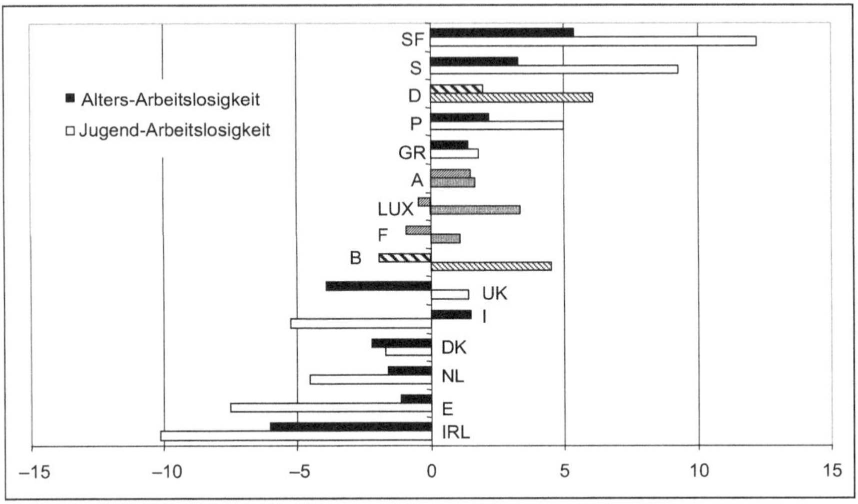

Abbildung 45: Veränderung der Jugend- und Altersarbeitslosigkeit, ausgewählte Länder, 1991-2003[120], in Prozentpunkten. Quelle: OECD 2004b, 297-299; eigene Berechnungen und Darstellung

niveau vorhanden ist. Orientiert man sich an den bereits Selbstständigen, so wird deutlich, dass vor allem zwei Gruppen an Qualifizierungsniveaus hier vorzufinden sind: Es sind dies einerseits Personen mit einem besonders hohen, und andererseits solche mit einem besonders niedrigem Bildungs- und Ausbildungsniveau. (Siehe dazu Kapitel 1.4.1) Dieses Strukturmerkmal der Arbeitslosigkeit spielt also eine wichtige Rolle für das Potenzial an Selbstständigen und wird daher in den folgenden Abbildungen genauer untersucht.[121]

120 Frankreich und Luxemburg: 1991-2002, Österreich 1994-2003.

121 Diese Polarisierung macht sich auch wieder bemerkbar, wenn man die gegründeten Unternehmen genauer betrachtet. Auf der einen Seite werden Betriebe gegründet, für die ein hohes allgemeines Wissensniveau, wie auch ein hohes Maß an fachspezifischen Qualifikationen erforderlich ist, auf der anderen Seite aber auch solche, in denen es sich genau umgekehrt verhält. Auch bezogen auf das Betriebsergebnis, die Überlebensdauer, den Unternehmerlohn, die Entwicklung des Betriebs und viele andere wirtschaftliche Indikatoren, gibt es diese Zweiteilung in „Spitzenunternehmen“ auf der einen und „prekäre Betriebe“ auf der anderen Seite. (Siehe dazu Kapitel 1.4.1)

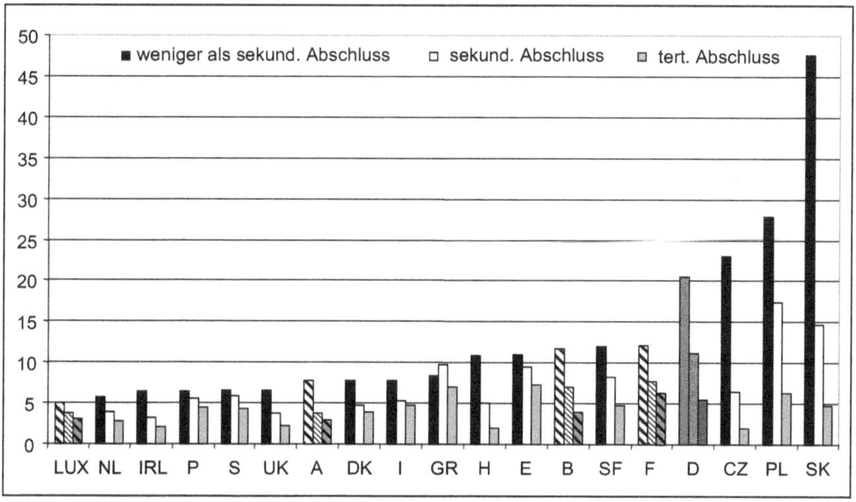

Abbildung 46: Arbeitslosenquoten nach Bildungsabschluss, ausgewählte Länder, 2004, in %. Quelle: OECD 2005d; eigene Darstellung

Insbesondere im niedrigsten Qualifikationsniveau weist Deutschland hier einen außerordentlich hohen Wert auf. Aber auch in den anderen Gruppen liegt die Bundesrepublik weit vorne (Platz 3 im mittleren Bildungssegment, Platz 5 in der Gruppe mit tertiärem Bildungsabschluss). Diese Reihenfolge ist aber insofern irreführend, als sich hier natürlich das allgemein hohe Niveau an Arbeitslosigkeit bemerkbar macht, diese Daten also nicht um die allgemeine Arbeitslosigkeit strukturbereinigt sind. Zwar ergibt sich aus den gezeigten Daten schon der erste Hinweis darauf, dass es vor allem im Ausbildungssegment der wenig Qualifizierten eine hohe Arbeitslosigkeit gibt. Eine gesicherte Aussage darüber kann aber erst getroffen werden, wenn man die Arbeitslosenquote innerhalb Deutschlands aufgeteilt nach Qualifikationsgruppen ansieht, und diese ins Verhältnis zur allgemeinen Arbeitslosenquote setzt. Hier wird die prekäre Lage für Personen mit geringerer (Aus)Bildung noch deutlicher sichtbar (s. Abbildung 47).

Es lässt sich deutlich erkennen, dass die Arbeitslosenquote der am geringsten Qualifizierten deutlich über der allgemeinen Quote liegt, und, dass mit steigendem Qualifikationsniveau die entsprechende Arbeitslosenquote der Gruppe

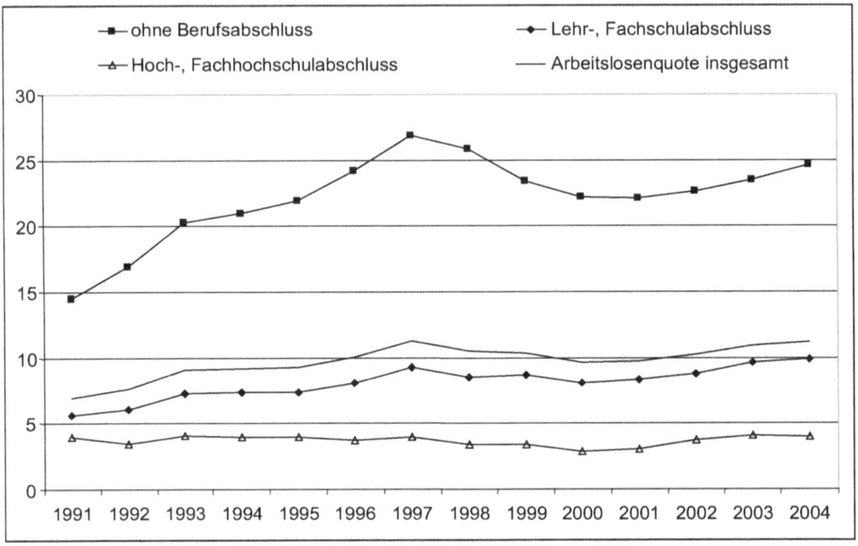

Abbildung 47: Arbeitslosenquoten[122] nach Qualifikationsgruppen[123], Deutschland, 1991-2004, in %. Quelle: www.sozialpolitik-aktuell.de

abnimmt. Durch diese negative Korrelation macht die Gruppe der schlecht bis gering Qualifizierten auch einen überproportionalen Anteil an allen Arbeitslosen aus.

Die Branchenzugehörigkeit von Arbeitslosen stellt in der nachfolgenden Analyse ein kritisches Merkmal dar: Einerseits ist es für den Schritt in die Selbstständigkeit sehr wichtig ist, dass jemand in der Branche, in der er eine Unternehmung gründen möchte, bereits früher gearbeitet hat und sich zudem, wie in

122 Gemessen an allen zivilen Erwerbspersonen (ohne Auszubildende) gleicher Qualifikation.

123 Die hier verwendeten Gruppen unterscheiden sich von den Gruppen der vorhergehenden Grafik, da hier vor allem auf das berufliche Qualifikationsniveau abgestellt wird, im internationalen Vergleich hingegen auf das schulische Bildungsniveau. Diese Gruppen überschneiden sich teilweise. Relevanter für den Kontext der Selbstständigkeit ist die Einteilung nach Berufsqualifikationen. Im internationalen Vergleich können diese Gruppen aber nicht gebildet werden, da es in vielen Ländern keine Abschlüsse gibt, die dem deutschen Ausbildungssystem vergleichbar sind. Aufgrund dieser Diskrepanz musste hier für den internationalen Vergleich auf die Schulabschlüsse zurückgegriffen werden.

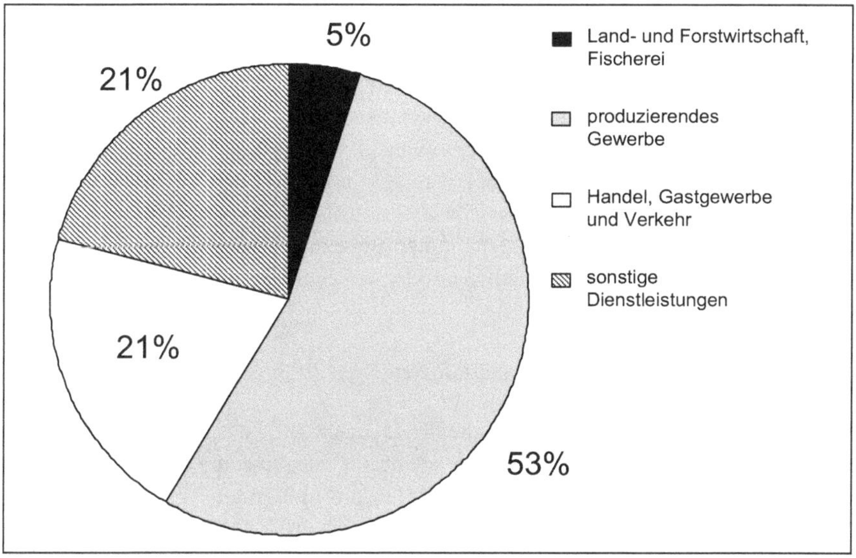

Abbildung 48: Erwerbslose nach Wirtschaftszweig der letzten Tätigkeit, Deutschland, 2004, in %. Quelle: Steiner/Zimmermann 1996, Tabelle 59; eigene Berechnungen und Darstellung

Kapitel 3.1 zur Branchenstruktur beschrieben, einige Branchen besser für die Erwerbsform Selbstständigkeit eignen als andere. Gibt es nur wenige Arbeitslose im Bereich der Dienstleistungen, wird auch das Potenzial an Existenzgründern niedrig sein. Andererseits ist es aber auch problematisch, Arbeitslosen nach ihrer vermeintlichen Branchenzugehörigkeit einzustufen. Denn gerade bei einer der beiden Qualifizierungsgruppen, die unter den Selbstständigen häufig anzutreffen sind, nämlich den Niedrigqualifizierten, ist keine eindeutige Branchenzugehörigkeit aufgrund ihrer Ausbildung oder vorhergehenden Berufstätigkeit auszumachen. Zudem ist eine gewisse Flexibilität in dieser Hinsicht ja sogar erwünscht und gefordert. (Siehe dazu z.B. Europäische Kommission 2003e oder auch Europäische Kommission 2005a)

Dennoch ist die Frage, aus welchen Branchen die Arbeitslosen überwiegend kommen relevant, da auch die vorhergehende Berufserfahrung einen wichtigen Bestandteil der Qualifikation ausmacht (s. Abbildung 48). Stammt der Großteil der Arbeitslosen aus der Industrie, wäre es schwer, hier einen Großteil der Erwerbspersonen in die Selbstständigkeit zu führen.

Der hohe Anteil an Arbeitslosen, die aus dem Bereich des Produzierenden Gewerbes kommen lässt sich mit dem zwar verspätet, aber doch seit einigen Jahren eingesetzten Strukturwandel erklären. (Siehe dazu auch Kapitel 1.1 sowie 3.1) Doch auch aus dem Bereich der Dienstleistungen gibt es einen großen Zugang in die Arbeitslosigkeit. Aus Sicht einer Förderung von Selbstständigkeit ist es durchaus positiv zu werten, dass ein relativ hoher Anteil von 21% gerade aus jenen Branchen kommt, die sich für die Selbstständigkeit besonders eignen. Denn dies bedeutet, dass von einem hohen Potenzial bezüglich der bereits vorhandenen branchentypischen Qualifikationen ausgegangen werden kann.

3.2.2 Arbeitslosigkeit und Selbstständigkeit

Charakteristisch für die Arbeitslosigkeit in Deutschland ist also, neben ihrer relativen Höhe in den letzten Jahren, eine bestimmte Struktur, die im folgenden Abschnitt zusammengefasst wird. Dafür werden die in Kapitel 3.2.1 besprochenen Strukturmerkmale daraufhin überprüft, ob hier vergleichsweise hohe/niedrige Werte zu finden sind, die besonders hervorzuheben wären.

Typisch für die Zusammensetzung der Gruppe der Arbeitslosen in Deutschland ist, dass hier überproportional viele ältere Arbeitnehmer und niedrig Quali-

Tabelle 9: Charakteristika der Arbeitslosigkeit in Deutschland. Quelle: eigene Darstellung

unterdurchschnittlich	**durchschnittlich**	**überdurchschnittlich**
Jugendarbeitslosigkeit[124]	strukturelle Arbeitslosigkeit	globale Arbeitslosenquote
	Frauenarbeitslosigkeit	Langzeitarbeitslosigkeit
		Altersarbeitslosigkeit
		arbeitslose Geringqualifizierte

124 Hier sei angemerkt, dass die Jugendarbeitslosigkeit zwar immer noch vergleichsweise niedrig ist, und sich auch die Position Deutschlands im internationalen Vergleich nicht gravierend verändert hat, in den letzten Jahren jedoch ein Ansteigen dieser Quote zu verzeichnen ist.

fizierte anzutreffen sind und die Verweildauer in Arbeitslosigkeit vergleichsweise hoch ist, Jugendliche unter den Arbeitslosen hingegen unterproportional vertreten sind.

Welche Implikationen hat dies nun für das Potenzial an Selbstständigen in Deutschland? Die Darstellung der Struktur der Arbeitslosigkeit war notwendig, um eine Aussage darüber treffen zu können, ob von hier ein Impuls für mehr Selbstständigkeit zu erwarten ist bzw. ob die Charakteristika überhaupt dergestalt sind, dass sich in Deutschland Arbeitslose für die Selbstständigkeit eignen.

Zunächst ist es schwierig, bei der allgemeinen Arbeitslosenquote eine demgemäße Bestimmung vorzunehmen. Ob Arbeitslosigkeit eine Push- oder auch Pull-Wirkung in Richtung Selbstständigkeit hat, ist nicht eindeutig auszumachen. (Vgl. Bates/Servon 2000, Bögenhold/Staber 1990, Kritikos/Wießner 2004, Meager 1992a sowie Schömann/Kruppe/Oschmiansky, H. 1998) Einerseits könnte in dieser Erwerbsform ein Ausweg aus der Arbeitslosigkeit liegen, andererseits weisen gerade Arbeitslose häufig Merkmale auf, die einer Unternehmensgründung oder der Überlebenswahrscheinlichkeit ihrer Betriebe entgegenstehen. (Siehe dazu auch Kapitel 1.4) Vor allem sind dies mangelnde Qualifikationen, sowohl was Allgemeinbildung als auch grundlegende unternehmerische Fähigkeiten und Branchenkenntnisse angeht, sowie mangelnde finanzielle Ressourcen:

> „The literature stresses that education, technical skills, and relevant work experience are prerequisite for aspiring entrepreneurs, while other studies show small business formation is a means of escaping poverty for those who lack exactly these prerequisites…" (Bates/Servon 2000, 25)

Allerdings stellen Bates und Servon weiter fest, dass Arbeitslose offensichtlich tatsächlich eine höhere Neigung zur Selbstständigkeit haben als unabhängig Erwerbstätige:

> (…) after controlling for education, work experience, personal net worth, income, and other factors, the unemployed indeed were more likely than wage workers to enter into self employment. (Bates/Servon 2000, 31)

Das bedeutet, dass eine vergleichsweise hohe Arbeitslosenquote auch ein vergleichsweise großes Potenzial an zukünftig Selbstständigen mit sich bringt. Aktuell dürfte vor allem in Ostdeutschland die Push-Selbstständigkeit eine große Rolle spielen: „Immerhin gaben 28 vH aller ostdeutschen [Gründer] ein bis zwei Jahre vor dem Übergang in die Selbständigkeit an, dass sie ‚ganz sicher' oder

‚wahrscheinlich' ihren Arbeitsplatz verlieren werden." (Panneberg 1998, 3) Selbstverständlich ist hohe Arbeitslosigkeit dennoch aus sozial-, wirtschafts- und gesellschaftspolitischer Sicht an sich nicht erstrebenswert – doch die Probleme und Schwierigkeiten die damit einhergehen, können schon aufgrund der Fülle an Themen, die sich in diesem Kontext ergeben, hier nicht besprochen werden. (Siehe dazu neben vielen anderen z.B.: Blanchard/Fitoussi 1998, Boone et al. 2000, Brixy et al. 2002, Bundesagentur 2006a, Eicker-Wolf et al. 1998, Jahoda/ Lazarsfeld/Zeisel 1933, Kolberg/Kolstad 1991, Manow/Seils 2000b, Nagel/ Spitznagel 2003, Ormerod 1998, Rothschild 1978)

Welche Gruppen sich besonders für den Schritt in die Selbstständigkeit eigenen bzw. eine hohe Unternehmensüberlebensdauer aufweisen, lässt sich einerseits anhand einer Analyse der aktuell Selbstständigen, aber andererseits auch anhand einer Untersuchung derjenigen Existenzgründer aus der Arbeitslosigkeit heraus ablesen, die diesen Schritt bereits gegangen sind. Da beide Gruppen beinahe identische Charakteristika aufweisen kann im Folgenden auf beide Herangehensweisen zurückgegriffen werden. Dies bezieht sich allerdings nicht auf die Motivation, sich selbstständig zu machen. Üblicherweise werden von Personen, die sich nicht aus der Arbeitslosigkeit heraus selbstständig machen Gründe wie Selbstverwirklichung, Eigenbestimmtheit und Flexibilität angegeben. Bei vormals Arbeitslosen überwiegt aber der Wunsch nach Verbesserung der eigenen ökonomischen Situation. (Bates/Servon 2000, 25) In der Literatur werden vor allem folgende Merkmale genannt:

Existenzgründer

- haben ein hohes Bildungsniveau und Humankapital (Allgemeinbildung, Kenntnisse der Unternehmensführung),
- besitzen Branchenkenntnisse,
- leiden unter Negativ-Faktoren wie z.B. der Notwendigkeit einer Versorgung abhängiger Familienmitglieder, Ortsgebundenheit, etc.,
- sind tendenzielle eher Männer, und
- verfügen über ausreichend Eigenkapital und haben Zugang zu Fremdkapital. (vgl. Bates/Servon 2000, Bögenhold/Staber 1990, Böheim/Taylor 2002, Meager 1992a, OECD 1998, Panneberg 1998, Pfeiffer 1994)

Wie bereits dargestellt ist für die deutsche Arbeitslosigkeit ist das Vorherrschen Niedrigqualifizierter charakteristisch, was einem großen Selbstständigenpotenzial demnach entgegensteht.[125] Hinzu kommt, dass es einen hohen Anteil an Langzeitarbeitslosen gibt, und mit steigender Verweildauer verstärkt Dequalifizierungsprozesse einsetzen. Dies macht sich auch bei den bereits vorhandenen Branchenkenntnissen bemerkbar, die ebenso wie allgemeine Fähigkeiten und Kenntnisse zunehmend verloren gehen. Positiv für das Potenzial an Selbstständigen ist hier aber zu vermerken, dass ein relativ hoher Anteil an Arbeitslosen aus dem Dienstleistungssektor, und hier wiederum aus den für die Selbstständigkeit besonders geeigneten „Sonstigen Dienstleistungen"[126] kommt. Zudem ist die Arbeitslosigkeit in der Gruppe der Über-54-Jährigen besonders hoch. Bei ihnen kann davon ausgegangen werden, dass sie in einem Maß über Branchenkenntnisse verfügen, wie es der Gruppe der Unter-25-Jährigen, die also zur Jugendarbeitslosigkeit gezählt werden, nicht möglich ist.[127] Über die Negativ-Faktoren lässt sich nur wenig sagen, außer, dass die regionale Arbeitslosigkeit sich im Zeitverlauf nur wenig verändert hat, was auf eine hohe Ortsgebundenheit hindeutet. Dies spricht wiederum für ein hohes Potenzial an Selbstständigkeit aus der Arbeitslosigkeit heraus, die es ermöglichen würde, sich seinen eigenen Arbeitsplatz dort zu schaffen, wo man ansässig ist. Die geschlechtspezifischen Arbeitslosenquoten haben sich in den letzten Jahren verschoben und sind jetzt relativ ausgeglichen. Dies kann also weder als positiv noch negativ für das Selbstständigkeits-Potenzial gewertet werden, da Selbstständige zwar häufiger Männer sind, Frauen aber wiederum häufiger in Dienstleistungsberufen Arbeitserfahrung haben.

Zum Schluss bleibt die Frage nach den finanziellen Mitteln der Arbeitslosen. Da sich über die genauen Vermögensverhältnisse Arbeitsloser keine konkreten Angaben machen lassen, wurde dieser Punkt in der vorhergehenden Analyse bewusst ausgeklammert. Es ist aber davon auszugehen, dass in dieser Gruppe finanzielle Restriktionen auf dem Weg in die Selbstständigkeit eine gro-

125 Dies ist natürlich eine sehr statische Sichtweise, die sich anhand der anderen Einflussfaktoren auch wieder relativiert.

126 „Sonstige Dienstleistungen" bezeichnet eine sehr heterogene Gruppe an Wirtschaftszweigen. Zu ihr gehören etwa Entsorgungsunternehmen, beinahe alle künstlerischen Tätigkeiten, Wäschereien und Reinigungen oder Solarien. (Siehe Statistisches Bundesamt 2002)

127 Allerdings ist „Alter" noch nicht an sich eine Qualifikation für den Schritt in die Selbstständigkeit. Der positive Beitrag eines hohen Anteils an Altersarbeitslosigkeit ergibt sich rein aus dem Vergleich mit der Gruppe der Jugendlichen.

Tabelle 10: Armutsrisikoquoten[128] ausgewählter Bevölkerungsgruppen, Deutschland 2003, in %. Quelle: www.sozialpolitik-aktuell.de; eigene Darstellung

	Armutsrisikoquote 2003
Arbeitslose	40,9
Erwerbstätige in Vollzeit[129]	7,1
Bevölkerung insgesamt	13,5

ße Rolle spielen. Arbeitslose verfügen im Durchschnitt über ein nur sehr geringes Niveau an Eigenkapital. Einen ersten Hinweis können Indikatoren zur Armutsgefährdung geben.

Arbeitslose sind von Armut also deutlich häufiger betroffen bzw. haben ein signifkant erhöhtes Risiko, unter die Armutsgrenze zu fallen, als Beschäftigte oder auch der Bevölkerungsdurchschnitt. Noch mehr von Armut betroffen sind nur Einelternhaushalte. Die Armutsgefährdung Arbeitsloser übertrifft die Quote alle anderen Bevölkerungsgruppen bei weitem. Rang zwei und drei werden hierbei von der Gruppe der Migranten (24%) und den 16-24-Jährigen eingenommen, deren Armutsrisiko mit 19,1% nur mehr halb so hoch ist wie das der Arbeitslosen. (www.sozialpolitik-aktuell.de)

Eine ähnlich prekäre Lage findet sich auch bezüglich der Vermögensverteilung (s. Abbildung 49).

Sowohl die Angaben bezüglich der Armutsquoten als auch jene zum Nettovermögen bestätigen die Vermutung, dass Arbeitslose weder über ein hohes Einkommen, noch Vermögenswerte verfügen, und somit wenig an Eigenkapitalbasis für eine Selbstständigkeit mitbringen können.

Hinzu kommt, dass es Arbeitslosen zudem auch schwerer fällt, Zugang zu Finanzmitteln zu erhalten – einerseits, da ihr persönliches Umfeld zumeist in

128 Die Armutsrisikoquote bezieht sich auf alle jene, deren Nettoäquivalenzeinkommen unterhalb der 60-%-Grenze des Median-Einkommens liegt. Sie wird mittlerweile eher als diverse Armutsquoten verwendet, da sie auch Personen erfassen kann, die nicht unter die 40%- oder 50%-Armutsgrenze fallen, aber so nahe daran sind, dass kleinste Veränderungen in ihrer Ausgaben- oder Einnahmenstruktur zu einem sofortigen Abrutschen unter diese Grenzwerte führen würden.

129 Zur Berechnung des Armutsrisikos wurden alle Arbeitnehmer berücksichtigt.

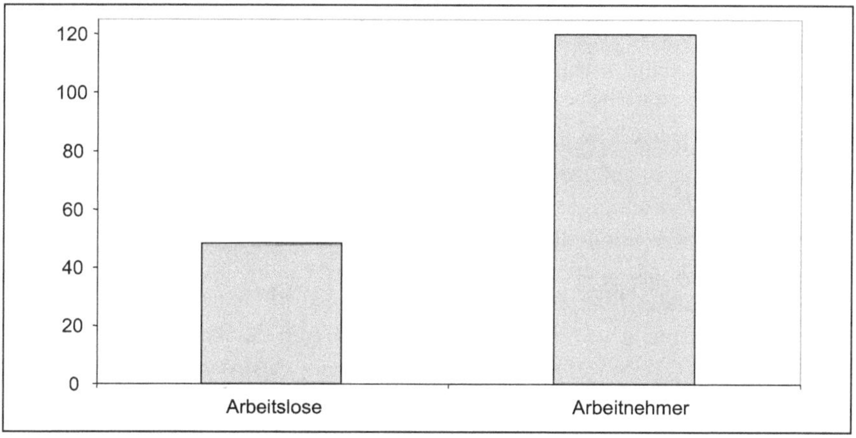

Abbildung 49: Durchschnittliches Nettovermögen[130] ausgewählter Gruppen, Deutschland, 2003, in Tsd. €. Quelle: www.sozialpolitik-aktuell.de; eigene Darstellung

einer ähnlichen Vermögens- und Einkommenssituation ist, und andererseits, da Arbeitslosigkeit als deutliches negatives Signal an mögliche Kreditgeber wirkt. (Siehe z.B. Audretsch 2002, Europäische Kommission 2003b oder auch ILO 1990)

Die Struktur der Arbeitslosigkeit ist in den Ländern mit konservativem Wohlfahrtssystem zum Teil sehr unterschiedlich. Bezogen auf die generelle Arbeitslosenquote ähneln sich die Länder, die dem konservativen Wohlfahrtsregime zugeordnet werden, noch ein wenig. Bezogen auf die Entwicklung der letzten 20 Jahre findet sich sogar eine große Übereinstimmung. Auch wenn die Arbeitslosenquote nicht in allen Ländern gleich hoch ist (Österreich und Luxemburg wäre hier vor allem als positive Ausnahmen zu nennen), so haben doch alle Staaten das Problem, dass sich die vorhandene Arbeitslosigkeit kaum abbauen lässt und sie keinen entsprechenden Beschäftigungsschub schaffen, wie etwa Spanien oder Irland. Die in den letzten 20-30 Jahren in Europa und vor allem in den Ländern mit konservativem Wohlfahrtssystem gestiegene Arbeitslosigkeit hat viele Ursachen. Während die Anzahl der Erwerbstätigen nicht stark gestiegen ist, hat sich die Arbeitsproduktivität maßgeblich verändert:

130 Diese Angaben sind insofern mit Vorsicht zu behandeln, da Vermögensverhältnisse prinzipiell schwer genau zu beziffern sind.

„... entscheidend für die Vollbeschäftigung [der 1960er-Jahre, *Anm. UB*] war aber die sehr viel niedrigere Arbeitsproduktivität. Die im Durchschnitt um fast ein Drittel höhere Zahl von Arbeitsstunden je Erwerbstätigem wurde durch die ... arbeitsintensiveren Produktionsbedingungen wieder ausgeglichen." (Bleses/Stahmer 1997, 111)

Wenngleich sich die Arbeitslosenquoten in Niveau und Struktur also einerseits ähneln, so gibt es andererseits doch auch relevante Abweichungen, die auch das Potenzial an Selbstständigen betreffen.

Sehr unterschiedlich fällt, wie oben dargestellt, die strukturelle Arbeitslosigkeit aus. Da sie aber nicht direkt mit Selbstständigkeit in Verbindung zu bringen ist, ist diese Divergenz hier vernachlässigbar.[131]

Eine markante Abweichung zu anderen Ländern des konservativen Wohlfahrtsregimes ist, dass in Deutschland die Frauenarbeitslosenquote mittlerweile unter jener der Männer liegt, was in Luxemburg, Frankreich und Belgien nicht der Fall ist. Dieses Ergebnis ist zudem auch überraschend, da es traditionell ein Merkmal konservativer Arbeitsmärkte war, niedrige Frauenerwerbsquoten (näheres dazu siehe Kapitel 3.3) und vergleichsweise hohe Frauenarbeitslosigkeit aufzuweisen. (Siehe z.B. OECD 2004b, 295-296) Da der Unterschied zwischen den geschlechtsspezifischen Arbeitslosenquoten in Deutschland aber doch sehr gering ausfällt, und es diesen Trend auch noch nicht sehr lange gibt, muss dies nicht als gravierende Abweichung gewertet werden.

Ein deutlicher Unterschied hingegen macht sich bei den altersspezifischen Quoten bemerkbar. Zwar sind auch hier die Quoten für die beiden betrachteten Altersgruppen für Luxemburg und Österreich[132] wieder besonders niedrig – dies ist aber durch die allgemein niedrigere Arbeitslosigkeit bedingt. Interessant sind folglich die Abweichungen der jeweiligen Quoten von der allgemeinen Arbeitslosenquote (siehe dazu Abbildung 44). Die Altersarbeitslosigkeit ist in allen oben dargestellten 19 Ländern niedriger als der Durchschnitt – mit Ausnahmen von Deutschland und Österreich, wo sie allerdings auch nur geringfügig über dem Wert der allgemeinen Arbeitslosenquoten liegt. Die Jugendarbeitslosigkeit hingegen liegt sowohl in Belgien als auch in Frankreich deutlich über der jeweiligen allgemeinen Quote. Diese Feststellungen sind für das Potenzial an Selbstständi-

131 Trotzdem war es nötig, die strukturelle Arbeitslosigkeit zu behandeln, da sie eines der wichtigsten Charakterisierungsmerkmale von Arbeitslosigkeit darstellt und so einen wichtigen Beitrag zur Frage der Homogenität der Arbeitslosigkeit in den Ländern mit konservativem Wohlfahrtssystem leistet.

132 Gemeint ist die Arbeitslosenquote der Jugendliche und der älteren Arbeitnehmer, nicht deren Anteile an allen Arbeitslosen.

gen wichtig, da vor allem unter den Jugendlichen kaum angehende Existenzgründer zu finden sind. Die Struktur der Arbeitslosigkeit in Frankreich und Belgien erschwert es also, die Arbeitslosigkeit über verstärktes Engagement in diese Richtung abzubauen. Das bedeutet für den hier relevanten Zusammenhang, dass es keine einheitliche alterstypische Struktur der Arbeitslosigkeit in den Ländern mit konservativem Wohlfahrtssystem gibt.

Der internationale Vergleich bezüglich des Qualifikationsniveaus fällt aufgrund der nach wie vor sehr unterschiedlichen (Aus)Bildungssysteme in den einzelnen europäischen Ländern schwer. Eine Gemeinsamkeit kann dennoch hier festgehalten werden: Je niedriger das durchschnittliche Qualifikationsniveau, desto höher die Arbeitslosenquote. Oder: Je niedriger das individuelle Qualifikationsniveau ist, desto höher wird die Wahrscheinlichkeit, arbeitslos zu werden.

3.3 Frauenerwerbsbeteiligung

Häufig werden in Ländern, in denen der öffentliche Sektor stark ausgebaut ist, viele (soziale) Dienstleistungen durch den Staat erbracht, die in anderen Ländern entweder über den Markt angeboten (was sich positiv auf das Selbstständigkeitspotenzial auswirkt) oder unentgeltlich privat geleistet werden (was sich wiederum negativ auswirkt). Hier setzt das nun zu untersuchende Merkmal des Arbeitsmarktes an: Die Frauenerwerbsbeteiligung. Relevant ist dieses Arbeitsmarkt-Charakteristikum, da es vornehmlich Frauen sind, die diese Dienstleistungen, die eben angesprochen wurden, erbringen. (Siehe z.B. Bender/Graßl 2004) Eine niedrige Frauenerwerbsquote deutet also darauf hin, dass diese Dienstleistungen unentgeltlich privat erbracht werden, statt über den Markt. Aus dem Kapitel 3.1 Branchenstruktur ergibt sich, dass aber gerade in diesen Branchen ein großes Potenzial für Selbstständigkeit liegt. Somit wird zu zeigen sein, dass die Frauenerwerbsquote, die in Deutschland anzutreffen ist, einen Effekt auf die Selbstständigenquote hat und zudem typisch für das konservative Wohlfahrtsregime ist.

3.3.1 Frauenerwerbsbeteiligungen in Deutschland

Die Frauenerwerbstätigkeit hat sich in den letzten Jahren sehr positiv entwickelt. (Siehe z.B. OECD 2004b, 295-296) Für den starken Anstieg der Frauenerwerbsbeteiligung Anfang der 1990er-Jahre war mit verantwortlich, dass die Erwerbs-

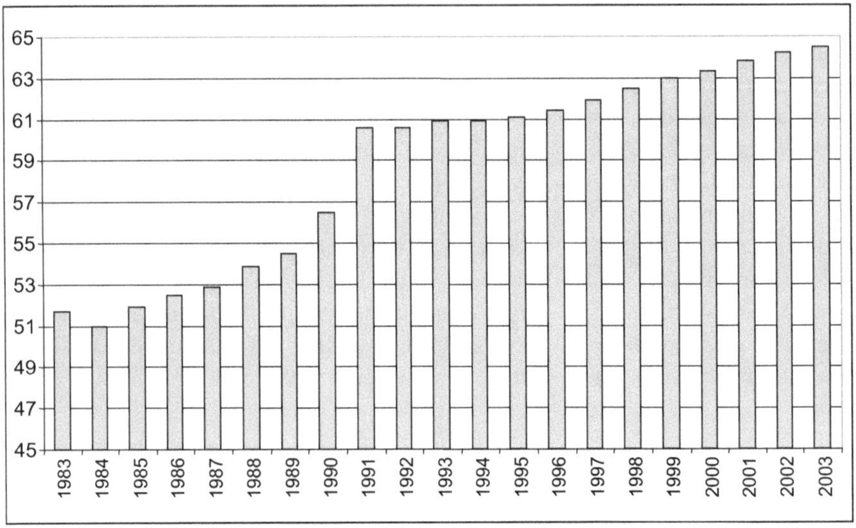

Abbildung 50: Frauen-Erwerbsbeteiligungsquoten, Deutschland, 1983-2003, in %. Quelle: OECD 2004c; eigene Darstellung

quote von Frauen in den Neuen Bundesländern traditionelle höher liegt (s. Abbildung 50).

Mit der Zunahme der Partizipation am Arbeitsmarkt hat sich auch der Abstand zur Erwerbsquote der Männer zunehmend verringert. Da wie bereits angesprochen die Quoten in den neuen und alten Bundesländern deutlich voneinander abweichen lohnt der zeitliche Vergleich getrennt nach Regionen (s. Abbildung 51).

Während die regionalen Erwerbsquoten der Männer relativ eng beieinander liegen, gibt es zwischen den Erwerbsquoten der Frauen in West- und Ostdeutschland deutliche Unterschiede sowohl in Niveau wie auch Entwicklung.

Dass es sich bei den präsentierten Werte trotz der insgesamt steigenden Tendenz um noch immer vergleichsweise niedrige Quoten handelt, ergibt sich erst über den internationalen Vergleich (s. Abbildung 52).

Während die Erwerbsquote der Männer in allen Ländern zwischen 70% und 85% liegt, unterscheiden sich die Frauenerwerbsquoten gravierend. In Italien liegt sie bei unter 50%, während Schweden und Dänemark höhere Werte als

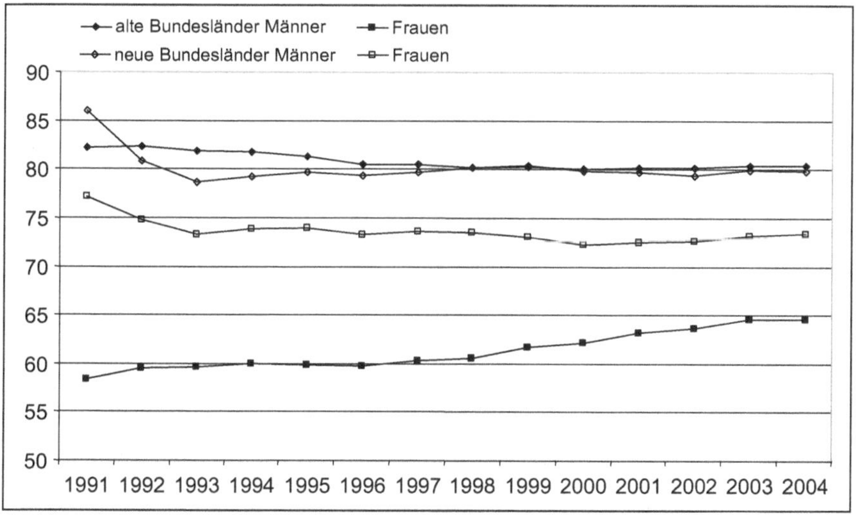

Abbildung 51: Erwerbsquoten nach Geschlecht, alte und neue Bundesländer, 1991-2004, in %. Quelle: www.sozialpolitik-aktuell.de; eig. Darst.

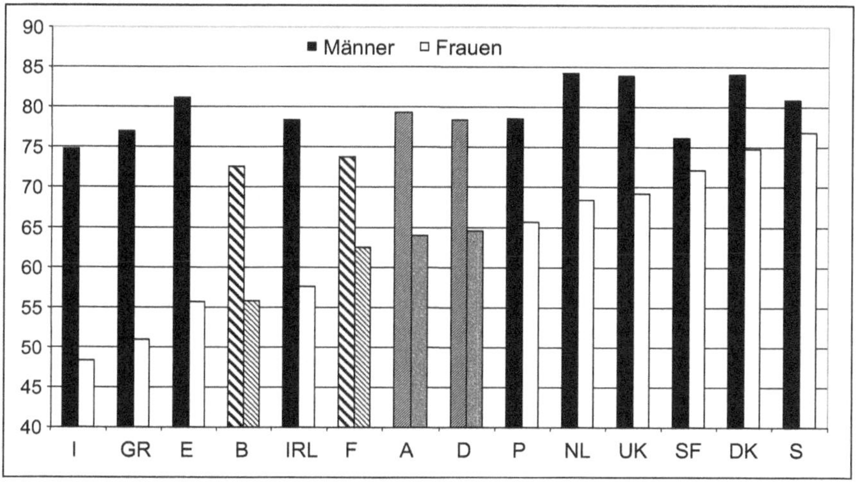

Abbildung 52: Erwerbsbeteiligungsquoten nach Geschlecht, EU-15,[133] 2003, in % (beginnend bei 40%). Quelle: OECD 2004b, 295-296; eig. Darst.

133 Für Luxemburg waren hier keine Vergleichsdaten verfügbar.

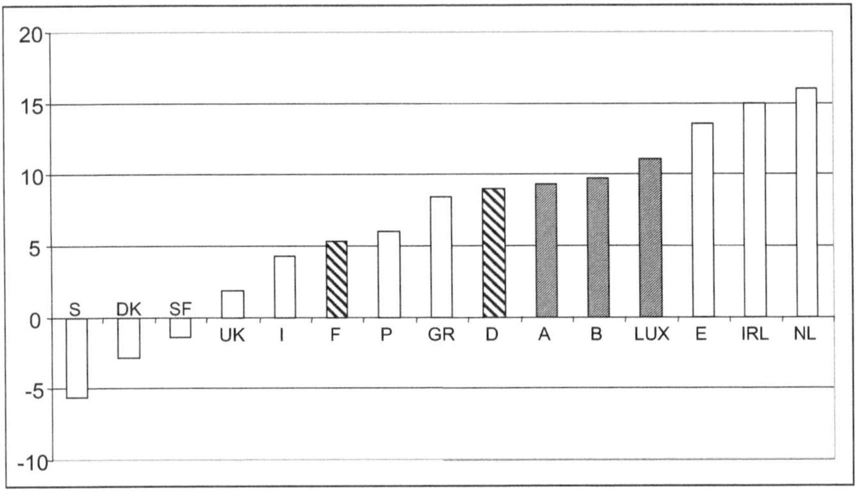

Abbildung 53: Entwicklung der Frauen-Erwerbsbeteiligungsquoten, EU-15, 1990-2003,[134] in Prozentpunkten. Quelle: OECD 2004b, 295-296 sowie www.oecd.org; eigene Berechnungen und Darstellung

manche andere Länder bei der Männererwerbsquote erreichen. Wie Deutschland liegen auch die anderen Länder mit konservativem Wohlfahrtssystem im Mittel- bis unteren Mittelfeld. Interessanterweise nähern sich die Frauenerwerbsquoten im internationalen Vergleich einander an (s. Abbildung 53). Jene Länder, die traditionell sehr hohe Beteiligungsquoten aufweisen, verzeichnen einen Rückgang.

Dies lässt eine Aufholprozesses vermuten, wenngleich auch z.B. gerade Italien noch einen relativ moderaten Anstieg aufzuweisen hat.

Die Frauenerwerbsquote ist vor allem interessant im Zusammenhang mit der Dienstleistungsbranche (näheres dazu siehe Kapitel 3.1 Branchenstruktur). Im Gegensatz zu den anderen Wirtschaftssektoren überwiegt im dritten Sektor sogar der Frauenanteil unter den Beschäftigten (s. Abbildung 54).

Diese Verteilung findet sich auch in den anderen Ländern mit konservativem Wohlfahrtssystem beinahe identisch wieder (s. Abbildung 55).

134 Luxemburg: 1990-2002.

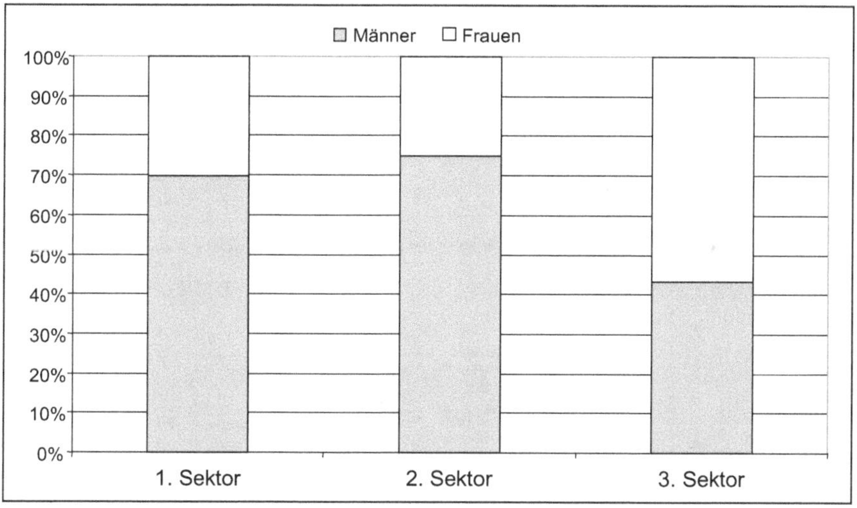

Abbildung 54: Verteilung der Beschäftigten in den Wirtschaftssektoren nach Geschlecht, Deutschland, 2005, in %. Quelle: Statistisches Bundesamt 2006b; eigene Berechnungen und Darstellung

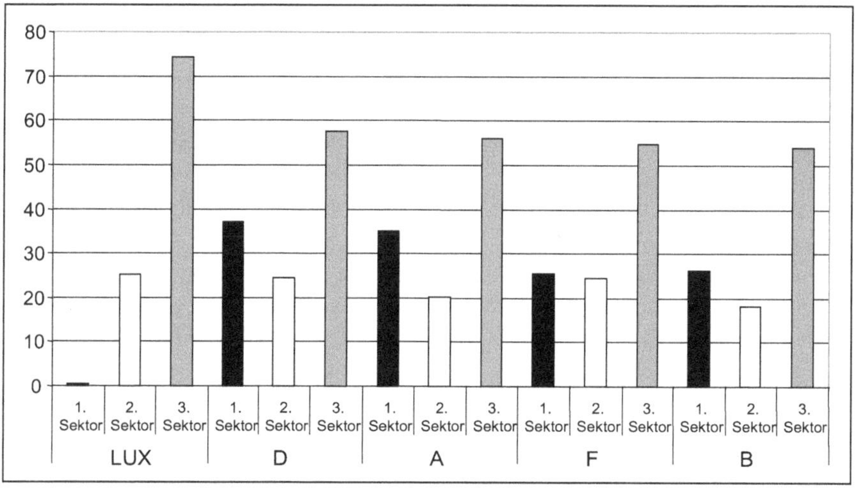

Abbildung 55: Frauenbeteiligungsanteile an den Wirtschaftssektoren, konservatives Wohlfahrtsregime, 1999, in %. Quelle: OECD 2004c; eigene Darstellung

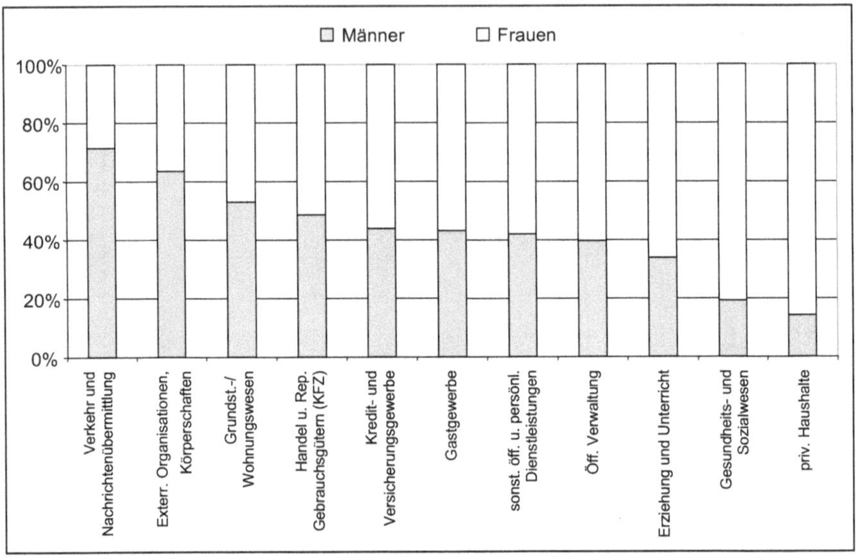

Abbildung 56: Beschäftigungsanteile der Dienstleistungsbranchen nach Geschlecht, Deutschland, 2005, in %. Quelle: Statistisches Bundesamt 2006b; eigene Berechnungen und Darstellung

Aber auch innerhalb des 3. Sektors gibt es noch Unterschiede (siehe auch (Eichhorst/Profit/Thode 2001, 74): In den Branchen Verkehr und Nachrichtenübermittlung sowie in den Körperschaften ist der überwiegende Teil der Beschäftigten männlich. Insbesondere im Gesundheits- und Sozialwesen sowie im Bereich der privaten Haushalte hingegen arbeiten deutlich mehr Frauen (s. Abbildung 56).[135]

Gerade in diesen Bereichen werden große Beschäftigungspotenziale vermutet und auch empirisch kann man sehen, dass andere Länder, die über einen ausgebauten Dienstleistungssektor verfügen wie z.B. die Niederlande, Schweden oder Großbritannien, auch einen hohen Beschäftigungsanteil in diesen Branchen aufweisen (Eichhorst/Profit/Thode 2001, 74).

135 Nach einer anderen Kategorisierung, der sich u.a. auch die OECD bedient, werden diese Branchen zusammen mit den Bereichen Bildungssektor, persönliche Dienstleistungen sowie Dienstleistungen im Sport, der Kultur und der Unterhaltung zur Gruppe der „anderen Dienstleistungen“ zusammengefasst, in denen ebenfalls eine deutliche Dominanz der Frauen vorliegt.(Eichhorst/Profit/Thode 2001, 74)

3.3.2 Frauenerwerbsbeteiligungen und Selbstständigkeit

Die vergleichsweise niedrige Frauenerwerbstätigkeit wirkt sich negativ auf das Selbstständigkeitspotenzial aus. Zunächst ist hier der rein statische Bezug zu nennen, dass, je weniger Frauen dem Arbeitsmarkt als Erwerbspersonen zur Verfügung stehen, umso weniger auch den Weg in die Selbstständigkeit einschlagen können. Zudem ist zu vermerken, dass die Selbstständigenquote von Frauen deutlich geringer ist al die der Männer,[136] was neben anderen Faktoren auch stark damit zusammen hängen dürfte, dass es „... different socialization patterns of men and women" (Heien 2000, 12) gibt (s. Abbildung 57).

Auch in den anderen Ländern des konservativen Wohlfahrtsregimes kann man eine vergleichsweise niedrige Selbstständigenquote der Frauen, also einen vergleichsweise negativen Ist-Zustand, finden.

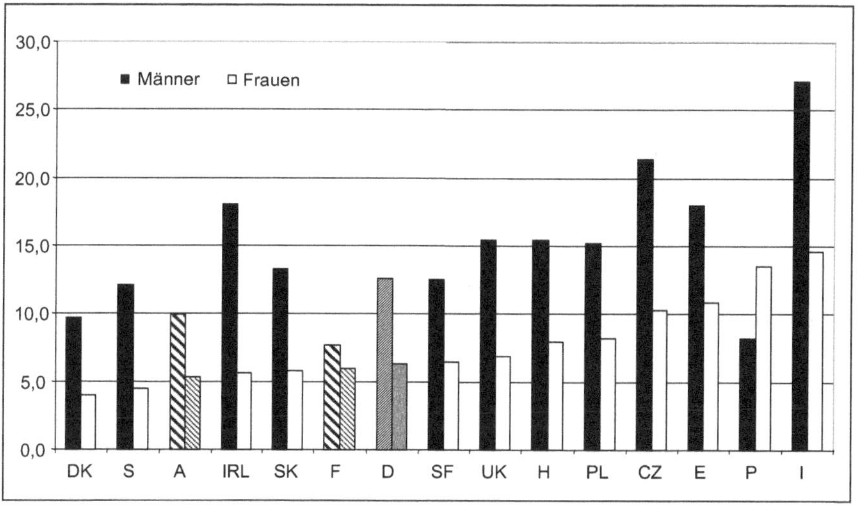

Abbildung 57: Selbstständigenquoten nach Geschlecht, ausgewählte Länder,[137] 2003, in %. Quelle: OECD 2004c; eigene Berechnung und Darstellung

---

136 2003 lag sie 6,3 Prozentpunkte unter der bereits nur als mittelmäßig einzustufenden Selbstständigenquote der Männer (OECD 2004c).

137 Für Luxemburg und Belgien sind keine diesbezüglichen Daten verfügbar.

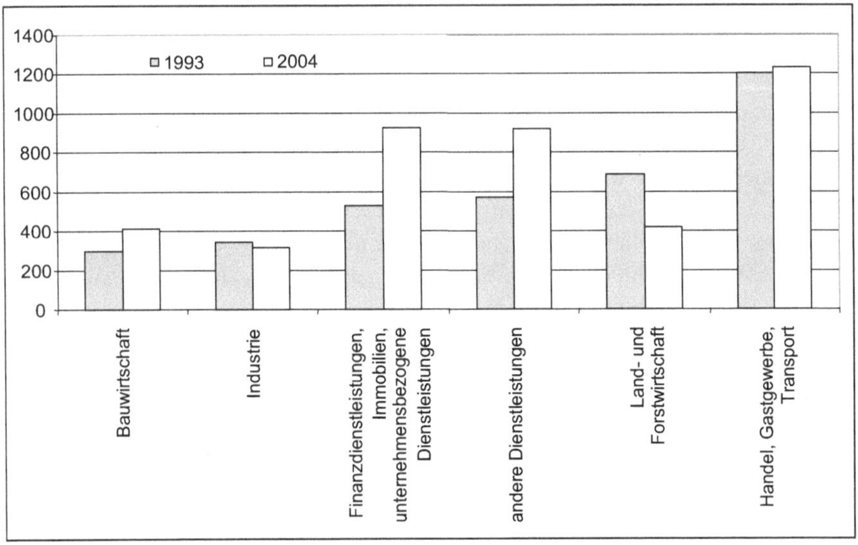

Abbildung 58: Selbstständige nach Branche, Deutschland, 1993 und 2004, in 1000. Quelle: OECD 2006b; eigene Darstellung

Zudem funktioniert der Zusammenhang vor allem über die Verteilung der Beschäftigten nach Geschlecht im Dienstleistungssektor. Wie oben dargelegt, ist eine hohe Frauenerwerbsquote positiv für das Ausmaß an Selbstständigkeit, da Frauen häufig in Branchen arbeiten, die in manchen Ländern über den Markt, in anderen durch den Staat und in wiederum anderen unentgeltlich privat bereitgestellt werden. Dabei handelt es sich vor allem um die „Anderen Dienstleistungen“[138]. (Ortmann 1995, 27-42) Je weniger Frauen also am Erwerbsleben teilnehmen, desto geringer ist auch das Potenzial für Selbstständigkeit in diesem Bereich – wer überhaupt nicht am Erwerbsleben teilnimmt, kann weder angestellt noch selbstständig sein (s. Abbildung 58). Da gerade jene Branchen, die ein hohes Selbstständigkeitspotenzial bieten, stark von Frauen dominiert sind, gleichzeitig aber ihre Erwerbsquote vergleichsweise (und für das konservative

138 In der Grafik weiter oben sind dies die Branchen „Sonstige öffentliche und persönliche Dienstleistungen“ sowie „Private Haushalte“. Aufgrund einer leicht abweichenden Erfassungssystematik zwischen der Bundesanstalt für Statistik, auf deren Daten hier zurückgegriffen wurde, und der OECD, auf die sich der Benchmarking-Bericht beruft, kommt es zu dieser unterschiedlichen Bezeichnung.

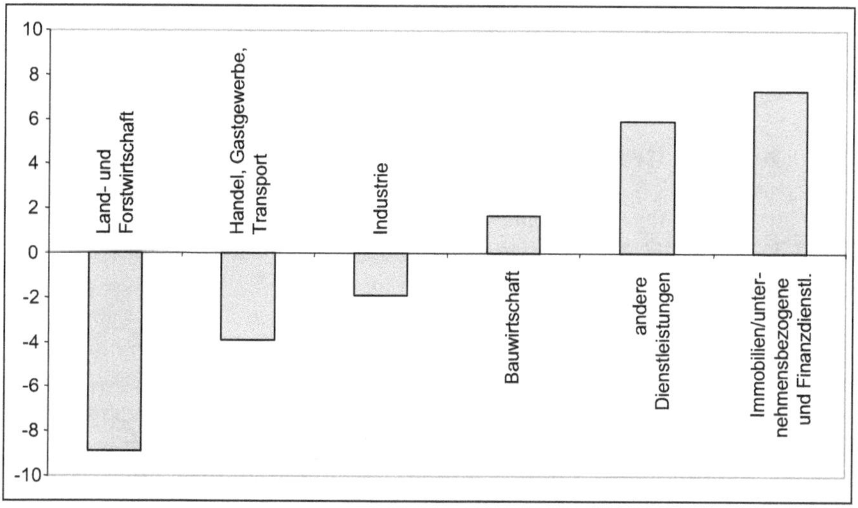

Abbildung 59: Veränderungen der Verteilung Selbstständiger auf Branchen, Deutschland, 1993-2004, in Prozentpunkten. Quelle: OECD 2006b; eigene Berechnung und Darstellung

Wohlfahrtsregime typischerweise) niedrig ist, befindet sich hier eine wichtige Barriere entgegen mehr Selbstständigkeit.

Während die absolute Anzahl der Selbstständigen im Bereich der Land- und Forstwirtschaft noch immer im Mittelfeld liegt und die Branchen Handel, Gastgewerbe, Transport weiterhin auf hohem Niveau liegen, kann man ein deutliches Wachstum vor allem in den Branchen Andere Dienstleistungen und Finanzdienstleistungen/Immobilien/unternehmensbezogene Dienstleistungen feststellen (s. Abbildung 59).

Das (vergleichsweise geringe) Ausmaß der Frauenerwerbsbeteiligung ist, wie gezeigt werden konnte, ebenso auch in den anderen konservativen Staaten anzutreffen, charakterisiert deren Arbeitsmärkte sogar regelrecht. (Siehe Dingeldey/Gottschall 2001 oder Esping-Andersen 1996b, 67 und 76) Das ist für die Höhe an Dienstleistungsbeschäftigung (und damit für das Selbstständigkeits-Potenzial) von erheblicher Rolle, da wie oben besprochen damit ein großer Bereich an Dienstleistungstätigkeiten, und zwar gerade in einem Bereich, der hohes Selbstständigkeitspotenzial hat, nicht über Erwerbstätigkeit sondern unbezahlte Leistung erbracht wird, und somit eine wichtige Hürde auf dem Weg zu mehr

Selbstständigkeit darstellt. Auch hier wird also das Selbstständigkeits-Potenzial strukturell gehemmt.

3.4 Kultur der Selbstständigkeit

Dass die „Kultur der Selbstständigkeit“ einen wichtigen Beitrag zur Erklärung der Unterschiede in den Selbstständigenquoten verschiedener Länder hat bzw. einen wichtigen Beitrag zur Erklärung der Entwicklung der Selbstständigenquote haben kann, ist mittlerweile unbestritten: „Culture is increasingly acknowledged as a factor which can contribute to building an entrepreneurial society as it is an important determinant of career preferences and helps shape attitudes to risk-taking and reward.“ (OECD 2004a, 10-11) Die „Kultur der Selbstständigkeit“ zu fördern gehört somit zu den wichtigsten Eckpfeilern jener Maßnahmen, die die EU und die OECD zur Stärkung der Selbstständigenquote in den Mitgliedsländern empfehlen (Europäische Kommission 2003b, Europäische Kommission 2003e, OECD 2004a).

Schwieriger ist es schon zu erklären, worin diese „Kultur“ besteht und wie sie sich entwickelt. Ist es bei einigen anderen Einflussfaktoren wichtiger zunächst aufzuzeigen, dass überhaupt ein Zusammenhang zwischen ihnen und Selbstständigkeit besteht bzw. worin dieser besteht, ist es hier nötig, die Wurzeln dieses Faktors selbst zu ergründen und Wege zu finden, den schwammigen Begriff der „Kultur“ sinnvoll zu füllen. Viele Elemente zur Erklärung der Selbstständigenkultur eines Landes leiten sich aus den soziologischen und psychologischen Theorien zum Selbstständigkeitsverhalten ab. „Es gibt zahlreiche, vorwiegend induktive und empirisch orientierte psychologische Untersuchungen zum Arbeitsangebotsverhalten und der Wahl der beruflichen Stellung, in denen die Rolle von Persönlichkeitsmerkmalen für mikroökonomisches Verhalten und makroökonomische Entwicklungen hervorgehoben wird, ...“ (Pfeiffer 1994, 64, mit Verweis auf Wärneryd 1988) Unter Kultur der Selbstständigkeit soll hier die Einstellung und Bereitschaft zur Selbstständigkeit in der Bevölkerung verstanden werden. Herauszufinden ist sie am besten über Befragungen, die auf den Wunsch, sich selbstständig zu machen und Gründe, warum dies bisher nicht erfolgt, eingehen. So kann man die prinzipielle Einstellung der Bevölkerung zu diesen Themen erfahren und eine gute Annäherung an das Maß des Vorhandenseins einer „Kultur“ der Selbstständigkeit bekommen.

Für eine unterschiedliche "Kultur der Selbstständigkeit", oder besser: "Kultur zur Selbstständigkeit" in den verschiedenen Wohlfahrtsregimen spricht sich Heien aus: "...different institutional characteristics and distributive outcomes of welfare states across Europe will be reflected in people's attitudes..." (Heien 2000, 2) Auch Henrekson betont die Rolle, die das Wohlfahrtsarrangement hier spielt: "... a vibrant entrepreneurial culture and the set of institutions that underpin such a culture are very remotely related to the welfare state culture and its institutions ..." (Henrekson 2005, 27) Empirisch lässt sich auch zeigen, dass es in den verschiedenen Ländern teils sehr große Unterschiede in der Einstellung zu Selbstständigkeit und Unternehmensgründung gibt, und Einstellungen generell relativ dauerhaft sind: „... regime-specific attitudes are assumed to be relatively stable..." (Heien 2000, 5)

Im Folgenden wird zunächst die Kultur der Selbstständigkeit in Deutschland, wie auch in den anderen Kapiteln des Hauptteils, stellvertretend für die fünf Länder des konservativen Regimes, besprochen und danach deren Auswirkung auf die Selbstständigkeit.

3.4.1 Kultur der Selbstständigkeit in Deutschland

Eine erste Annäherung an die Kultur der Selbstständigkeit ist die aktuelle Selbstständigenquote und deren Entwicklung. (Siehe auch Kapitel 1.3) Mit 11,2% im Jahr 2004 (Statistisches Bundesamt 2006b) hat Deutschland nicht einmal einen Platz im Mittelfeld des internationalen Vergleichs, trotz ihres Anstiegs um über 1,5 Prozentpunkte seit 1991. Doch die aktuelle Quote allein gibt noch keine vollständige Auskunft. Vielmehr muss man hier auf subjektive Kriterien zurückgreifen.

Der Einsatz solcher subjektiver Fakten ist nicht unumstritten und auch nicht ganz unproblematisch. Viele Unsicherheiten gehen mit diesen Werten einher, die einerseits durch die Erhebungsmethode, andererseits aber auch durch den interessierenden Gegenstand an sich auftreten. Als Erhebungsmethode werden meistens Befragungen gewählt. Der Einsatz solcher Methoden ist umstritten, da die Antworten in solchen Befragungen fehlerhaft sein können in dem Sinn, dass sie irrelevant, instabil, nicht vergleichbar, kontextuell unverständlich oder schlicht falsch sein können und nicht zuletzt u.U. die subjektive Einschätzung auch in keinem Verhältnis zur objektiven Realität stehen muss. (Siehe Veenhoven 2001, 5-7) Andererseits gibt es aber viele Bereiche in den Sozialwissenschaften, in denen die objektive Datenlage nicht ausreichend ist oder in denen man auf Einschätzungen zurück greifen muss, um die gesamte Komplexität eines Sachverhalts zu erfassen. Will man etwa eine Aussage über das Wohlbefinden der Bevölkerung treffen, reicht es nicht aus, sich nur auf rein objektive Kriterien zu stützen. Ähnlich verhält es sich hier, will man die „Kultur der Selbstständigkeit“ erfassen. Und so kommt auch Veenhoven zum Schluss, dass, auch wenn die Kritik an den subjektiven Indikatoren in Teilen ihre Berechtigung hat, sie dennoch in vielen Bereichen in unerlässlichen Beitrag leisten: „In spite of these weaknesses, subjective indicators are indispensible in social policy, both for selecting policy goals and for assessing policy success.“ (Veenhoven 2001, 9) Wichtig ist also, beim Einsatz von Befragungen zur Identifizierung von Einstellungen, Einschätzungen oder anderen subjektiven Faktoren, die Schwächen der Ergebnisse im Auge zu behalten.

Befragungen des Eurobarometers haben ergeben, dass das Verhältnis der Deutschen zur Erwerbsform Selbstständigkeit nicht vollkommen negativ, aber auch nicht durchwegs positiv ist. Danach befragt, welchen Erwerbsstatus man präferiert, gaben nur 39% der Befragten an, dass sie Selbstständigkeit gegenüber abhängiger Erwerbstätigkeit bevorzugen würden (European Commission 2004b, 5). Dieser Wert hat sich zudem gegenüber einer Befragung aus dem Jahr 2000 um 9 Prozentpunkte verringert, was für sich genommen bereits eine deutliche Aussagekraft hat. Um zusätzlich zu untermauern, dass 39% kein sehr hoher Prozentsatz sind, ist aber wieder der internationale Vergleich nötig (s. Abb. 60).

In Deutschland ist der Wunsch zur Aufnahme einer selbstständigen Tätigkeit also bestenfalls mittelmäßig ausgeprägt. Auch im Jahr 2000, obwohl damals noch 48% die Selbstständigkeit präferierten, nahm Deutschland in der Rangfolge nur Platz 8 ein.[139]

Befragt nach ihrer Präferenz bezüglich des Erwerbsstatus, ergibt sich folgendes Bild in der europäischen Bevölkerung:

> „... two major groups of countries emerge, those in favour of the employee status and those in favour of the self-employed status. ... In Finland 70% ..., Belgium 61% ..., Austria 60% ..., Denmark 59% ..., Sweden 59% ... and France 54%... [of] respondents confirmed their preference for being an employee. On the other hand ... a majority of the general public seem to be in favour of the self-employed status: in Portugal 67% ..., Ireland 57% ..., Spain 57% ... and Italy 57%. “ (European Commission 2004a, 8)

139 2004 sogar nur mehr Platz 9.

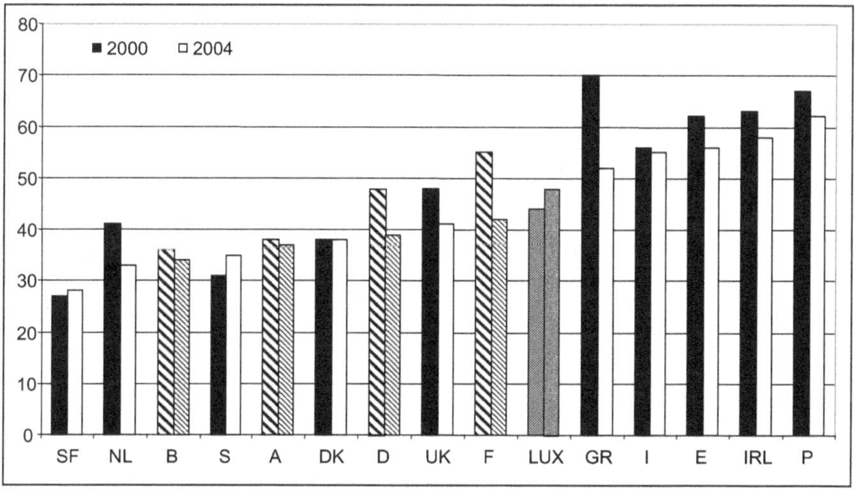

Abbildung 60: Präferenz[140] für die Erwerbsform Selbstständigkeit, EU-15, 2000 und 2004, in %. Quelle: European Commission 2004b; eigene Darstellung

In der erstgenannten Gruppe befinden sich mit Belgien, Österreich und Frankreich gleich drei konservative Staaten. Deutschland wird im Text nicht gesondert erwähnt, gehört aber ebenfalls in diese Gruppe mit einer Präferenz von 53% für das Arbeitnehmerverhältnis. Es überrascht auch nicht, dass dieser Gruppe auch die skandinavischen Wohlfahrtssysteme angehören,[141] während die andere Gruppe aus südeuropäischen und liberalen Ländern besteht.[142] Zudem weisen alle Länder mit konservativem Wohlfahrtssystem Zustimmungsraten von unter 50% auf. Dazu passt auch die Beobachtung, dass gerade einmal ein Drittel der Deutschen jemals mit dem Gedanken gespielt hat, ein Unternehmen zu gründen (European Commission 2004a, 19).

140 Den Befragten wurde die Frage vorgelegt, ob sie lieber in einem abhängigen Beschäftigungsverhältnis oder selbstständig tätig wären.

141 Vergleiche dazu die Clusteranalyse in Kapitel 2.3.2.

142 Dazu passt auch das Ergebnis der Clusteranalyse (siehe Abbildung 8), nach der die Länder mit konservativem Wohlfahrtssystem sowie die skandinavischen Länder bereits nach der ersten Runde ein Cluster bilden.

Interessant sind aber auch die Gründe, warum die abhängige Erwerbstätigkeit bevorzugt wird.[143] 47%[144] der Deutschen sprachen sich dafür aus, dass diese Erwerbsform vergleichsweise „risikoärmer“ ist, damit rangiert diese Begründung an erster Stelle. Der Vergleich mit anderen Ländern fällt hier besonders schwer, da von der Möglichkeit, mehrere Antworten als Begründung anzugeben, in den einzelnen Ländern unterschiedlich Gebrauch gemacht wurde.[145] Es fällt aber auf, dass neben Deutschland nur in Frankreich dieser Grund am häufigsten genannt wird, während in den meisten anderen Ländern am häufigsten genannt wird, dass ein regelmäßiges Einkommen sowie ein stabiles Erwerbsverhältnis und -umfeld die Hauptgründe für die Präferenz der abhängigen Erwerbsarbeit sind. Nur in Belgien und Schweden rangiert noch ein anderer Grund an erster Stelle: Der Mangel an sozialer Absicherung der Erwerbsform Selbstständigkeit bzw. die hohe zeitliche Belastung. Bewertet man die beiden Antwortmöglichkeiten, die sich direkt auf das Sicherheitsbedürfnis der Befragten beziehen, also die Antwort „abhängige Beschäftigung ist eine risikoärmere Erwerbsform“ und „Selbstständigkeit bietet nicht genügend soziale Absicherung“ zusammen, kann man ausmachen, wie stark Sicherungsbedürfnisse einem Schritt in die Selbstständigkeit in den einzelnen Ländern entgegenstehen. Hierfür wurde der Stellenwert[146], der

143 Alle folgenden Angaben beziehen sich auf European Commission 2004b.

144 Diese Frage wurde nur jenen vorgelegt, die auf die Frage nach ihrer präferierten Erwerbsform die abhängige Erwerbsarbeit angaben.

145 Besonders auffällig ist das bei der Tschechischen Republik: Zählt man alle Prozentzahlen aller Nennungen zusammen ergibt dies einen Wert von 462. Die Slowakei, mit den zweitmeisten Nennungen hat bereits „nur“ mehr einen Wert von 224, die niedrigste Punktzahl erreicht Schweden mit 106. Deshalb ist nicht direkt vergleichbar, dass es in einem Land für eine bestimmte Antwortmöglichkeit etwa 20% Zustimmung gibt, dies aber die Spitzenposition unter allen Möglichkeiten ist, während in einem anderen Land vielleicht 30% diese Antwort als Begründung gewählt haben, die Spitzenposition aber eine Antwortmöglichkeit mit 45%-iger Zustimmung einnimmt. Es wäre hier falsch daraus den Schluss zu ziehen, diese Antwortmöglichkeit würde in dem Land mit der 30%-igen Zustimmung einen höheren Stellenwert einnehmen. Vielmehr muss innerhalb der einzelnen Länder bewertet werden, welchen Stellenwert die jeweiligen Antwortmöglichkeiten innehaben.

146 Da nach dem Stellenwert der verschiedenen Antworten gefragt wurde, liegt der Auswertung eine Schulnotenskala zugrunde – der Wert 1 ist also der höchstmögliche, der Wert 5 der niedrigste. Deswegen bedeuten *niedrigere* Werte in der folgenden Abbildung ein *höheres* Sicherheitsbedürfnis, die Angaben sind wie Durchschnittsnoten zu interpretieren.

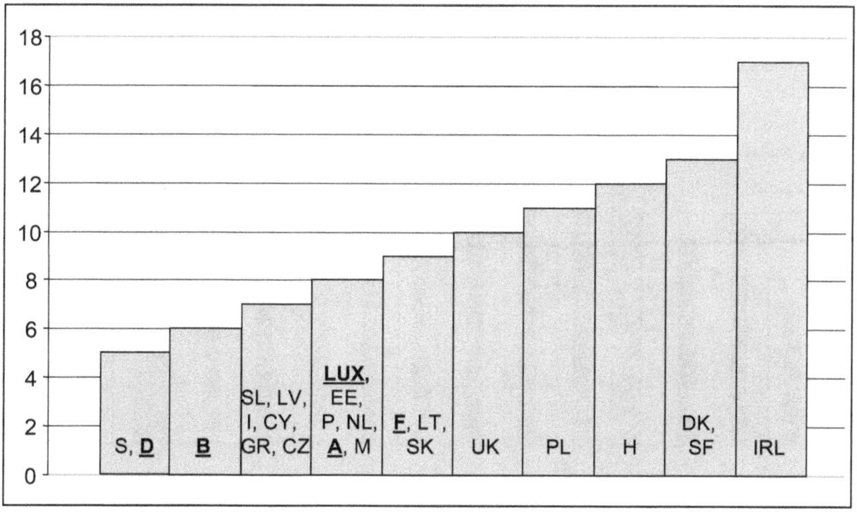

Abbildung 61: Sicherheitsbedürfnisse als Hemmnis entgegen der Erwerbsform Selbstständigkeit, EU-25, 2004[147]. Quelle: European Commission 2004b, 10; eigene Berechnungen und Darstellung

den beiden Antwortmöglichkeiten auf die Frage, warum man eine abhängige Erwerbstätigkeit vorzieht, die sich hierauf beziehen, zusammengefasst (s. Abbildung 61).

Aus dieser Darstellung lässt sich ablesen, dass in Deutschland, bezogen auf die Selbstständigkeit, die mit Schweden gemeinsam größte Risikoaversion vorliegt. Stehen bei anderen Ländern Faktoren wie Zeit-, Geld- oder auch Know-how-Mangel im Vordergrund, nehmen Befürchtungen vor dem Verlust an sozialer Absicherung, aber auch finanziellen Einbußen eine vorrangige Stellung ein. „... the most fearful of the risk of losing one's property, are in Germany (57%) ...“ (European Commission 2004a, 74)

147 Die Abbildung ist so zu verstehen: Ein Wert von 5, wie etwa für Schweden und Deutschland, bedeutet, dass die Rangplätze der beiden Antwortmöglichkeiten zusammengenommen einen Wert von 5 ergeben (also 1 plus 4, oder 2 plus 3). Je niedriger also der Gesamtwert, je weiter links der Rangplatz in der Abbildung also ist, desto höher ist der Stellenwert, der dem „Sicherheitsbedürfnis“ zukommt.

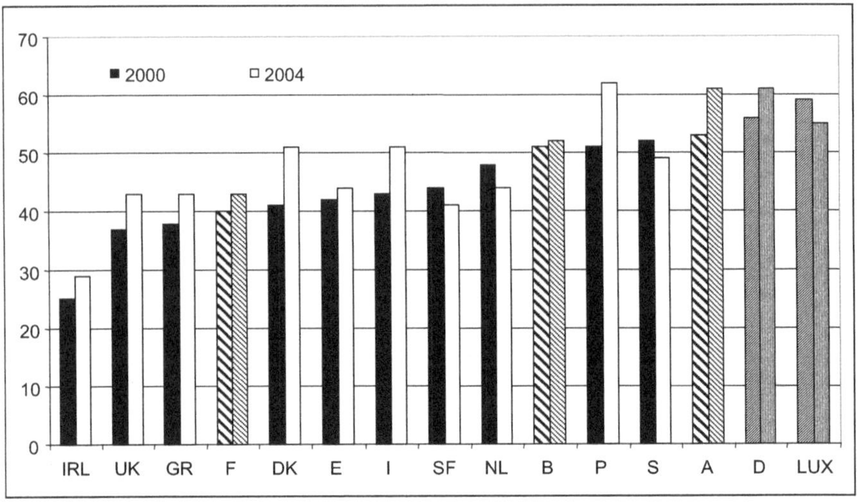

Abbildung 62: Zustimmung zur Aussage: „Wenn das Risiko des Scheiterns besteht, sollte man kein Unternehmen gründen"; EU-15, 2000 und 2004, in %. Quelle: European Commission 2004b, 10; eigene Darstellung

Die erwartete Risikoaversion macht sich auch bemerkbar, wenn es um die prinzipielle Einstellung zum Wechsel in die Selbstständigkeit geht, im Gegensatz zur für einen selbst präferierten Erwerbsform. So sind die Befragten der Ansicht, dass man erst gar kein Unternehmen gründen sollte, wenn die Chance des Scheiterns besteht (s. Abbildung 62).[148]

In Deutschland gibt es eine sehr hohe und in den letzten Jahren auch noch gewachsene Zustimmung zu dieser Aussage. Insgesamt wird ein Ungleichverhältnis zwischen den Chancen und Risiken der Selbstständigkeit wahrgenommen. (Europäische Kommission 2003b, 6).

Einstellungsfragen unterscheiden sich nicht nur zwischen Ländern, sondern auch unter verschiedenen sozio-demografischen Gruppen: „... attitude differences between welfare states can also result from variations at the individual level." (Heien 2000, 3) Und mehr noch: "... preference for a specific status is probably not solely dependent on respondents' attitudes: the social and legal background in which people live and grew up in cannot be ignored." (European Commission

148 52% der Befragten in Deutschland gaben diese Antwort.

2004a, 9) Je nachdem, wie stark die der Selbstständigkeit gegenüber positiv eingestellten Gruppen in der Gesellschaft (bzw. am Arbeitsmarkt) vertreten sind, umso deutlicher solte auch der Anteil an Selbstständigen eines Landes ausfallen und umso deutlicher wird eine positive Einstellung dieser Erwerbsform gegenüber in der Gesamtgesellschaft sein – nicht nur rein statistisch gesehen, weil also die positiv eingestellten Gruppierungen einen größeren Anteil ausmachen, sondern auch weil größere Gruppen die öffentliche Meinung stärker beeinflussen können (Heien 2000, 2-3; Howlett 2000).

Männer stehen der Selbstständigkeit positiver gegenüber als Frauen, jüngere Personen (unter 25 Jahre) können dieser Erwerbsform mehr abgewinnen als ältere, Personen mit zumindest einem selbstständigen Elternteil ebenso (European Commission 2004a, 9). Hierzu passt auch die Bemerkung, dass „[i]n einer Erwerbsbevölkerung mit einem ausgeprägten Erbschaftsmotiv ... schon in der zweiten Generation Kapitalmarktrestriktionen weniger relevant bzw. irrelevant werden.“ (Pfeiffer 1994, 62) Dies ist auch auf Werte und Einstellungen übertragbar, denn Tradition und Weltanschauung können selbständiges ökonomisches Verhalten in den betreffenden gesellschaftlichen Gruppen fördern oder hemmen (Pfeiffer 1994, 66), da es einen gewissen „Selbstverstärkungseffekt“ gibt. In Deutschland ist die Erwerbsbevölkerung tendenziell männlich geprägt: Nur ca. 44%[149] aller Erwerbspersonen sind Frauen (Statistisches Bundesamt 2006b; siehe dazu auch Kapitel 3.3.1). Das würde dafür sprechen, dass die Erwerbsform Selbstständigkeit in Deutschland positiv aufgenommen werden müsste. Allerdings ist der Überhang an männlichen Erwerbspersonen nicht besonders stark ausgeprägt. Zudem spricht dagegen, dass die anderen beiden Bestimmungsfaktoren nicht so stark in Deutschland ausgeprägt sind. Die Erwerbsbeteiligungsquote der Unter-25-Jährigen liegt bei 47,4 % – verglichen mit der Quote der 25-54-Jährigen von 86% ein relativ geringer Wert. Der „Selbstverstärkungseffekt“, ausgelöst durch selbstständige Eltern, der auch durch die Befragung des Eurobarometers bestätigt wird,[150] kann nur beschränkt wirken, da die Selbstständigenquote im internationalen Vergleich immer noch moderat ausfällt. (Siehe dazu Kapitel 1.3)

149 Quote für das Jahr 2004.

150 Personen, deren Eltern selbstständig sind/waren präferieren den Erwerbsstatus der Selbstständigkeit, während Personen ohne selbstständige Eltern die abhängige Beschäftigung vorziehen (European Commission 2004b, 8).

3.4.2 „Kultur" und die Erwerbsform Selbstständigkeit

Wie wirken sich also diese Feststellungen auf das Niveau und die Entwicklung der Selbstständigkeit aus? Zunächst ist festzuhalten, dass wie erwähnt die Höhe der Selbstständigenquote bereits ein erstes Indiz für eine nur mangelhaft ausgeprägte Kultur der Selbstständigkeit ist. Auch, dass sich die Quote zwar in den letzten Jahren erhöht, sich aber kein rasanter Aufschwung eingestellt hat, deutet darauf hin. Kaum verwunderlich erscheint diese schleppende Entwicklung, bedenkt man den oben erwähnten Selbstverstärkungseffekt. Dieser Punkt ist für alle relevanten Länder gleich. Ebenso konnte festgestellt werden, dass die Präferenz für die Erwerbsform Selbstständigkeit in den interessierenden Ländern ohnehin nicht besonders ausgeprägt ist, und zudem, mit Ausnahme von Luxemburg, auch noch in den letzten Jahren abgenommen hat – teilweise sogar sehr stark, wie etwa im deutschen Fall.

Der Zusammenhang zwischen Einstellung zur Selbstständigkeit, also der „Kultur" und Selbstständigenquote ist wenig erklärungsbedürftig: Eine positive Einstellung in der Mehrheit der Bevölkerung bedeutet auch eine höhere Selbstständigkeit. Ein größerer Wunsch nach dem Schritt in die Selbstständigkeit in der Bevölkerung wird tendenziell von einer höheren Selbstständigenquote begleitet sein, als in einem Land, in dem die präferierte Erwerbsform die abhängige Erwerbstätigkeit ist.

Obwohl es auch wichtig ist, die individuelle Mikro-Ebene bei der Frage, warum man sich selbstständig macht, in die Betrachtung mit einzubeziehen, scheint doch der größere Zusammenhang, in dem der Einzelne steht, prägender zu sein: „The weigth of exposure to different institutional regimes creates diverging world-views even between people in similar structural locations." (Heien 2000, 13, in Anlehnung an Svallfors 1997)

Unter Umständen ist die Kultur der Selbstständigkeit, oder eben auch die mangelnde „Kultur zur Selbstständigkeit" gerade einer der wichtigsten Schlüsselfaktoren, warum es trotz hoher Anstrengungen so schwierig erscheint, die Selbstständigenquote im konservativen Wohlfahrtsregime zu erhöhen, da eine Änderung sozialer Normen und Werte zwar möglich scheint, aber nur schwer und langwierig zu erreichen sein dürfte, und unter Inkaufnahme einer längeren Anlaufzeit. (Bonoli 2000, 447)

> „Political economy traditions can be defined as an aggregate of institutions, practices and discourses which embody given values and norms on what are the appropriate roles of the state and other economic actors in regulating an economic system

> ... are the result of multiple ideological influences and power struggles; they are changeable but also seem to be very resistant to change. They include a strong ‚moral economy' component ..." (Bonoli 2000, 444)

Bezogen auf den Zusammenhang zwischen dem konservativen Wohlfahrtsregime, repräsentiert durch die BRD, und der Selbstständigen-Kultur kann festgehalten werden, dass „...self-employment activities also fit into the political appraisal of 'new' values such as personal responsibility, individual initiative and creativity. These are values which some people consider to be underdeveloped in Germany..." (Kreide 2003, 205) Werte wie Selbstbestimmtheit und Flexibilität haben einen weniger hohen Stellenwert als in anderen Ländern. So wird es schwer, hier einen positiven Beitrag für die Entwicklung der Selbstständigkeit zu schaffen.

> „Political economy traditions can be defined as an aggregate of institutions, practices and discourses which embody given values and norms on what are the appropriate roles of the state and other economic actors in regulating an economic system ... are the result of multiple ideological influences and power struggles; they are changeable but also seem to be very resistant to change. They include a strong 'moral economy' component ..." (Bonoli 2000, 444)

3.4.2.1 Exkurs: Selbstständigkeit und Bildungswesen in Deutschland

Zweifelsohne spielt die (Aus)Bildung der Bevölkerung eine große Rolle für die Frage der Kultur der Selbstständigkeit. Zum einen, da die über das Bildungssystem vermittelte Qualifikationen darüber (mit) entscheiden, ob es überhaupt einen signifikanten Bevölkerungsanteil gibt, der die rein beruflichen Fähigkeiten und Kenntnisse in jenen Branchen besitzt, die sich für die Selbstständigkeit eignen. Dominieren in einer Gesellschaft Qualifikationen im industriellen Bereich und/oder in Branchen, in denen es aus anderen Gründen schwer fällt, sich selbstständig zu machen, kann auch die Selbstständigenquote nicht stark ausgeprägt sein. Und zum anderen, da über das Bildungssystem auch immer gewisse Werte und Einstellungen vermittelt oder zumindest verstärkt werden, so auch jene oben angesprochenen Werte, die den Schritt in die Selbstständigkeit fördern wenn nicht sogar dafür unabdingbar sind.

Wie ebenfalls oben angesprochen, sind eben jene in den Ländern mit konservativem Wohlfahrtssystem tendenziell nicht besonders stark ausgeprägt – ihre Vermittlung hat somit auch keinen hohen Stellenwert im Bildungssystem. Ebenso gibt es keine offensive Förderung von Ausbildungsberufen, Studiengängen und Schulinhalten, die insbesondere für typische Selbstständigen-Berufe vorbereiten würden.

Änderungen im Ausbildungssystem benötigen gerade in Deutschland immer eine gewisse Zeit, da die Beschlussfassung aufgrund der föderalen Struktur in diesem Politikbereich aufwändig sein kann und es in der Umsetzung viele verschiedene Systeme nebeneinander geben kann. So würde es selbst, wenn man offensiv hier für eine Umwandlung eintreten würde, es erst mit einiger Zeitverzögerung zu Änderungen kommen.

Die Struktur und Intentionen des (Aus)Bildungswesen spielen eine erhebliche Rolle für die Förderung der und das Niveau an Selbstständigkeit. Dennoch ist diesem Punkt hier nur ein Exkurs im Rahmen des Kapitels zur „Kultur der Selbstständigkeit" gewidmet. Das gründet sich darin, dass das Bildungssystem einen eminenten Einfluss auf diesen Einflussfaktor hat, für sich genommen aber nicht als eigenständiger Einflussfaktor verstanden werden sollte, und zwar nicht, weil der Zusammenhang mit der Erwerbsform Selbstständigkeit fraglich wäre. Vielmehr gibt es neben den hier besprochenen 6 Einflussfaktoren Branchenstruktur, Arbeitslosigkeit, Der internationale Vergleich bezüglich des Qualifikationsniveaus fällt aufgrund der nach wie vor sehr unterschiedlichen (Aus)Bildungssysteme in den einzelnen europäischen Ländern schwer. Eine Gemeinsamkeit kann dennoch hier festgehalten werden: Je niedriger das durchschnittliche Qualifikationsniveau, desto höher die Arbeitslosenquote. Oder: Je niedriger das individuelle Qualifikationsniveau ist, desto höher wird die Wahrscheinlichkeit, arbeitslos zu werden.

Frauenerwerbsbeteiligung, Kultur der Selbstständigkeit, sowie die noch folgenden Einflussfaktoren Akteurskonstellation in der Arbeitsmarktpolitik und System der sozialen Absicherung auch noch eine Reihe anderer Bestimmungsgründe, die das Niveau der Selbstständigkeit beeinflussen, wie etwa das Steuersystem – doch sie alle haben nichts mit dem Wohlfahrtssystem zu tun. Das Bildungssystem spielt hier eine zwiespältige Rolle. Ob es Teil des Wohlfahrtssystems ist oder nicht, ist gilt als fraglich und wird von Land zu Land sehr unterschiedlich zu beantworten. Für den deutschen Fall, wie auch für die anderen konservativen Länder, fällt der diesbezügliche Befund negativ aus (siehe z.B. Kohl 2000, Gottschall 2003 Bultmann/Klier 2006 oder Poferl 2006), weswegen das Bildungssystem auch nicht als eigenständiger Einflussfaktor hier behandelt wurde.

3.5 Akteurskonstellation in der Arbeitsmarktpolitik

Die Akteurskonstellation beschreibt einerseits, welche relevanten Akteure in der Arbeitsmarktpolitik tätig werden: das politisch-administrative System, sowie die Arbeitsmarktparteien/Sozialpartner. Andererseits geht die Akteurskonstellation aber deutlich darüber hinaus: Sie zählt nicht nur deskriptiv die beteiligten Akteure auf, sondern bildet auch deren Verhältnis zueinander, sowie ihren Einfluss (und dessen Verlauf) auf die konkrete Arbeitsmarktpolitik ab. Sie zählt somit zu jenen Faktoren, die mit darüber entscheiden, welchem Typus ein Wohlfahrtssystem zugeordnet wird. So ist einer der klassischen Regime-Typen nach Esping-Andersen (1990) schließlich sogar nach der vorherrschenden Akteurskonstellation benannt – das konservativ-korporatistische Regime. Auch hier zeigt sich erneut sehr deutlich die enge Verbindung zwischen Wohlfahrtssystem und Arbeitsmarkt. Das Arrangement in der Arbeitsmarktpolitik eines Landes bestimmt (mit) darüber, wie das Wohlfahrtssystem ausgestaltet ist – oder auch umgekehrt: Eine bestimmte Akteurskonstellation, wie hier die korporatistischen Arrangements der Arbeitsmarktpolitik, scheint die „angemessene" Steuerungsform für eine bestimmte Wohlfahrtskonzeption zu sein.

> Die Betriebsweise des deutschen Kapitalismus unterscheidet [sich] aufgrund dieser Governance-Institutionen weit stärker von der in den übrigen OECD-Staaten, als dies im öffentlichen Bewusstsein verankert ist. Und dies gilt auch in Zeiten der europäischen Integration und einer beschleunigten Globalisierung der Wirtschaft. (Czada 2003, 37)

Der Zusammenhang mit der Selbstständigkeit erscheint zunächst ein rein empirisches Faktum zu sein. Länder, die dem konservativen, korporatistischen, kontinentaleuropäischen Wohlfahrtsregime zugeordnet werden, weisen eine einander sehr ähnliche Entwicklung der Selbstständigenquote auf. (Siehe Kapitel 2.3) Viele Einflussfaktoren, die diese Entwicklung erklären, wurden bereits besprochen. Aber auch zwischen diesem regime-definierenden Faktor, der Akteurskonstellation in der Arbeitsmarktpolitik, und der Selbstständigkeit besteht ein direkter Zusammenhang: Je nachdem, wie die Akteure in diesem Politikfeld inhaltlich positioniert sind, welche Aufgaben sie wahrnehmen und wie (weit) sie in den politischen Prozess mit einbezogen sind, orientieren sie auch ihre Interessen. Das korporatistische Arrangement, das man in Deutschland antrifft, bezieht die Interessensvertretungen am Arbeitsmarkt traditionell vergleichsweise stark in den Politik-Prozess mit ein und überträgt ihnen weitgehende Kompetenzen in der Arbeitsmarktpolitik. „Eine derart ausgerichtete Arbeitsmarktpolitik hatte sowohl für die Verbände als auch für die Bundesregierung eine enorme kosten- und konfliktentlastende Wirkung und gab den Tarifverbänden zudem die Freiheit, ihre tarif- und lohnpolitischen Kalküle in einem gewissen Umfang von sektorale Strukturproblemen zu lösen." (Trampusch 2004c, 185) Damit geht eine sehr spezielle Positionierung der Interessen sowohl der Arbeitgeber- als auch der Arbeitnehmervertretungen einher. Neben vielen anderen Ergebnissen führt dies auch dazu, dass Selbstständigkeit eine niedrige Priorität in der (Arbeitsmarkt)Politik hat. Ohne die Analyse des Kapitels 3.5.4 vorwegzunehmen, seien hier die zwei wichtigsten Argumente, die eine Beschäftigung mit diesem Einflussfaktor überhaupt lohnenswert erscheinen lassen, genannt: Zum einen zielt die Interessenlage der Arbeitnehmer in einem korporatistischen Arrangement nur und ausschließlich auf die in den Arbeitsmarkt Integrierten, die Insider, also jene, die in einem „Normalarbeitsverhältnis" stehen. Selbstständige kommen in den Interessenlagen an keiner Stelle vor.[151] Die Arbeitgeberseite hingegen vertritt per se Unternehmer, also Selbstständige im weiteren Sinn. Dennoch zielt ihr Interesse nur in beschränktem Maß auf die Erhöhung der Selbstständigenquote. Dies ist einerseits dadurch zu erklären, dass in den internen Machtstrukturen die Gruppe der kleinen Selbstständigen eine relativ geringe Rolle spielt, andererseits dadurch, dass jede berufsständische Interessenvertretung immer das Problem hat, die interne Konkurrenz, also den Wettbewerb ihrer eigenen Mitglieder untereinander, reglementieren zu müssen.

In den kommenden Kapiteln wird zunächst gezeigt, wie die Akteurskonstellation in der deutschen Arbeitsmarktpolitik ausgestaltet ist, und wie die jeweilige Interessenlage der beteiligten Akteure bezüglich Selbstständigkeit ausgestaltet ist. Dabei wird in Kapitel 3.5.1 zunächst nur auf jene Akteure eingegangen, die üblicherweise gemeint sind, wenn von den „Arbeitsmarktakteuren" gesprochen wird: die Interessenvertretungen der beiden am Arbeitsmarkt direkt beteiligten Parteien. Die anderen beiden oben genannten Akteure werden erst in Kapitel 3.5.2 angesprochen, in dem es darum geht aufzuzeigen, wie sich die Interessen der Arbeitsmarktparteien in die konkrete Politikgestaltung und -implementierung umsetzen. Da es in der Positionierung in den letzten Jahren einige Veränderun-

151 An späterer Stelle wird noch mal darauf zurück zu kommen sein, dass hier ein gewisses Umdenken in der Strategie der Gewerkschaft festzustellen ist – an der prinzipiellen, vorherrschenden Ausrichtung hat das aber nichts geändert (siehe dazu Kapitel 3.5.3).

gen gegeben hat – dies gilt insbesondere für die Gewerkschaften – widmet sich das Kapitel 3.5.3 den neuen Entwicklungen bezüglich der Einstellung der Akteure zur Selbstständigkeit und den Ursachen dieses Wandels.

Gerade der Einflussfaktor Akteurskonstellation ist nicht in allen Ländern mit konservativem Wohlfahrtssystem gleich. Während sich Deutschland, Österreich und Luxemburg hier ähneln, sind Frankreich und Belgien davon sehr unterschiedlich. Aus diesem Grund ist es hier nötig, in einem eigenen Unterkapitel (3.5.4) darauf einzugehen. Deswegen unterscheidet sich der Aufbau des Kapitels zu diesem Erklärungsfaktor auch leicht von den vorhergehenden – inhaltlich aber wird parallel dazu vorgegangen.

3.5.1 Die Akteurskonstellation der Arbeitsmarktpolitik in Deutschland

Die Arbeitsmarktpolitik in Deutschland wird maßgeblich von vier Akteuren bestimmt: den Interessenvertretungen am Arbeitsmarkt, also Gewerkschaften (1.) und Arbeitgeberverbände (2.), die maßgeblich über die Ausgestaltung der Arbeitsmarktpolitik und wichtiger, den Arbeitsmarkt bestimmender Faktoren entscheiden. Vor allem sind dies Lohnfragen, aber auch eine Vielzahl anderer den Arbeitsprozess bestimmender Faktoren wie Arbeitszeit, Urlaubsansprüche, Regelung des Arbeitsablaufs, etc. Zudem ist die legislative Ebene (3.) zu nennen, also alle in der Gesetzgebung verantwortlichen Ebenen, wobei der Nationalstaat in Deutschland in diesem Politikfeld die anderen dominiert. Und als vierter Akteur fungiert die Bundesagentur für Arbeit (4.), die für einen Großteil der Umsetzung der arbeitsmarktpolitischen Vorgaben von staatlicher Seite verantwortlich ist. Sie ist für die Umsetzung der Verwaltungsaufgaben sowie die Gestaltung der passiven wie auch aktiven Arbeitsmarktpolitik zuständig, übernimmt also die klassische Rolle einer Arbeitsverwaltung. (Siehe z.B. Blien/Walwei/Werner 2002, Bosch/Knuth 2003 oder auch Kemmerling/Bruttel 2005)

Das Zusammenspiel der Akteure zeigte über die vergangenen Jahrzehnte hinweg eine klare Aufgabenverteilung: Während die Sozialpartner über die konkrete Ausgestaltung der Arbeitsverhältnisse entscheiden, gibt der Gesetzgeber nur die gröbsten Rahmenbedingungen vor und vollzieht ansonsten wenn nötig nur die Beschlüsse der Tarifparteien nach: „In der Bundesrepublik sind Gewerkschaften und Arbeitgeberverbände eng in die Arbeitsmarktpolitik eingebunden. Beträchtliche Mitwirkungsmöglichkeiten ergeben sich für die Sozialpartner nicht nur im Bereich der Politikformulierung, sondern auch in der Durchführung ...“

(Trampusch 2004c, 180) Czada geht hier noch weiter: „Gewerkschaften und Wirtschaftsverbände setzen für die Politik unumgehbare Daten.“ (Czada 2003, 35)

Der Einfluss der Interessenvertretungen beschränkt sich allerdings nicht nur auf die genannten Regelungstatbestände. Sie sind sowohl mit dem Akteur „Legislative“ als auch dem vierten Akteur, der Bundesagentur, stark vernetzt, und können so sowohl direkt („Personalunion“) als auch indirekt (über die Teilnahme oder das Anhörungsrecht in Ausschüssen oder auch als „klassische“ Lobbyisten) stark Einfluss nehmen. Eine Vielzahl von Politikern auf allen staatlichen Ebenen kommt aus den Reihen der Arbeitgeber- oder Arbeitnehmervertretungen, und die Bundesagentur für Arbeit wird paritätisch verwaltet. (Siehe z.B. Czada 2003, 35)

Die Positionierung der Sozialpartner hat sich dabei über lange Zeiträume hinweg kaum verändert, da die Konfliktlinien klar abgegrenzt waren. Bis vor wenigen Jahrzehnten war die Arbeitswelt durch die lange Tradition der kapitalistischen Marktwirtschaft, die Dominanz des industriellen Sektors, die Massenproduktion und die weitgehend ähnlichen Arbeitsbedingungen der Arbeitnehmer geprägt. Die Arbeitnehmer in der industriellen Massenproduktion bildeten den Kern der Arbeitnehmerschaft. Der zentrale, über viele Jahrzehnte hinweg erfahrene Interessengegensatz war jener zwischen Arbeit und Kapital (Armingeon 2001, 56). Dieses Verhältnis steht zunehmend unter externem wie internem Druck:

> Die Veränderungen in der Arbeitswelt, die durch den neuen Strukturwandel angestoßen werden, wirken sich auf alle Ebenen der Arbeitsbeziehungen aus. Auf der überbetrieblichen Ebene ist dies besonders spürbar und wird dort schon seit einigen Jahren intensiv diskutiert. (Lesch 2004, 9)

Vor diesem Hintergrund haben sich auch die Positionen der Sozialpartner zur Selbstständigkeit herausgebildet, wie die folgenden Abschnitte darstellen werden.

3.5.1.1 Arbeitnehmervertretung und ihre Position zu Selbstständigkeit

Die Interessenvertretung der Arbeitnehmer übernimmt in Deutschland zum überwiegenden Teil der Deutsche Gewerkschaftsbund (DGB) bzw. genauer gesagt die in diesem Dachverband organisierten Gewerkschaften, die nach Wirtschaftsbranchen gegliedert sind. Neben dem DGB bestehen zwar weitere, kleinere Gewerkschaften, die aber kaum Einfluss nehmen können, da sie nur in den allerseltensten Fällen in die Arbeitsmarktpolitik mit einbezogen sind.[152] (vgl. dazu z.B. Hassel 2003, 105-108 oder auch Ebbinghaus 2003, 180-182 sowie 190-191) Des Weiteren ist noch der Deutsche Beamtenbund (DBB) als relevante Arbeitnehmervertretung zu nennen, der aber insofern keine Konkurrenz zum DBG darstellt, als er sich auf ein bestimmtes Arbeitsrechtliches Segment konzentriert, wie dies früher auch die Deutsche Angestelltengewerkschaft (DAG) getan hat.

Die Politik des DGB rekurriert maßgeblich auf die klassische Klientel von Gewerkschaften: männliche, vollzeitbeschäftigte Angestellte und Arbeiter. (Siehe z.B. Bosch/Wagner 2001, 42-43) oder Hassel 1999, 150) Diese Positionierung erklärt sich aus der Tatsache, dass diese Gruppe über lange Zeit hinweg auch den Großteil der (vertretungsbedürftigen) Arbeitnehmerschaft ausmachte. Die Konfliktlinien in Deutschland waren damit klar festgelegt. (Siehe dazu auch das Zitat von Armingeon weiter oben). Gerade diese Ausrichtung auf die klassische Arbeiterklientel hat es in den letzten Jahren den Gewerkschaften zunehmend erschwert, neue Mitglieder zu rekrutieren und auf aktuelle Entwicklungen am Arbeitsmarkt einzugehen:

> In der modernen Gesellschaft dominiert der Dienstleistungssektor, in dem sich die Arbeitsbedingungen markant [gegenüber den vorangehenden Jahrzehnten, *Erg. UB*] unterscheiden. Der Kern der Arbeitnehmerschaft sind die Angestellten. ... Lebensläufe werden immer unterschiedlicher, individueller und die Erfahrung des kollektiven Arbeitnehmerschicksals wird immer weniger gemacht. Das Normalarbeitsverhältnis wird zum Auslaufmodell. Politik und Organisation der Gewerkschaft beruht allerdings auf dem Normalarbeitsverhältnis. (Armingeon 2001, 56)

Kritik an dieser Ausrichtung gab es in den letzten Jahren nicht nur von außerhalb, sondern zunehmend auch aus den Reihen der Gewerkschaften selbst (Frerichs et al. 2004, 26 und 149). Zu lange wurde verabsäumt, auf die sozio-demografischen Veränderungen in der Gesellschaft als Ganzes und am Arbeitsmarkt im Speziellen einzugehen und diese Entwicklung nachzuzeichnen. Dies betraf sowohl die Aufstellung nach außen, als auch die interne Personalpolitik, wodurch „...die Verbände sowohl die Verpflichtungsfähigkeit nach innen als auch die Kompromissfähigkeit nach außen ... immer weniger gewährleisten konnten.“

---

152 Der einzige in den letzten Jahren relevante Fall war der Abschluss eines Tarifvertrags für Unternehmen der Leiharbeitsbranche mit Gewerkschaften des Christlichen Gewerkschaftsbunds (CGB). (Siehe dazu z.B. Pfeiffenberger 2003, Böhm 2003 oder auch Bispinck 2003, 23-24) Im Allgemeinen wird der CGB aber aufgrund der geringen Mitgliederzahl als nicht tariffähig oder zumindest -mächtig angesehen. (Siehe dazu im Überblick Mayer 2003)

(Trampusch 2005, 10) Auf einer allgemeineren Ebene könnten die erheblichen Mitgliederverluste der Gewerkschaften in Deutschland als die Folge einer gewachsenen Kluft zwischen den gewerkschaftsbezogenen Ambitionen und Motivationen der Menschen interpretiert werden, sowie auf mangelnde Fähigkeiten der Gewerkschaften, auf geänderte Anforderungen einzugehen. (Hilbert/Schmid 1995) Die Differenzierung von Problemen und Bedürfnissen erfordere ein entsprechend individuelles und buntes Angebot – d.h. nichts geringeres als einen grundlegenden Umbau des tradierten Gewerkschaftsmodells in Richtung erweiterter Partizipation und Kommunikation. (Vgl. Arlt 1994 oder Silvia 1999, 94)

Ein wichtiger Grund für die sinkenden Mitgliedschaftszahlen liegt darin, dass sich die heutigen Arbeitnehmer nicht mehr ausreichend in den Gewerkschaften wieder finden – nicht nur in der Politik, die die Gewerkschaften betreiben, sondern auch nicht in der personellen Aufstellung der Gewerkschaften selbst, die eine Identifikation zunehmend erschwert. (Siehe z.B. Hilbert/Schmid 1995 oder Frerichs et al. 2004, 149-150) Für die hier vorzunehmende Analyse ist allerdings dieser zweite Punkt, die interne Personalpolitik, weniger relevant. Vielmehr interessiert die politische Positionierung. Hier haben es die Gewerkschaften bis heute größtenteils unterlassen, stärker auf die Veränderungen auf dem Arbeitsmarkt zu reagieren. Das Normalarbeitsverhältnis ist zwar in absoluten Zahlen noch immer am häufigsten unter allen Arbeitsverhältnissen vertreten ist, sein Anteil befindet sich aber im Rückzug.

> Es gibt nicht nur Defizite in bezug auf „neue“ Arbeitnehmergruppen. Die Gewerkschaften organisieren heute nur noch heterogene Teilöffentlichkeiten, die sich nicht mehr gemeinsam durch das traditionelle „Gewerkschaftsleben“ repräsentiert fühlen. Die aktuellen Adressatengruppen decken sich nicht mehr mit dem klassischen Klientel und ihre Interessen lassen sich immer weniger durch ein und dieselbe Politik aufgreifen. (Frerichs et al. 2004, 149)

Im Zuge dessen wurde es verabsäumt, die politische Ausrichtung und die Forderungen an die Arbeitswelt den neuen Gegebenheiten anzupassen, also einerseits auf die zunehmende Heterogenität des Zielpublikums zu achten und andererseits auch auf die zunehmende Differenzierung der Erwerbsverhältnisse Rücksicht zu nehmen. (Siehe z.B. Armingeon 2001, 56) Dadurch fanden sich immer größere Teile der Arbeitnehmer nicht in den, den DGB repräsentierenden, Personen wieder. Ferner wurde und wird eine zunehmende Anzahl von Erwerbsverhältnissen gar nicht mehr durch die gewerkschaftliche Politik abgedeckt – und zwar nicht (nur) wegen der rückläufigen Tarifbindung, (siehe z.B. Lesch 2004, 13 und 51)[153] sondern (auch) weil sich der DGB für diese Formen von Erwerbsverhältnissen zunächst nicht zuständig fühlte bzw. durch sein Beharren auf traditionelle Eckpunkte wie das Normalarbeitsverhältnis diese gar nicht abdecken konnte – und vielleicht auch eine Zeit lang gar nicht wollte, da damit eine Aufwertung dieser Arbeitsformen, ein „salonfähig machen", befürchtet werden musste. Zudem wird, nicht ganz zu unrecht, befürchtet, dass die Förderung von Selbstständigkeit, wie auch anderer Formen flexibler oder atypischer Erwerbsverhältnisse, an vielen Stellen statt der Schaffung wirklich neuer, eher zur Verdrängung regulärer Arbeitsplätzen führen könnte,.

Der klassische Selbstständige zählt schon definitionsgemäß nicht zur gewerkschaftlichen Klientel. Das wird auch deutlich, wenn man die traditionellen Funktionen[154] von Gewerkschaften betrachtet: Weder die genossenschaftliche, noch die Markt-/Kartellfunktion noch die Funktion als politischer Verband lassen Spielraum für die Einbeziehung der Interessen von Selbstständigen. Sie alle zielen auf die Kollektivierung und damit Abschwächung von Nachteilen gegenüber dem Arbeitgeber (und tlw. dem Staat) – eine Schutzfunktion, die der „klassische" Selbstständige nicht braucht.

Allerdings gibt es eine zunehmende Zahl an Personen, die aus verschiedenen Gründen durchaus zur Zielgruppe gehören könnte. Wer hierzu zählt, lässt sich am ehesten danach abgrenzen, wer den Schutz im weiteren Sinn der Gewerkschaft brauchen könnte bzw. deren Dienste, die längst über die reine Vertretung in Lohnverhandlungen hinausgehen und auch eine Vielzahl an Informations- und Beratungsdiensten beinhalten.

Am deutlichsten wird dies bei der Gruppe der Scheinselbstständigen, die nur für einen einzigen Auftraggeber arbeiten, und damit keine Selbstständigen im eigentlichen Sinn sind. Damit gehören sie, zwar nicht arbeitsrechtlich, aber doch der Substanz nach, zur klassischen gewerkschaftlichen Klientel, die auf die

---

153 „ ... in Westdeutschland [ist] nur noch jeder zweite und in den neuen Bundesländern nur noch jeder vierte Betrieb mit mindestens fünf Beschäftigten an einen Flächentarifvertrag gebunden... Einen Betriebsrat findet man in gerade einmal elf Prozent aller Betriebe mit fünf und mehr Mitarbeitern. Die Kernzone des dualen Systems, in der sowohl eine Tarifbindung besteht als auch Mitbestimmungsräte existieren, galt im Jahr 2003 in Westdeutschland für neun Prozent und im Osten für acht Prozent aller Betriebe. Bezogen auf Beschäftigte erstreckte sich die Kernzone im Westen auf 42 und im Osten auf 31 Prozent ..." (Lesch 2004, 13).

154 Zu den Funktionen von Gewerkschaften siehe z.B. Esser (2003, 66-67).

Markt- und Kartellfunktion der Gewerkschaften angewiesen wären. Aber selbst diese Gruppe, bei der die „Schutzbedürftigkeit" klar ersichtlich ist, wird von der Gewerkschaft weitestgehend ignoriert. Angebote für sie halten sich stark in Grenzen. Ihrer Rolle als potenzielle Verdränger regulärer Normalarbeitsplätze wird noch immer mehr Beachtung geschenkt, statt ihre Schutzbedürftigkeit gegenüber dem einzigen Auftraggeber (und damit in Wahrheit Arbeitgeber) zu erkennen. Den Gewerkschaften ist allerdings auch zuzugestehen, dass sie, zumindest in Teilen, gute Gründe für ihre Positionierung haben. Bedenkt man etwa die zunehmende Annäherung zwischen Selbstständigen und abhängig Erwerbstätigen im Arbeits- und Sozialrecht, (siehe Kapitel 3.6) die oft bedeutet, dass die jeweils niedrigeren Standards des jeweiligen Erwerbsverhältnisses zum Maßstab für das andere genommen werden, oder, dass Teile der wachsenden Selbstständigkeit der Ausgliederung von vormals innerbetrieblichen Vorgängen zu verdanken ist, während sich weder die erhofften Beschäftigungseffekte noch das Sinken der Arbeitslosigkeit im Gegenzug eingestellt hätten (siehe Kapitel 1.3), so kann die Ablehnung von gewerkschaftlicher Seite auch als ein Schritt zur Verhinderung des weiteren Aufweichens sozialer Absicherung verstanden werden. Übersehen wird dabei aber, dass es bereits eine wachsende Gruppe an Selbstständigen gibt, auf die eben jene schlechtesten Bedingungen für beide Formen der Erwerbstätigkeit zutreffen. Damit steht diese Gruppe einerseits relativ schutzlos da, und andererseits nimmt sich die Gewerkschaft damit auch selbst die Chance, in diesen Bereich vorzudringen. Gerade Scheinselbstständige, Solo- und Kleinselbstständige gehören zu einer Gruppe, die oft nicht allzu lange in einer bestimmten Erwerbsform verbleibt, und zwischen Selbstständigkeit und verschiedenen Formen der abhängigen Erwerbsarbeit hin und her pendelt. Der Fehler auf Seiten der Gewerkschaft besteht also einerseits darin, die faktische Realität zu ignorieren und andererseits, die Unterstützung für den einzelnen (Schein)Selbstständigen mit der Förderung des gesamten Erwerbsverhältnisses gleichzusetzen.

Die traditionelle Balance zwischen den kollektiven Akteuren ist durch den neuen Strukturwandel verschoben worden. Durch die Dezentralisierung der Tarifpolitik, sichtbar an der Herausbildung zahlreicher betrieblicher Bündnisse für Arbeit, haben die Betriebsräte Kompetenzen gewonnen, während die Gewerkschaften um ihren Einfluss fürchten (Lesch 2004, 51). Durch die zunehmende Verlagerung der Arbeitsbeziehungen in die Betriebe entsteht für die Gewerkschaften das Problem, dass neue Selbstständige zwar durchaus einen kollektiven Vertreter bräuchten, es sich aber bei ihnen zwar faktisch um Arbeitnehmer, rein rechtlich aber um Unternehmer handelt – die nicht in den Zuständigkeitsbereich der Gewerkschaften fallen. Das gleiche Problem entsteht für Solo-Selbstständige: Wo die beiden Seiten der Arbeitsbeziehungen in eins fallen, haben weder Gewerkschaften noch Arbeitgeberverbände einen Repräsentationsanspruch.

Daneben gibt es eine Reihe von Selbstständigen, die zwar nicht direkt auf die Markt- und Kartellfunktion der Gewerkschaft angewiesen wäre, die aber durchaus vom breiteren Angebot, dass Arbeitnehmervertretungen heute anbieten – Bildungsangebote, Rechtsschutz oder auch diverse Beratungsmöglichkeiten (siehe dazu z.B. die Präsentation des DGB im Internet: DGB 2006) angewiesen wäre oder zumindest stark davon profitieren könnte.

Die Nicht-Erschließung dieses Potenzials hat zwei Folgen: Einerseits nimmt sich die Gewerkschaft, wie bereits angedeutet, damit selbst die Möglichkeit, einen wachsenden Teil der Erwerbstätigen für sich zu werben. Dies könnte man als genuines Problem der Gewerkschaften auffassen und es deren internen Debatten überlassen, sich damit zu befassen. Allerdings entsteht damit auch ein weiteres Problem. Denn mit der Zunahme der selbstständigen Erwerbstätigkeit geht auch die Zahl jener, die potenziell durch die Gewerkschaften vertreten werden, zurück, vor allem soweit es sich nicht um zusätzliche Erwerbstätigkeit handelt, sondern die Umwandlung von vormals abhängigen Beschäftigungsverhältnissen. Mit der Abnahme der Zuständigkeit und damit einhergehend einem strukturell bedingten Rückgang an Gewerkschaftsmitgliedern entsteht aber auch ein Verlust an kollektiver Absicherung, insbesondere bezogen auf asymmetrische Machtverhältnisse gegenüber den (oft einzigen oder zumindest nur sehr wenigen) Auftraggebern.

Wie man diesen Problemen gegenübertreten könnte und welche Maßnahmen, insbesondere von der Dienstleistungsgewerkschaft ver.di, die hier eine gewisse Vorreiterrolle spielt, ergriffen wurden bzw. werden sollten, wird weiter unten angesprochen. Hier reicht es zunächst festzustellen, dass die Vertretung von Selbstständigen nicht klassischen gewerkschaftlichen Aufgabenfeld zählt. Damit wird aber auch deutlich, dass es den Gewerkschaften weder ein Anliegen sein kann, sich um diese Gruppe zu kümmern, noch deren Interessen durchzusetzen, noch zur Erhöhung der Selbstständigenquote beizutragen die Selbstständigenquote zu fördern – insbesondere dann nicht, wenn aus formal abhängigen Erwerbstätigen, die potenzielle Gewerkschafts-Klientel sind, Selbstständige werden, die sich der (klassischen) Einflusssphäre entziehen.

3.5.1.2 Arbeitgebervertretung und ihre Position zu Selbstständigkeit

Die Vertretung der Arbeitgeberinteressen erfolgt durch ihre Verbände, die ihrerseits wiederum eine Untergruppe der Wirtschaftsverbände sind. Diese sind in sich hochgradig heterogen und ausdifferenziert:

> Die Erscheinungsformen der U[nternehmerverbände] zeichnen sich durch eine große Vielfalt aus. In Bezug auf die verschiedenen Märkte, auf denen Unternehmen agieren, ist es zu einer organisatorischen Ausdifferenzierung in eine Güter- und eine Arbeitsmarktbezogene Verbändelandschaft gekommen. (Schroeder 2003, 645)

Ihre Hauptaufgabe besteht darin, das Vorgehen von wirtschaftlichen Konkurrenten zu organisieren, indem sie versuchen, gemeinsame Interessen gegenüber dem politischen System, den Gewerkschaften und der "Wirtschaft" selbst zu artikulieren, zu repräsentieren und durchzusetzen. (vgl. Schroeder 2003, 644-645) Um den verschiedenartigen Aufgaben und Interessenlagen besser entsprechen zu können, haben sich verschiedene Unterarten von Wirtschaftsverbänden herausgebildet, je nach der Rolle der von ihnen vertretenen Akteure als Unternehmer oder Arbeitgeber. Hier interessieren vor allem die Arbeitgeberverbände, da sie die eigentlichen Akteure am Arbeitmarkt sind. Schroeder fasst ihre Aufgaben folgendermaßen zusammen:

> Arbeitgeberverbände (AV): schließen mit den Gewerkschaften bindende Regelungen (Tarifverträge) ab; vertreten die sozialpolitischen Interessen der Mitgliedsfirmen gegenüber staatl. und halbstaatl. Organisationen und beteiligen sich an staatlichen Gremien sowie an der Selbstverwaltung der Sozialversicherungen. (Schroeder 2003, 645)

Die anderen Wirtschaftsverbände spielen ihrerseits eine gewichtige Rolle in der Arbeitsmarktpolitik – allerdings weniger als direkt mit einbezogene Akteure, denn mehr als Ideengeber, Partner der Bundesvereinigung Deutscher Arbeitgeber (BDA) und Meinungsbildner. Deswegen beschränkt sich die Analyse hier weitestgehend auf die Bundesvereinigung, da sie als Tarifpartner der Gewerkschaften hier relevant ist. Um die Interessen des Akteurs „Arbeitnehmer“ bezüglich Selbstständigkeit herauszufiltern hilft es, die interne Struktur der BDA näher zu betrachten. Die dahinter stehende Überlegung ist, dass Interessenverbände (auch) immer Klientelpolitik machen, sich also für die Interessen der in ihnen vertretenen Gruppen und Individuen einsetzen. Betrachtet man jene Unternehmen, die nicht organisiert sind, stellt man fest, dass es „mehrheitlich ... kleinere Unternehmen [sind], die sich den U[nternehmerverbänden] fern halten. Dagegen sind Traditionsunternehmen mit einer entsprechenden Belegschaftsgröße, starker gewerkschaftlicher Präsenz und Betriebsrat nach wie vor in hohem Maß verbandlich organisiert." (Schroeder 2003, 650)

Auch innerhalb der BDA sind es die größeren Untenehmen, und hier vor allem jene der Metallbranche, die eine besondere Stellung innehaben: „Der ‚Gesamtverband der metallindustriellen Arbeitgeberverbände' (Gesamtmetall) ist in der BDA mit Abstand der bedeutendste Fachspitzenverband." (Henneberger 1998, 164, sowie Schroeder 2003, 648) Wie auch in allen anderen Verbänden der Wirtschaftssphäre dominieren auch hier die Großunternehmen das Bild, „... die auch die Majorität der finanziellen und personellen Mittel aufbringen, sich aber in der Verbandsführung in der Regel im Hintergrund halten. Die Vorsitzenden der deutschen U[nternehmensverbände] kommen in aller Regel aus dem Mittelstand ..." (Schroeder 2003, 649)

Während die Klientelpolitik der Unternehmerverbände also hauptsächlich auf größere Betriebe ausgerichtet ist, sind neu gegründete Unternehmen in der Regel kleiner – und damit kein potenzielles Zielpublikum, für das die Wirtschaftsverbände Politik machen: „Dort, wo der gewerkschaftliche Organisationsgrad gering ist, die Firma relativ klein und ihr Alter vergleichsweise jung, ist die Wahrscheinlichkeit einer Verbandsmitgliedschaft gering. Neu gegründete Unternehmen werden immer seltener Verbandsmitglieder." (Schroeder 2003, 650) Dabei stellt sich natürlich die weiterführende Frage, ob kleinere, junge Unternehmen nicht den Verbänden beitreten, weil sie sich nicht von ihnen vertreten fühlen, oder ob die Verbände diese Interessen nicht vertreten, weil es keine Interessen ihrer Mitglieder sind. Eine endgültige Antwort kann es auf eine solche Henne-Ei-Frage zwar nicht geben, unter Umständen lässt sich aber einiges aus den aktuellen Entwicklungen zu den neuen Positionen der Verbände bezüglich der Selbstständigkeit ablesen (siehe dazu Kapitel 3.5.3).

Für den Ist-Zustand ergibt sich jedenfalls, dass die Förderung der Selbstständigkeit, die sich ja vor allem auf neue, und damit tendenziell kleinere, Unternehmen konzentriert, nicht zum Hauptfokus der BDA gehört. So sehr die prinzipielle Förderung der Wirtschaftstreibenden an sich, vor allem in Form von Bürokratieabbau, Steuererleichterungen, Vereinfachungen im Bereich der Personalpolitik etc., ein zentrales Anliegen ist – die konkrete Unterstützung neuer Unternehmen gehört nicht dazu. Junge Firmen zählen nicht zum Hauptfokus ihrer Politik.

Neben dem Aspekt, dass die BDA die in ihr dominierenden Interessen stärker vertritt als die anderer (potenzieller) Wirtschaftstreibender, spricht auch noch ein weiteres Motiv dafür, dass die Förderung von Selbstständigkeit von der BDA zumindest ambivalent gesehen werden muss: Wie bereits weiter oben angedeutet, hat jede in weitestem Sinn berufsständische Vereinigung das Problem, die eigene Konkurrenz regulieren zu müssen. Wenngleich auch die BDA keine „berufsständische“ Interessenvertretung im engeren Sinn ist, da sie sich nicht auf einzelne Berufsgruppen oder Branchen beschränkt, unterliegt sie doch den gleichen Schwierigkeiten wie etwa eine Ärzte- oder Anwaltskammer. Kann sie es erreichen, besonders günstige Bedingungen für die eigene Klientel zu schaffen und einen leichten Zugang zu schaffen, sieht sie sich gleichzeitig mit dem Problem der wachsenden Konkurrenz konfrontiert. Je leichter es ist, sich selbstständig zu machen und je positiver die Umfeldbedingungen für (neue) Unternehmen sind, umso eher werden Vorbehalte gegen den Schritt in die Selbstständigkeit (in dieser Branche)[155] fallen und umso mehr Leute werden diese Chance ergreifen. (Siehe dazu etwa die Erläuterungen bei Stricker/Haake 2004, 42) Viele klassisch berufsständische Vereinigungen versuchen folglich, den Zugang zu ihrer Branche eher restriktiv zu handhaben. Die BDA kann hier nicht ganz so strikt vorgehen und das Argument ist auch nicht 1:1 umzusetzen. Es gibt zwar gute Gründe, die BDA mit einer berufsständischen Organisation zu vergleichen, letzten Endes ist sie aber eben nicht nur für eine Berufsgruppe oder eine Branche zuständig. Somit stehen auch nicht alle ihre (potenziellen) Mitglieder in direkter Konkurrenz zueinander. Dennoch ist das Argument zumindest in gewissen Maßen, bedenkt man die eben genannte Einschränkung, zulässig.

3.5.2 Einflusskanäle der Arbeitsmarkparteien auf das politisch-administrative System

Nachdem im vorangegangenen Abschnitt dargelegt wurde, warum weder die Arbeitnehmer- noch die Arbeitgebervertreter ein explizites Interesse an der verstärkten Förderung von Selbstständigkeit haben, widmet sich das kommende Kapitel der Frage, wie sich diese Präferenzen nun in die konkrete Politik-Gestaltung umsetzen, da es diesbezüglich keine direkten Eingriffsmöglichkeiten (wie man sie etwas im Bereich der Lohngestaltung hätte) gibt. Hier kommen die beiden anderen eingangs erwähnten Akteure der Arbeitsmarktpolitik, die Legislative auf der einen Seite, sowie die Arbeitsverwaltung auf der anderen Seite, zur Geltung. Auf diese Institutionen nehmen die Arbeitsmarktakteure auf unterschiedliche Art

155 Hier also in allen Wirtschaftsbereichen.

Einfluss und können, mal mit mehr, mal mit weniger Erfolg, ihre Interessen durchsetzen. Dabei ist es aber nicht nur so, dass die Arbeitsmarktparteien als reine Lobbyisten auftreten würden, sondern ihre Mitsprache ist teils sehr fest institutionell verankert.

Die Mitgliederzahl bzw. der Organisationsgrad von Verbänden bietet eine erste Annäherung an die Frage des Einflusses, der auf die Politik ausgeübt werden kann. Der DGB weist mit nicht ganz 7 Millionen Mitgliedern im Jahr 2005 einen Organisationsgrad von knapp 20% auf (Biebeler/Lesch 2006, www.oecd.org). Die Bestimmung des Organisationsgrad der Arbeitgeber fällt schwer, da unklar ist, von welcher Grundgesamtheit die Quote berechnet werden soll. Denn einerseits kann man den Organisationsgrad auf die Beschäftigtenzahl, andererseits aber auch auf die Unternehmensgesamtzahl beziehen. (Vgl. Haipeter 2005, 6) Zweitere Quote scheint interessanter, ist aber kaum korrekt zu erfassen und auch nur schwer zu schätzen, da unklar ist, was hier als „Unternehmen" zu gelten hat. Der Organisationsgrad dürfte jedenfalls nach Branchen sehr unterschiedlich hoch sein. In Traditionsindustrien mit einflussreichen Verbänden, wie etwa GesamtMetall, beträgt er noch über 30% (Haipeter/Schilling 2005, 7; Organisationsgrad nach Betrieben). In anderen Branchen hingegen dürfte die Mitgliederquote deutlich geringer sein.

Dieses (quantitative) Kriterium darf allerdings nicht überbewertet werden. Ähnlich hohe gewerkschaftliche Mitgliedsraten müssen keineswegs ein vergleichbares Maß an Durchsetzungsfähigkeit gewerkschaftlicher Positionen bedeuten, oder gar eine Ähnlichkeit im Arbeitsmarktregime. So sind die Länder, die bezüglich des gewerkschaftlichen Organisationsgrades der deutschen Quote am nahesten liegen Griechenland, Portugal und die Niederlande[156] – also höchst unterschiedliche Länder bezogen auf den Einfluss der Sozialpartner auf die Arbeitsmarktpolitik und deren Strategien zur Durchsetzung ihrer Interessen. (Vgl. z.B. Crouch 1999a, Czada 2003, Jochem/Siegel 2003b, Hemerijck/Unger/Visser 2000, Rhodes 2001 oder auch van Warden 1993) Relevanter für diese Frage ist, wie durchsetzungsfähig die Positionen der Verbände sind. Dabei kann man prinzipiell über zwei Wege sein Ziel erreichen: Kooperation und Konflikt. Im ersten Fall setzt der Interessenverband auf die Zusammenarbeit mit dem politisch-administrativen System und versucht so, seinen Einfluss geltend zu machen. Dies ist zweifelsohne die zu bevorzugende Methode, da die andere Variante, der Aufbau

156 OECD-Daten für 2001: Deutschland: 23,5; Griechenland: 25,4; Niederlande: 22,6; Portugal: 23,4 (www.oecd.org).

einer Drohkulisse, große Anstrengungen erfordert, ein hohes Maß an Organisations- und Konfliktfähigkeit voraussetzt und mit enormen politischen Kosten verbunden sein kann. Zudem bleibt die Zielerreichung bis zum Schluss immer zweifelhaft.

Die Wahl für Konflikt oder Kooperation wird nicht einseitig getroffen. Dass das deutsche System traditionell auf Kooperation zwischen Regierung und Verbänden beruht, geht von beiden Seiten aus.[157] Dazu gehört auch, dass sich die politische Administration in weiten Teilen aus der Gestaltung wichtiger Parameter der Arbeitsmarktpolitik, namentlich der Lohnpolitik, heraushält. Das Vorkommen von Tarifverträgen und deren Deckungskraft ist also ein erstes qualitatives Indiz für das Ausmaß an Durchsetzungskraft der Positionen der Arbeitsmarktparteien. Über 60.000 Tarifverträge gab es im Jahr 2004, davon fast die Hälfte Flächentarifverträge. (Siehe dazu das Böckler-Impuls Themenheft 11/2005) Damit ergibt sich eine Tarifbindung (nach Beschäftigten) von 67% in West- und 53% in Ost-Deutschland (Bispinck 2006).[158]

Die verschiedenen Kanäle, derer sich die Verbände in Deutschland überwiegend bedienen, um ihre Positionen abseits von Tarifverträgen durchzusetzen, sind die Einflussnahme durch

- Personalunion (Interessensvertreter als Mitglieder von Parteien und/oder Vertreter in der Selbstverwaltung),
- Mitwirkungsmöglichkeiten in der Gesetzgebung (Anhörungsrecht in Ausschüssen/Recht auf Stellungnahme zu Gesetzesvorhaben und
- Lobbying.

Geht man davon aus, dass das politisch-administrative System keine genuinen, inhaltlichen Interessen hat, sondern mehr an einzuhaltenden Rahmenbedingungen wie Finanzierbarkeit oder Solidarität in den Sicherungssystemen interessiert ist, (vgl. Hegelich 2006, 100-102) sind es vor allem die Interessen der Arbeitsmarktparteien – also der Arbeitgeber und -nehmer bzw. deren Interessenvertretungen – die sich hier inhaltlich durchsetzen. Zum Akteur „Legislative“ ist zu sagen, dass im Allgemeinen davon ausgegangen wird, dass er die Interessen der aktuell regierenden Parteien einnimmt. Diese haben aber keine genuine Position

157 Die Aufkündigung dieser Beziehung kann aber einseitig erfolgen, was sich in den letzten Jahren auch zum Teil eingestellt hat (siehe Kapitel 3.5.3).

158 Nach Betrieben: 41% in West-, 23% in Ostdeutschland.

zum Thema Selbstständigkeit, auch wenn es in den letzten Jahren *common sense* geworden ist, die Förderung von Selbstständigkeit positiv zu bewerten (Hegelich 2006, 100). Lange Jahre hindurch aber wurde dieses Thema kaum behandelt. Als relevant werden hier die Positionen der großen Volksparteien angesehen, da zumindest eine von ihnen immer an der Regierung und damit an der Entscheidung im politischen Prozess beteiligt ist.

Die diesbezüglichen Partei-Positionen lassen sich noch am ehesten über die mit den jeweiligen Parteien verbundenen Arbeitsmarktakteure erklären: Während die SPD traditionell mit den Gewerkschaften verbunden ist, stehen der CDU/CSU die Unternehmensverbände näher. Hat also das politisch-administrative System diesbezüglich keine Präferenz an sich, so kann man zumindest die Positionen der ihnen nahestehenden Arbeitsmarktparteien als Referenzpunk nehmen.[159] Noch deutlicher ist dies bei der Arbeitsverwaltung, die aus sich heraus höchstens Ziele wie Finanzierbarkeit, Erreichen der politisch vorgegebenen Ziele, oder auch Selbsterhalt kennt. (Vgl. Nullmeier/Rüb 1993, 365) Interessen ergeben sich erst über die in ihr agierenden Akteure, die aufgrund der paritätischen Selbstverwaltung zu großen Teilen aus den Arbeitsmarktakteuren bestehen. Auch hier kann man also davon ausgehen, dass sich die Interessen der Verwaltungsebene bezüglich der Selbstständigkeit hauptsächlich aus den Positionen der Verbände ergeben. Der Unterschied zum Akteur „Legislative" ist, dass hier der Einfluss, der selbstständig aus den Parteien herrührt, großteils wegfällt, dafür aber eigene Organisationsinteressen hinzukommen, die allerdings die Positionierung bezüglich Selbstständigkeit nicht weiter berühren.

3.5.2.1 Einfluss auf die Legislative

Die Arbeitsmarktparteien sehen es neben ihren klassischen Aufgaben wie der genossenschaftlichen Vertretung nach innen sowie der Markt- und Kartellfunktion (siehe dazu z.B. Esser 2003 oder Armingeon 2005) durchaus auch als ihre Aufgabe, die Interessen ihrer Mitglieder in den Gremien und Organisationen, an denen ihre Funktionäre beteiligt sind, einzubringen und im Idealfall durchzusetzen. „Die Gewerkschaften repräsentieren Arbeitnehmerinteressen gegenüber Unternehmen im Arbeitsleben und – vermittelt über ihnen nahestehende politische Parteien – im politischen System." (Armingeon 2001, 57) Gleiches gilt für

159 Wie jedoch oben gezeigt wurde, betrachten diese Akteure aber die Förderung der Selbstständigkeit nicht als eines ihrer Ziele, wodurch sich diese Ansicht auch in der Position der Legislative durchsetzt.

die Arbeitgebervertretung. „U[nternehmensverbände] gelten im Vergleich mit anderen Interessengruppen als besonders einflussreich. So wird die durch die Geschichte der BRD sich schleichende Angst vor der ‚Herrschaft der Verbände?' besonders auf diese Gruppe focussiert." (Schroeder 2003, 651)

Die Zahl an Doppelmitgliedschaften, also Personen, die sowohl in einer Partei als auch in einem Arbeitsmarktverband organisiert sind, ist dementsprechend hoch: „Verflechtungen ... gab es dabei auch in personeller Hinsicht und aufgrund der beruflichen Karrieren und Sozialisierungen der Partei-Sozialpolitiker". (Trampusch 2005, 5) Alleine die Doppelmitgliedschaft ist zwar ein erstes Indiz für die enge Verbindung, erklärt aber noch nicht den großen Einfluss, der von den Interessenvertretungen auf die Parteien ausgeübt werden kann. Umso wichtiger ist es, festzuhalten, dass es gerade auch die Entscheidungsträger sind, die bis zu einem gewissen Grad personell deckungsgleich sind, oder zumindest jeweils auch Mitglied der Partei bzw. umgekehrt der Verbände sind. „Parteien und Verbände stehen in einem Verhältnis wechselseitigen Einflusses und Abhängigkeiten; ..." stellte Josef Schmid (1993, 177) fest, was sich neben der personellen Überlappung auch mit der bestehenden Aufgabenverteilung erklären lässt.[160] Wichtige Erkenntnisse diesbezüglich liefert die Untersuchung von Trampusch (2004b), die sich zwar mit der Abschwächung dieser Verbindungen beschäftigt, dafür aber doch zuerst das lange vorherrschende und tlw. bis heute auch noch existente (wenn auch verblassende) Bild der Verflechtungen zeichnet.

Neben der personellen Überlappung, die nicht unbedingt als bewusst gesetzte Strategie der Verbände zu werten ist, versuchen die Verbände auch auf anderen Wegen ihre Interessen in die Politik einfließen zu lassen:

> Der Einfluss der Verbände auf die Bundesregierung wird durch die „Gemeinsame Geschäftsordnung der Bundesministerien" ... konstitutiert, die den Verbänden „zwei Formen des Zugangs" ... [ermöglicht]: (1.) die allgemeine Anhörung der zuständigen Spitzenverbände bei den Referentenentwürfen von Gesetzen und (2.) die Mitgliedschaft von Verbänden in Ausschüssen, Beiräten oder Fachkreisen der Ministerien. (Trampusch 2004c, 186)

160 Verbände fungieren als Lobbyisten und sind in dieser Hinsicht abhängig davon, bei den Parteien Gehör für ihre Anliegen zu finden, sind aber auch als Informationsgeber und -katalysator tätig, was sie wiederum für die Parteien unentbehrlich macht. (Siehe z.B. Alemann 2000)

Der wichtigste Faktor in der Beziehung zwischen der Legislative und den Verbänden ist der Ausschuss für Arbeit und Sozialordnung, der „[z]um Sammelpunkt der Berufssozialpolitiker ... wurde ...“ (Trampusch 2004b, 5 und 9)

Hier können die Arbeitsmarktparteien nicht nur indirekt, als Meinungsbilder in den Parteien, Einfluss ausüben, sondern sie werden auch institutionell am Politikprozess beteiligt. Zum einen ist es gute Übung den Ausschuss mit Personen zu beschicken, die ein Naheverhältnis zu den Verbänden haben, zum anderen können die Verbände auch selbst im Ausschuss als Berater gehört werden und Stellungnahmen zu Gesetzesvorhaben abgeben.

Allerdings ist insgesamt festzuhalten, dass die Beziehungen zwischen Verbänden und der Legislative zwar nach wie vor gut sind, hier aber ein markanter Bedeutungsverlust zu bemerken ist.

3.5.2.2 Einfluss auf die Arbeitsverwaltung

Der zweite Kanal, über den die Verbände ihren Einfluss auf die konkrete Ausgestaltung der Arbeitsmarktpolitik geltend machen können und durch den sich ihre Positionen in konkrete Politikgestaltung umsetzen, ist über die Arbeitsverwaltung. „Zur Genese dieser Verknüpfung zwischen Staat und Verbänden hat nicht unwesentlich das Sozialversicherungssystem beigetragen.“ (Trampusch 2004b, 8) Eines der zentralen Prinzipien des Sozialversicherungssystem ist es, in Selbstverwaltung organisiert zu sein, den Arbeitsmarktparteien also, die für das Aufkommen der Finanzmittel über ihre Beiträge verantwortlich zeichnen, auch die Leitung der Institutionen zu überlassen. Die als korporatistisch gekennzeichneten Institutionen des Sozialversicherungssystems sind vor allem die Bundesanstalt für Arbeit, aber auch die Rentenversicherungsanstalten und das Gesundheitswesen. So wurde etwa die Bundesanstalt für Arbeit bereits seit 1927 als föderalisierte Selbstverwaltung (Selbstverwaltung unter Beteiligung aller drei staatlicher Ebenen ...) eingerichtet. (Siehe dazu z.B. Trampusch 2004c, 181 oder Czada 2003, 35) Wie auch schon bei der Legislative gibt es hier wichtige personelle Verknüpfungen zwischen Verbänden und der Arbeitsmarktverwaltung (und zusätzlich auch zwischen den Parteien und den Sozialversicherungsinstitutionen). „In diesen Politikfeldern [Arbeitsmarkt, Rente, Gesundheit, *Erg. UB*] haben sich in der Geschichte der Bundesrepublik geschlossene, voneinander abgeschottete Akteursnetzwerke (epistemic policy communities) herausgebildet.“ (Czada 2003, 38, mit Verweis auf Döhler/Manow 1997 und Lehmbruch 2000) Ein Grund für diese personellen Verflechtungen ist, dass „... die Sozialversicherungsinstitutionen sowohl für Verbandsfunktionäre als auch für die parteidemokratischen Akteure wichtige Karrierestationen darstellen, und damit zu einer wechselseitigen Integration von Parteien- und Verbändesystem beigetragen haben." (Trampusch 2004b, 8)

Wie eng diese Beziehungen zwischen Verbänden und Arbeitsverwaltung sind, wurde auch im Zuge der Reform der Bundesanstalt für Arbeit deutlich angesprochen: „...vermehrt [wurde] Kritik an der Selbstverwaltung der BA geübt und Gewerkschaften und Arbeitgeberverbänden vorgeworfen, sie hätten Jahrzehnte lang eine Strukturreform der Bundesanstalt für Arbeit blockiert." (Trampusch 2004c, 179) In den Reformprozess selbst waren die Verbände schon nur mehr am Rande mit einbezogen. Auch hier haben sich also in den letzten Jahren große Veränderungen abgespielt.

3.5.3 Durchsetzung der Verbandsinteressen – Neue Entwicklungen

Wie in den Abschnitten zuvor gezeigt werden konnte, hat das politisch-administrative System an sich zwar keine inhaltlichen Präferenzen, diese könne aber über die die Positionen der in ihnen agierenden Akteure definiert werden.

Der Einfluss der Verbände wäre deutlich überbewertet, würde man meinen, ihre neutrale bis ablehnende Haltung gegenüber der Förderung von Selbstständigkeit würde dementsprechende Maßnahmen in der Politiksetzung und -umsetzung verhindern. Das liegt zum einen daran, dass es auch kein explizites Interesse an der Verhinderung von steigender Selbstständigkeit gibt. Zum anderen gibt es neben den Verbänden, auch wenn dies sicher als der wichtigste Einflussfaktor gelten können, noch eine Fülle anderer Einflüsse und Politik wird nicht ausschließlich durch die Vorgaben externer Interessen geprägt. Dennoch ist es wichtig festzuhalten, dass ein maßgeblicher Teil der Entscheidungsträger aufgrund seines Naheverhältnisses zu den Verbänden oder auch seiner eigenen Zugehörigkeit Selbstständigkeit nicht als Thema auf seiner Agenda sieht.

In den letzten Jahren hat sich an dieser niedrigen Agenda-Positionierung aber einiges verändert. Zeitlich fällt das mit Veränderungen in den Verbänden und im Verhältnis zwischen den Verbänden und dem politisch-administrativen System zusammen fällt. Einer der Hauptgründe dafür dürfte sein, dass das bislang beinahe symbiotische Verhältnis zwischen politisch-administrativem System und Verbänden nicht nur Vorteile hat.

Je stärker die Organisationsmacht und politisch-institutionelle Stellung der Produzentenverbände ist, umso mehr beeinflussen sie die Entwicklung makroökonomischer Größen wie Inflation, Beschäftigung und Produktivität, und umso mehr ist eine Regierung auf Kooperation angewiesen. Im Fall der Kooperationsverweigerung könnte sie dann auch versucht sein, die Verbände zu schwächen, indem sie Beteiligungsinstitutionen auflöst oder das Streikrecht der Arbeitnehmer eingeschränkt [sic!], wie dies im Vereinigten Königreich unter der Regierung Thatcher geschehen ist (Czada 2003, 35).

In den letzten Jahren wurde Selbstständigkeit zunehmend gefördert (siehe Kapitel 2.4) und hat, vor allem im Zusammenhang mit dem erhofften Beitrag zum Abbau der hohen Arbeitslosigkeit (siehe dazu auch Kapitel 1.3), aber auch als Unterstützung des Strukturwandels und zur Förderung des Dienstleistungssektors (siehe zum Zusammenhang mit Selbstständigkeit Kapitel 3.1), einen Bedeutungszuwachs erlebt. Dieser ist durch mehrere Veränderungen in der politischen Landschaft erklärbar:

Zunächst haben die Arbeitsmarktparteien, geht man von gleich bleibenden Interessen aus, an Einfluss auf die Gestaltung der Arbeitsmarktpolitik verloren. Das politische System macht sich zunehmend unabhängig vom Einfluss der Verbände, da es auch weniger von solchen Bindungen zu erwarten hat. Umgekehrt legen auch die Verbände nicht mehr so viel wert auf diese Beziehung – da auch sie sich nicht mehr das gleiche davon versprechen wie noch vor 10 Jahren. Die neutrale bis negative Position der Verbände gegenüber der Selbstständigkeit kann sich dementsprechend nicht mehr im selben Ausmaß durchsetzen wie früher. Selbstverständlich sind davon in mindestens ebenso hohem Maß jene Positionen betroffen, für die sich die Verbände einsetzen – Selbstständigkeit ist hier nur ein Beispiel unter vielen.

Des Weiteren hat sich aber auch innerhalb der Verbände die Einstellung etwas gewandelt, vor allem innerhalb der Arbeitnehmervertretung sowie bei der Regierung. Inwieweit dies (auch) mit dem Naheverhältnis gerade dieser beiden Akteure in der letzten Jahren, in denen die SPD die Hauptregierungsverantwortung stellte, steht, wird in den folgenden Abschnitten ebenso thematisiert wie die konkrete Ausgestaltung dieses Wandels und dessen Ursachen. Das steht in keinem Widerspruch zum ersten Punkt, da sich das Verhältnis zwischen Legislative und Verbänden zwar gelockert, und ihr Einfluss auf die Politikgestaltung abgenommen hat, die Verbindungen sich aber keineswegs vollständig gelöst haben.

3.5.3.1 Änderungen im Verhältnis zwischen Verbänden und Regierung – Einflussverlust der Verbände

Im folgenden Abschnitt wird dargelegt, wie die Verbände in den letzten Jahren an Einfluss bezüglich der Gestaltung der Arbeitsmarktpolitik verloren haben. Darüber hinaus gibt es eine breite Debatte in der Politikwissenschaft, ob es sich dabei um ein allgemeines Phänomen handelt, und ob die Verbände prinzipiell nicht mehr den Stellenwert im Policy-Cycle haben, den sie früher einmal eingenommen haben.[161] Hier relevant ist aber nicht die veränderte Beziehung im Prinzipiellen, der *Wandel*, sondern explizit das *aktuelle Ausmaß* des Einflusses, den die Verbände über ihre Beziehung zu den politischen Parteien nehmen können. Der abnehmende Einfluss auf die Arbeitsmarktpolitik ist dabei nur ein Ausschnitt aus dem größeren Bild der loser werdenden Beziehungen.

Der Einflussverlust der Verbände macht sich an verschiedenen Stellen bemerkbar: Zum einen an der Personalpolitik innerhalb der Parteien: Sozialpolitiker, vor allem jene aus den Verbänden, besetzen weniger einflussreiche und intern wichtige Positionen als früher. (Trampusch 2005) Auch die Anzahl an Doppelmitgliedschaften und der Stellenwert, den (hohe) Verbandsfunktionäre in den Parteien einnehmen, gehen deutlich zurück. Die Tatsache, dass mit Wolfgang Clement zum ersten Mal ein Minister dem Arbeitsressort vorstand, der nicht aus den Reihen der Gewerkschaft kam oder zumindest ein ihr nahe stehender Sozialpolitiker war, kann symbolisch für die Auflockerung der Beziehungen stehen.[162]

Zum anderen macht sich nach den Bundestagswahlen von 2002 der sinkenden Einfluss aber auch am geänderten Ablauf des politischen Prozesses bemerkbar. Wurde noch vor einigen Jahren die Arbeitsmarktpolitik im tripartistischen Bündnis für Arbeit besprochen, wird heute die Hartz-Kommission, ohne hohe personelle oder thematisch-inhaltlich Beteiligung der Verbände, installiert. (Sie-

161 Siehe dazu neben vielen anderen Beiträgen zur neueren Korporatismusdebatte exemplarisch die Artikel im PVS-Sonderheft 25 „Staat und Verbände“ (Streeck 1995) Ob es diesen massiven Einfluss überhaupt je gab und wenn ja, in welchem Ausmaß, wurde ebenso breit diskutiert, siehe dazu z.B. Czada (1995) oder aktueller Traxler (2001) sowie Schubert (2005a).

162 Selbst in jenen Perioden, in denen dem Ministerium ein Politiker aus der Union vorstand, war es üblich, das Amt mit Personen zu besetzen, die entweder im DGB, einer Christlichen Gewerkschaft oder dem Arbeitnehmerflügel der CDU engagiert waren, wie etwa Theodor Blank (Zentralverband Christlicher Fabrik- und Transportarbeiter) oder auch Norbert Blüm (CDA).

he z.B. Trampusch 2005, 11-12) Dadurch wird klar mit der korporatistischen, tripartistischen Tradition, wie sie bis in die 1990er-Jahre hinein Bestand hatte, gebrochen. (Siehe z.B. Streeck 2003 oder Czada 2004, 147)

Nicht nur die personelle Veränderung im Politikprozess fällt dabei ins Gewicht: „Deutlich bemerkbar wird hier [gemeint ist die Hartz-Kommission, *Anm. UB*] der Wechsel von makro-korporatistischen Verhandlungen auf höchster Ebene von Regierung und Arbeitsmarktverbänden zu einem Politiknetzwerk, das auf SPD-Nähe, Erfahrung und Fachwissen beruht. Gleichzeitig wurde der vormals breit gefächerte Themenkatalog der korporatistischen Arena auf eine engere Themenauswahl konzentriert." (Czada 2004, 140) Damit wurde die lange dominierende Konsensstrategie gegenüber den Verbänden von Seiten der Regierung endgültig verlassen.

Die Konsensstrategie scheiterte zweimal. Das erste Mal im Frühjahr 1996, als das Kohlsche Bündnis für Arbeit am Konflikt um die Lohnfortzahlung zerbrach und von den Gewerkschaften aufgekündigt wurde. Auch der zweite Versuch zu einem Bündnis für Arbeit unter der Regierung Schröder ist mittlerweile Geschichte, diesmal jedoch wurde es von der Regierung beendet. Bereits die Bündnisversuche brachen mit der Tradition: Sozialpolitik wurde zum ersten Mal zum Gegenstand von regelmäßigen Spitzengesprächen im Bundeskanzleramt, womit die „Alleinherrschaft" des um die Bundesanstalt für Arbeit und das Arbeitsministerium gruppierten Netzwerks aus Verbänden und Sozialpolitikern in Frage gestellt wurde (Trampusch 2005, 9-10).

Zudem wurden neue Kommissionen (der Hartz-Kommisssion folgten ähnliche Ausschüsse in weiteren Bereich der Sozialpolitik) auch mit dem Auftrag eingerichtet, die politisch bereits beschlossenen Maßnahmen wissenschaftlich zu begründen, anstatt neue richtungweisende Konzepte zu entwerfen. Das bedeutet im Ergebnis für die Verbände, dass sie nicht mehr, oder zumindest in deutlich geringerem Maße, gestalterisch in den politischen Prozess eingreifen können, und vermehrt mit dem Ergebnis in Form von Gesetzen umgehen lernen müssen, statt diese selbst zu entwerfen. (Vgl. Trampusch 2005, 15-16)

Interessanterweise ist der Niedergang dieser lange geübten Tradition vergleichsweise „rasch und schmerzlos" von statten gegangen. Der Grund dafür dürfte in einer Schwäche der Verbände, die sich nicht schnell genug auf geänderte Rahenbedingungen eingestellt hatten,[163] liegen und „... auf einen Wandel des Parteien- und Verbändesystems zurückzuführen [sein], der mit der Verschärfung der Krise des Sozialstaates an der Schnittstelle von Tarifautonomie und Sozialpolitik ... zwischen Sozialpartnerschaft und ihrer staatlichen Gewährleistung zusammenhängt." (Trampusch 2005, 3-4) Hier bereits angedeutet ist aber auch eine Schwäche auf Seiten des Staates, die Czada noch schärfer formuliert:

> Anders als in Schweden, Österreich oder in den Niederlanden konnte die korporatistische Politik in Deutschland nicht zuletzt deshalb so schnell erodieren, weil der semisouveräne Staat nicht in der Lage war, den Wohlfahrtsstaat und die Beziehungen zwischen den Sozialpartnern auf die aus Vereinigung und Globalisierung resultierenden neuen Herausforderungen einzustellen. (Czada 2004, 149)

Positiver formuliert heißt das: „Die" Politik macht sich damit zunehmen unabhängig von den Interessen der Verbände, und zwar in allen Bereichen der Sozial- und Arbeitsmarktpolitik. So hält Christine Trampusch fest, „... dass in der Sozial- und Arbeitsmarktpolitik ein Prozess der Autonomisierung des Parteiensystems gegenüber dem Verbändesystem stattfindet. Der Staat ist hoch aktiv geworden und interveniert in einem Politikbereich, der bislang weitgehend den Sozialpartnern überlassen war." (Trampusch 2005, 3 und 19)[164] So hat „... sich die Regierung nach der Aufkündigung des Bündnisses für Arbeit dafür entschieden [...], statt mit den Verbänden mit der Opposition zu regieren" (Streeck 2005) – in einer Art „informellen große Koalition" (Trampusch 2005, 18, Lamping/ Rüb 2004, 17)

Die Änderungen in den Beziehungen der Akteure zueinander lassen sich teils mit einem Wandel im Verständnis des politischen Prozesses erklären und teils mit einem zunehmend „autonomen" Selbstverständnis auf Seiten der Politiker. Letztere wollen sich nicht mehr so stark dem Einfluss der Verbände aussetzen, und sehen darin auch nicht mehr den großen Nutzen, den es früher gab.

> Mit [dem] Bedeutungsverlust [des Normalarbeitsverhältnisses, *Erg. UB*] gehen auch die alten Gewerkschaften unter. Ihre Verbindung mit sozialdemokratischen Parteien wird zur Hypothek der Parteien, weil die Arbeitnehmerverbände nur noch wenige Stammwähler bringen, aber viele potenzielle Wähler der neuen Mittelschichten des Dienstleistungssektors abschrecken. (Armingeon 2001, 56)

---

163 „Weil die Verbände den Sozialstaat nicht selbst reformiert haben, zum Teil auch deswegen, weil sie dazu aufgrund ihres eigenen Zerfalls nicht mehr in der Lage waren, wird der Sozialstaat nun vom Staat reformiert." (Trampusch 2005, 4).

164 Oder noch schärfer formuliert: „Der Sozialstaat ist zur Chefsache geworden." (Trampusch 2005 , 4).

Ähnliches gilt für die Beziehungen zwischen CDU/CSU und Arbeitgebervertretung bzw. dem Arbeitnehmerflügel in den Parteien: Während dieser früher eine wichtige Stellung innerhalb der christlichen Parteien eingenommen hat und maßgeblich an der Meinungsfindung beteiligt war, „... hat die CDA heute nur noch den Auftrag die Arbeitnehmerorientierung der CDU dem Wähler zu präsentieren, diesen auch zu vermitteln aber nicht mehr." (Trampusch 2005, 16; *Hervorhebung UB*) Die Verbindungen zu Gewerkschaft und Arbeitnehmerflügel bieten nicht mehr den Rückhalt in der Arbeiterschaft und damit kein gesichertes Stammwähler-Potenzial mehr. Dies liegt nicht zuletzt an einer gewandelte Arbeitswelt und der Nicht-Beachtung zunehmend heterogener Erwerbsverhältnisse von Seiten der Arbeitnehmervertretung. Auch die Wahlergebnisse der letzten Jahre könnten hier eine Rolle gespielt haben (Trampusch 2004b, 18-20). Unter diesen neuen Voraussetzungen erschien „... die Flucht nach vorne und die Abkehr von der Konsensgesellschaft als Ausweg..." (Trampusch 2005, 11)

Auch auf der „anderen" Seite dieses einst harmonischen Verhältnisses haben sich die Einstellungen zur geübten Praxis des politischen Prozesses gewandelt. Die Verbände haben sich auch von sich aus ein Stück weit aus der Bindung mit den Parteien zurückgezogen, da auch für sie die traditionelle Kooperation nicht mehr die Vorteile zeitigt, die sie früher bot. Dies wurde z.B. deutlich daran, dass es bei der Bundestagswahl 2002 keine Wahlempfehlung mehr für die SPD gab.

Vor allem die Verbindung der Gewerkschaft zur SPD bringt nicht mehr die Vorteile, die früher für den DGB bestanden: Beispielhaft dafür sei das sichere Eintreten der SPD für die Interessen der Gewerkschaft genannt. Die Arbeitnehmervertretung wurde zwar dafür eingesetzt, die Vorhaben der SPD-dominierten Regierung der gewerkschaftlichen Klientel näher zu bringen und hier eine Art Übersetzer- und Vermittlerrolle einzunehmen, umgekehrt hat sie aber kaum einen Return für diese Leistung erhalten. In Reaktion darauf haben auch die Verbände, und hier insbesondere die Gewerkschaften, ebenfalls mit Rückzug reagiert und ihrerseits das Verhältnis gelockert. Allerdings ist dies eher als Reaktion denn als bewusst gesetzte, aktive Strategie zu verstehen, da die aktuelle Situation für die Verbände eine deutliche Verschlechterung für die Durchsetzungsmöglichkeiten ihrer Positionen bedeutet.[165]

165 Auch die diesbezügliche Neu-Orientierung innerhalb der Parteien ist bereits nicht als planvolles, bewusst eingeschlagenes Vorgehen zu werten: „Der Kurwechsel in der Sozial- und Arbeitsmarktpolitik ist daher weniger Resultat einer langfristigen strate-

Die Wandlung dieses Zusammenspiels in den letzten Jahren hält Czada fest: „Insgesamt erscheint besonders bemerkenswert, wie rapide die Fähigkeit zu sektoraler Selbststeuerung und die entsprechende Selbstorganisationspotenziale abgenommen haben. Das deutsche Modell ist nicht mehr Beispiel dafür, wie die Regierung Gesetze auf den Weg bringen und dann ohne größere Einmischung ... zur Ausführung überlassen kann.“[166] (Czada 2004, 147-148)

Die lockeren (oder gelockerten) Bindungen zwischen Verbänden und Parteien erlauben es, dass die Positionen der Verbände nicht mehr das Gewicht im politischen Prozess haben, das ihnen früher zugestanden wurde. Themen, die bislang von vorne herein negativ betrachtet beziehungsweise nicht einmal auf die tagespolitische Agenda gebracht wurden, da man mit klarem Widerstand der Verbände rechnen hätte müssen oder bei denen die Verbände schon im Vorhinein interveniert hatten, werden damit neu zur Disposition gestellt. So wird es möglich, viele Themen überhaupt erst anzudenken oder sogar umzusetzen, da die in der Regierungsverantwortung stehenden Parteien nicht mehr an die Interessen der Verbände gebunden sind. Damit wird es auch, neben natürlich vielen anderen Themen, möglich, neu über Selbstständigkeit nachzudenken. Wie im vorangegangen Kapitel gezeigt wurde, sind die diesbezüglichen Verbandsinteressen bislang als zumindest verhalten, wenn nicht sogar ablehnend zu bezeichnen. An diese Einschätzung ist die Legislative nun in viel geringerem Ausmaß gebunden als früher.

3.5.3.2 Neue Positionen innerhalb der Legislative und der Verbände

Im Folgenden werden die neuen Entwicklungen und geänderten Interessen der Arbeitsmarktakteure dargestellt, wobei nur auf die drei Akteure DGB, BDA und Regierung eingegangen wird, da die Bundesagentur für Arbeit keine eigenen inhaltlichen Positionierungen hat, sondern nur ausführendes Organ ist. (Siehe oben) Dabei wird deutlich, dass sich die Interessen positiv gewandelt haben,

---

gischen, sondern Ergebnis einer opportunistischen Politik kreativer politischer Unternehmer.“ (Trampusch 2005, 19) Umso weniger wäre die Neu-Positionierung der Verbände, die ja im Wesentlichen eine reaktive Antwort ist, als eine gewollte Entwicklung zu werten.

166 Czada bezieht sich hier auf das Zusammenspiel zwischen Regierung, Ärzteverbänden sowie Krankenkassen. Die Feststellung gilt aber ebenso für alle anderen Verbände, wie er selbst betont: „Aufgrund zunehmender Konflikte unter den beteiligten Verbänden über die Verteilung eines schrumpfenden Kuchens gilt dies ähnlich für alle Bereiche der Sozialpolitik“. (Czada 2004, 148)

Selbstständigkeit aber noch immer ein „Fremdkörper" in der Arbeitsmarktpolitik Deutschlands ist.

Die neue Position der Legislative lässt sich im Großen und Ganzen bereits aus dem Kapitel 3.5.2 ablesen. Sie resultiert, soweit es die eigenständige Positionierung der Regierung selbst betrifft, und es sich nicht Positionen handelt, die über die Parteien vermittelt sind, aus Änderungen in der wissenschaftlichen Betrachtung von Selbstständigkeit. Diese hat sich vor allem deswegen gewandelt, da mit dieser Erwerbsform nun bestimmte (wünschenswerte) Attribute verbunden werden (siehe dazu Kapitel 1.3), sich also eine eigenständige positive Position zur Selbstständigkeit entwickelt hat, die die Regierung teilweise übernommen hat.

Regierungen sind, auch wenn die verschiedensten Interessen auf sie Einfluss zu nehmen versuchen, immer auch selbstständige Entitäten, die nicht (nur) als von externen Präferenzen geleitete Institutionen zu verstehen sind.[167] Gerade mit der in den letzten Jahren zunehmenden Autonomisierung der Parteien, und damit auch der Regierung, nimmt der Einfluss von „Sachverständigen" über neue oder zumindest andere Steuerungsformen und Entscheidungsstrukturen im selben Maß zu, wie die Steuerung über die Sozialpartner abnimmt. (Siehe dazu auch oben die Darstellung zur Hartz-Kommission). Wie sehr das Interesse am Thema Selbstständigkeit, nicht zuletzt aufgrund der positiven Expertenmeinungen, gewachsen ist, lässt sich dabei gut an der wachsenden Zahl von Unterstützungsangeboten ablesen. (Siehe dazu auch Kapitel 1.3 und 2.4)

Und auch die Parteien an sich setzen zunehmend auf „Experten" statt auf Verbandsangehörige.[168] Die Sozialpolitiker, die oftmals auch in den Interessenverbänden tätig sind, haben in den letzten Jahren an Einfluss auf die Parteipositionen verloren. Die wichtigen Ämter werden immer seltener mit klassischen Sozialpolitikern besetzt. (Vgl. Trampusch 2004b, 14, Alemann 2000)

---

167 Nicht zuletzt stehen die Institutionen und Organisationen, die auf Regierungen Einfluss zu nehmen versuchen, oft auch in einem inhaltlichen Gegensatz zueinander. Auch wenn es zweifelsohne Nahebeziehungen, auch starke inhaltliche wie personelle Bindungen gibt, so sollte man Regierungen doch nicht als rein „fremdgesteuerte" Gebilde verstehen und auch nicht als reine Nutzenmaximierer, die jenen organisierten Interessen folgen, hinter denen die meisten Wählerstimmen stehen.

168 Siehe für eine kritische Betrachtung der zunehmenden „Expertokratie" und den verschiedenen Positionen zu diesem Thema z.B. Brütt (2002), Geissel/Penrose (2000, 4-5) oder Leggewie (2006).

Mit der abgeschwächten Loyalität der Parteien zu den Sozialpartnern haben sich innerparteiliche Konflikte über sozialpolitische Reformpositionen zwischen Wirtschafts- und Modernisierungsflügel auf der einen Seite und dem Arbeitnehmerflügel auf der anderen Seite aufgetan (Trampusch 2005, 4, Schubert 2005a). Zumindest in einer Zwischenbilanz sieht es so aus, als würde damit der Sozial-Flügel an Bedeutung verlieren und sich zunehmend schwerer durchsetzen können. Eine endgültige Aussage über diese Entwicklung kann aber aufgrund des erst seit vergleichsweise kurzer Zeit laufenden Prozesses noch nicht getroffen werden.

Ähnliche Prozesse können innerhalb der Verbände beobachtet werden. (Siehe Trampusch 2004b, 17) Maßgeblich dafür verantwortlich ist der Strukturwandel der letzte Jahrzehnte, vor allem bezogen auf die Gewerkschaften, die sich an die geänderte sozio-ökonomische Struktur ihrer (potenziellen) Mitglieder anpassen mussten. Wenngleich auch „... in der historischen Rückschau die soziale und politische Heterogenität der Arbeiter häufig unterschätzt und das Ausmaß an Veränderung übertrieben ...“ wird (Armingeon 2001, 69), so sind hier, gerade bezogen auf den Umgang mit atypischen Erwerbsverhältnissen, doch Tendenzen bemerkbar, die auf eine stärkere Berücksichtigung der Interessen dieses Teils der Erwerbsbevölkerung abzielen.

Diese Entwicklungen innerhalb der Parteien und Verbände aufzuzeigen ist wichtig um zu verstehen, dass es eine neue Form der innerorganisatorischen Meinungsbildung gibt und damit auch traditionelle Positionen und Inhalte ganz neu überdacht werden können. Das muss nicht in jedem Fall bedeuten, dass sich alle Positionen dieser politischen Organisationen grundlegend verändern. Wichtig ist aber festzuhalten, dass es zumindest in den letzten Jahren möglich geworden ist, über viele Sachverhalte innerorganisatorisch neu zu verhandeln oder sie überhaupt erst zur Sprache zu bringen und als Thema auf die Agenda zu setzen – so auch das Thema Selbstständigkeit.

3.5.4 Akteurskonstellation im konservativen Wohlfahrtssystem

Obwohl die Akteurskonstellation, wie zu Beginn des Kapitels angesprochen, zu den das konservativ-korporatistische Regime konstituierenden Faktoren zählt, kann man gerade bei diesem Einflussfaktor die größten Unterschiede zwischen den hier interessierenden Staaten finden. Zwischen Deutschland und Österreich gibt es noch große Parallelen, und auch die Akteurskonstellation in Luxemburg ist noch sehr ähnlich dem hier detailliert beschriebenen Szenario. Auf der anderen Seite sind aber die relevanten Akteure in Belgien und Frankreich vollkommen konträr dazu aufgestellt, sich einander aber wiederum sehr ähnlich. Diese Unterschiede sind in erster Linie nicht in Bezug auf ihre inhaltlichen Positionen (wenngleich auch hier Differenzen zu finden sind) festzustellen, sondern vor allem in Bezug auf ihre Stellung in der Arbeitsmarktpolitik. Zu Beginn des Kapitels wurde festgehalten: „Je nachdem, wie die Akteure in diesem Politikfeld inhaltlich positioniert sind, welche Aufgaben sie wahrnehmen und wie (weit) sie in den politischen Prozess mit einbezogen sind, orientieren sie auch ihre Interessen." (S. 163) Und in genau diesen Punkten unterscheiden sich Frankreich/Belgien auf der einen und Deutschland/Österreich/Luxemburg auf der anderen Seite. Weiter hieß es dort: „Das korporatistische Arrangement, das man in Deutschland antrifft, bezieht die Interessensvertretungen am Arbeitsmarkt traditionell vergleichsweise stark in den Politik-Prozess mit ein und überträgt ihnen weitgehende Kompetenzen in der Arbeitsmarktpolitik." Ganz anders ist dies in Frankreich und Belgien, wo das Verhältnis zwischen Verbänden und Legislative viel stärker auf Konflikt und Gegensatz ausgerichtet ist als auf Konsens und Zusammenarbeit. Folgerichtig resultiert diese unterschiedliche Aufstellung in der Arbeitsmarktpolitik auch in einer unterschiedlichen Interessenlage. Hinzu kommt ein gänzlich anderes Staatsverständnis, das die divergierende Sicht auf die Verbände und deren Aufgaben komplementiert, wie die Charakterisierung für den französischen Fall deutlich macht:

> (...) Etatismus, Adversalismus und Mißachtung sowie Mißtrauen gegenüber den Verbänden, ... beschränkte Möglichkeiten rechtlicher Überprüfung von Verwaltungsentscheidungen,... Schwäche des Parlaments und Konzentration von Macht in der Exekutive, monokratische Entscheidungsfindung, mit einer Vorliebe für fachlich spezialisierte Beamten, ... Organisation der Beamten in „Grand Corps", mit dem Geist des Corps, ... mit Möglichkeiten für Mobilität sowohl innerhalb als auch außerhalb der Verwaltung, ... Politisierung der Spitzenbeamten bei gleichzeitiger allgemeiner Verachtung von „partikularistischen" Politikern unter den Beamten, eine schwach organisierten Zivilgesellschaft und eine historisch problematische Beziehung zwischen Kirche und Staat. (van Waarden 1993, 207)[169]

169 Van Waarden zufolge fußen diese Charakteristika auf den bis heute in Frankreich wichtigen Einflüssen des Römischen Rechts. Dieser Einschätzung möchte ich mich aber nicht zur Gänze anschließen, wenngleich ihr ein gewisser Erklärungswert zukommen dürfte, da auch das deutsche wie das österreichische Rechtssystem seine Ursprünge im Römischen Recht haben und er selbst auch z.B. als eine der Entwick-

Ein weiteres Charakteristikum der französischen Akteurskonstellation in der Arbeitsmarktpolitik hält Howell fest: "The French state in the postwar period was always fundamentally constrained by two factors: the late and short-lived appearence of a Fordist mass-production economy, and the weakness of the French labor movement." (Howell 1992, 214) Kaum eines der genannten Merkmale würde man in Verbindung mit dem deutschen oder österreichischen Akteurssetting bringen.

Frankreich passt sich sehr schlecht in das konservativ-korporatistische Wohlfahrtsregime ein, und stellt es damit zu einem gewissen Grad in Frage.[170] Denn eine Gruppe, die ursprünglich aus fünf bis sechs Mitgliedern bestand, muss an sich in Frage gestellt werden, wenn zwei der Fälle offensichtlich nicht Teil von ihr sind. Diese schlechte „Einpassung" ist kein Zufall. Selbst wenn alle anderen Bedenken, die es bezüglich dieser Gruppierung sowie der Regimebildung im Allgemeinen gibt, noch nicht bedacht werden,[171] sollte die Kategorisierung Frankreichs als „korporatistisch" aus verschiedenen Gründen zu denken geben.

Unter Korporatismus[172] wird in einer allgemein gehaltenen Definition die „[...] Beteiligung gesellschaftlicher Gruppen an politischen Entscheidungsprozessen" (Schubert 2005b) verstanden. Selbst diese sehr breite Definition des Korporatismus trifft aber auf das französische Verhältnis zwischen Staat und Verbänden nicht zu. Und so bezeichnet die korporatistisch geprägte Literatur Frankreich als nicht-korporatistisches Land oder höchstens als einen Staat, in dem der Korporatismus nur schwach ausgeprägt ist – anders als die klassische Wohlfahrtssystemeinteilung nach Esping-Andersen, an die sich, gerade in diesem Fall, auch viele seiner Nachfolger und Kritiker gehalten haben.

---

lungsbedingungen für den niederländischen Korporatismus die römische Rechtstradition nennt (van Waarden 1993, 207). Zudem stehen Merkmale wie „schwache Zivilgesellschaft" in keinem ursächlichen Zusammenhang mit der Gestaltung der Rechtsnormen.

170 Die folgenden Ausführungen und auch das Kapitel 4 greifen an vielen Stellen nur auf die Beispiele Frankreich und Deutschland zurück, da Belgien und Österreich gut über diese beiden Prototypen, die ihnen sehr ähnlich sind, abgedeckt werden können.

171 Mit diesen Aspekten wird sich das Kapitel 4.3 beschäftigen.

172 Im heutigen politischen und politikwissenschaftlichen Verständnis ist nur noch der „gesellschaftliche oder liberale Neo-Korporatismus" im Blickpunkt, so auch im Folgenden. (Siehe z.B. Voelzkow 2003)

Denkt man an die klassische Definition des Korporatismus nach Schmitter (1981),[173] lässt sich leicht erkennen, dass dies nicht auf das französische Modell der Interessensrepräsentation zutrifft. Es gibt kein Repräsentationsmonopol[174], die Verbände werden nicht in den Politik-Prozess miteinbezogen, der staatliche Einfluss auf die Organisation der Verbände fehlt.

Auch quantitative Korporatismus-Indikatoren, wie sie Kenworthy (2000, 6) bespricht, bieten kaum Anhaltspunkte dafür, Frankreich in diese Gruppe einzuordnen. Quantitative Korporatismus-Konzepte konzentrieren sich hauptsächlich auf die vier Charakteristika Organisation der Interessensrepräsentation, Lohnverhandlungssystem, Einbindung der Interessengruppen in den Policy-Prozess sowie Stellenwert der Konsensfindung im polit-ökonomischen System, und erlauben eine Reihung von „wenig" bis „stark korporatistisch". Frankreich erfüllt diese Kriterien nur in sehr beschränktem Ausmaß.

Zwar gibt es eine staatliche Anerkennung der Interessenverbände, allerdings sind die Interessen auf eine Weise organisiert, die ein Vertretungsmonopol unmöglich macht – zumindest auf Arbeitnehmerseite. Das System der Interessenvermittlung ist „segmentär und stratifikatorisch statt ... funktional differenziert". (Czada 1995) Die Gewerkschaften sind zudem politisch stark zersplittert, stehen sich teilweise sogar richtiggehend feindschaftlich gegenüber. Hinzu kommt, dass der gewerkschaftliche Organisationsgrad im internationalen Vergleich sehr gering ist.[175] Die Zersplitterung der Interessensvertretungen traf bis vor einigen Jahren auch auf die Arbeitgeberseite zu; 1998 aber haben sich die verschiedenen Verbände zum MEDEF zusammengeschlossen (www.medef.fr). Da die korporatistische Literatur jedoch fast ausschließlich die Organisation der Arbeitnehmer-

---

173 Kleine Anzahl an Interessensgruppen, die zueinander nicht im Wettbewerb stehen und deswegen sowie aufgrund einer staatlichen Legitimierung der Verbände und ihrer Interessen durch den Staat über ein gewisses Repräsentationsmonopol verfügen; ein gewisses Maß an Einbindung der Verbände in die Identifizierung von politischen Problemen, die Entwicklung von Lösungsalternativen sowie der Implementierung der gewählten Lösungsvariante. (Siehe Schmitter 1981, 94)

174 Auch wenn die Arbeitgeberseite sich mittlerweile zum MEDEF, dem Mouvement des Entreprises de France, zusammengeschlossen hat, bleibt abzuwarten, ob diese Vereinigung bestand haben wird.

175 Der Organisationsgrad lag 1995 bei nur 9% verglichen mit 91% in Schweden als Spitzenreiter und 41% in Österreich sowie 29% in Deutschland (Eichhorst/Profit/Thode 2001, 139).

seite behandelt, fällt dieses Vertretungsmonopol auf Arbeitgeberseite kaum ins Gewicht.

Lohnverhandlungen werden, wie auch in Deutschland, hauptsächlich auf sektoraler Ebene geführt, es gibt aber in einigen Branchen auch nationale Tarifverträge und eigene Tarifverträge für Großbetriebe. Eine Koordination der Tarifpolitik, wie sie etwa in Deutschland über die Pilotabschlüsse stattfindet, gibt es aber nicht. Daneben nimmt der Staat oft und massiv Einfluss auf die Tarifpolitik, so z.B. über die Gesetzgebung zum Mindestlohn[176] (Eichhorst/Profit/Thode 2001, 141-142). Eine direkte Einbindung der Interessensverbände in den Politik-Prozess gibt es nicht, den Verbänden werden kaum Aufgaben von staatlicher Seite übertragen.[177]

Der Stellenwert der Konsensfindung ist zwiespältig zu beurteilen. Auf den ersten Blick sieht es so aus, als wäre „Konsens“ keine Vokabel der französischen Politik. Streiks und Demonstrationen entsprechen nicht nur dem klischeehaften Bild Frankreichs,[178] die Arbeitnehmer scheinen sich auch tatsächlich hauptsächlich über Blockade durchzusetzen. Dagegen gibt es aber zwei Einwände: Zum Einen wird es häufig als Teil der französischen „politischen Kultur“ bezeichnet, dass es üblich sei, zuerst drastische Maßnahmen von staatlicher Seite anzukündigen, auf welche die Interessensverbände reflexhaft reagieren, worauf wiederum der Staat sich in den meisten Fällen verhandlungsbereit zeigt. Am Ende steht oft ein Kompromiss statt der konsequenten Durchsetzung der ursprünglichen Regierungsvorlage. (Siehe z.B. Hardt 2001, Howell 1992, Lang 1993, Levy 2000, Palier 2000 oder van Waarden 1993) Zum zweiten hat sich in den letzten Jahren gerade an dieser Strategie einiges geändert. Wichtige sozialpolitische Maßnah-

176 1998 wurde der SMIC („salaire minimum inter-professionnel de la croissance“) als Mindestlohn neben dem bereits bestehenden RMI („Revenu minimum d'insertion“) als Minimaleinkommen, eingeführt. 2003 betrug er 7,19€ Bruttostundenlohn (www.insee.fr).

177 Eine Ausnahme stellt hier vor allem die Organisation der Arbeitslosenversicherung dar, die von den Interessensverbänden geleitet wird sowie die Rentenversicherung, an deren Organisation die Gewerkschaften zumindest indirekt beteiligt sind (Schmid J. 2002a, 143).

178 Zwischen 1990 und 1998 gab es pro 1000 abhängig Beschäftigter im Mittel 23 Streiktage. Damit liegt Frankreich zwar über den jedenfalls, unabhängig von Theorierahmen und Verständnis, korporatistischen Ländern Deutschland und Österreich (4,8 und 3,0 Tage respektive), aber dennoch im OECD-Vergleich nur im unteren Mittelfeld. Europäischer Spitzenreiter ist Italien mit 177,1 Tagen, nur noch übertroffen von Kanada mit 217,6 Tagen (Eichhorst/Profit/Thode 2001, 158).

men wie die 35-Stunden-Woche wurden in Abstimmung mit Arbeitnehmern und Arbeitgebern ausgehandelt (Levy 2000, 338-344). Daraus eine Trendwende abzuleiten, wäre verfrüht, eine gewisse Bewegung im Umgang von Staat und Verbänden miteinander kann aber registriert werden.

Neuere Korporatismus-Konzepte beziehen sich auf „[...] jegliche Form der institutionellen Staat-Verbände-Beziehung" (Schubert 2002, 451). Dabei entsteht eine Vielfalt an Konzepten, vom Meso- und Mikrokorporatismus über einen sektoralen, regionalen und parzellierten Korporatismus, bis hin zum selektiven, inszenierten oder auch situativen Korporatismus. Zentrales Moment ist dabei weniger die Struktur, die in der traditionellen Korporatismus-Forschung im Mittelpunkt stand, als viel mehr die Verfahren, die zu Kooperation, Konsens und Interessensausgleich führen. Doch auch mit diesem breiteren Korporatismus-Verständnis fällt es schwer, Frankreich mehr als eine schwach korporatistische Struktur zuzusprechen. Zu sehr mangelt es an Abstimmung und Koordination, gegenseitiger Einflussnahme und Zusammenarbeit in einem institutionalisierten und/oder dauerhaften Rahmen, der ein verlässliches und dauerhaftes Zusammenarbeiten erst ermöglicht. So bleibt es in einer Gesamtbewertung schlüssig, Frankreich in seiner Staat-Verbände-Beziehung und Interessenrepräsentation als Land mit nur sehr schwach ausgeprägtem Korporatismus zu bezeichnen, auch wenn einiges auf eine beginnende Trendwende hindeutet.

Der Unterschied zwischen der Literatur zur Interessenvertretung und den Autoren, die sich mit den Europäischen Wohlfahrtssystemen auseinander setzen, ist evident und geht über ein rein semantisches Missverständnis um den Terminus „korporatistisch" hinaus. Interessant ist, dass Esping-Andersen selbst zwar auch gewisse Schwierigkeiten bei der Einordnung Frankreichs sieht, diese aber hauptsächlich im republikanischen und antiklerikalen Einfluss[179] verortet. Dennoch entschließt er sich für die Zuordnung zum konservativen Modell aufgrund der „starken korporatistischen Züge" (Esping-Andersen 1999a, 81-82), die das französische Modell aufweise. Das lässt sich als Hinweis auf ein grundverschiedenes Verständnis vom Begriff des Korporatismus deuten, als Missinterpretation des Begriffs, oder als schlichte Fehldeutung des empirischen Falls und damit falsche Einordnung.

Dass die Unterschiede gerade bei diesem Einflussfaktor so deutlich sind, wird weiter unten noch zu behandeln sein (siehe Kapitel 4.2 und 4.3), da sich

179 Wobei der vermeintlich vorzufindende Antiklerikalismus auch für sich genommen nicht unumstritten ist.

auch bei einigen der anderen Einflussfaktoren deutlichere Abweichungen ergeben haben, als dies die Zusammenfassung der betreffende Länder hätte vermuten lassen. Der Akteurskonstellation am Arbeitsmarkt ist besonderes Augenmerk zu widmen, da Abweichungen an dieser Stelle die Regimebildung an sich in Frage stellen müssen. Unterschiede bei anderen Faktoren jedoch sollten nicht verwundern: So ist etwa die Frauenerwerbsquote nicht Teil der Faktoren, die eine Regimezugehörigkeit in der klassischen Variante nach Esping-Andersen mit bestimmen. Es ließe sich einzig anmerken, dass die Clusterung offensichtlich nicht mehr stimmt, wenn weitere Charakteristika mit in die Analyse einbezogen werden. Verwundern sollte es aber nicht. Anders verhält es sich bei der Akteurskonstellation in der Arbeitsmarktpolitik, da dies sehr wohl einer der Faktoren ist, der in die Clusterzusammensetzung eingeflossen ist.

3.6 System der sozialen Absicherung

Jeder entwickelte Industriestaat hat eine Form der Absicherung von sozialen Risiken, vor allem jener, die im Zuge der Erwerbstätigkeit entstehen (Einkommensausfall wegen Alter, Krankheit oder Arbeitslosigkeit sowie Armut). Dass der Staat eine gewisse Verantwortung für diese „Wechselfälle des Lebens" hat, ist in dabei common sense. Sehr unterschiedlich sind aber die Auffassungen darüber, wie die Absicherung genau ausgestaltet sein soll und wie sehr der Staat hier einzugreifen hat. Ohne hier im Detail in die Diskussion darüber, ob man hierbei verschiedene Gruppen, Regime oder Systeme ausmachen kann, einzusteigen, und welche diese genau sind, wie die Cluster abzugrenzen sind, und was deren Haupt-Charakteristika ausmacht (siehe dazu auch Kapitel 4.2 und 4.3), können zumindest zwei große Gruppen voneinander unterschieden werden, deren Finanzierung der Absicherung sozialer Risiken doch sehr verschieden ist. Die eine Form ist die Absicherung über (Sozial)Versicherungen, wie diese auch jeweils konkret ausgestaltet seien, die andere Form besteht in der Finanzierung über Abgaben, auch hier wiederum mit teils sehr unterschiedlichen Ausgestaltungen. In den hier interessierenden Ländern mit konservativem Wohlfahrtssystem trifft man durchwegs auf die Finanzierung über Versicherungen, genauer: Sozialversicherungen, die Leistungen im Umlageverfahren abgeben und Einnahmen aus prozentuelle Beiträge an den Arbeitseinkommen beziehen.

Der Zusammenhang zwischen dem System der sozialen Sicherung und der Selbstständigkeit erschließt sich nicht auf Anhieb. Vor allem kann die Ausgestaltung des Sicherungssystems dazu beitragen, dass negative Anreize für den Schritt in die Selbstständigkeit gesetzt werden. So ist z.B. eine Sicherungssystem, das nur jene erfasst, die in abhängiger Erwerbsarbeit[180] beschäftig sind, ein klarer Anreiz, in diesem System zu bleiben, um die Absicherung, die außerhalb des Sozialversicherungssystems organisiert nur schwerer, teurer oder in manchen Fällen auch gar nicht (so vor allem bei „Arbeitslosigkeit" aufgrund von mangelnder Auftragslage) möglich wäre, nicht zu verlieren. Wird die Sozialversicherung anteilig von Arbeitgeber und Arbeitnehmer finanziert, kommt zudem hinzu, dass für Selbstständige, so sie keine Solo-Selbstständigen sein oder bleiben wollen, hohe Ausgaben für die Versicherungsbeiträge der bei ihnen Beschäftigten zu leisten sind, was gerade in der Gründungsphase oder auch für kleinere Unternehmen generell einen hohen Kostenfaktor darstellt. Das folgende Kapitel beschäftigt sich deswegen mit der Frage, wie das konservative System der sozialen Sicherung der Selbstständigkeit im Weg steht, sie behindert, den Schritt in die Selbstständigkeit erschwert, und ob dieser einleuchtende Zusammenhang auch empirisch nachzuvollziehen ist, was über Befragungen zum Thema Existenzgründung erfolgt.

Neben der Frage der Organisation und Finanzierung des eigentlichen Sicherungssystems gibt es in vielen Ländern aber auch andere Absicherungsmechanismen, funktionale Äquivalente, wie z.B. Arbeitsmarktregulation, geschützte Arbeitsverträge und Lohnvereinbarungen, tarifvertragliche Regelungen oder staatliche Mindestabsicherungen (vgl. dazu Bonoli 2000, 439). Diese sind zumeist an den Arbeitnehmerstatus gebunden. Zu untersuchen ist also auch, inwieweit es solche funktionalen Äquivalente gibt, und in welchem Ausmaß sie den Schritt in die Selbstständigkeit hemmen.[181] Auch hier gibt es Folgen nicht nur für den eigenen Schritt in die Selbstständigkeit, sondern auch für potenzielle Arbeitgeber. Von Bedeutung ist vor allem die Ausgestaltung des Arbeitsschutzes. Zwar stehen hohe arbeitsrechtliche Hürden im Bereich des Kündigungsschutzes nicht in di-

180 Beamte fallen zwar rein rechtlich nicht in diese Gruppe, aber ihre Sicherungsform unterscheidet sich inhaltlich nicht von jener der Angestellten und Arbeiter, sondern wird nur in anderen Versicherungen organisiert.

181 Das wird nur bei jenen Äquivalenten, die direkt an den Arbeitnehmerstatus gekoppelt sind, der Fall sein, wohingegen sich staatliche Mindestsicherungen eher positiv auswirken. Die erste Gruppe überwiegt aber deutlich.

rektem Zusammenhang mit der Entscheidung für oder gegen eine Betriebsgründung. Jedoch kann ein hoher Kündigungsschutz als Einstellungshürde fungieren, und damit manchem Gründungs- oder Expansionsvorhaben entgegenstehen.[182]

Im Folgenden wird somit das System der sozialen Absicherung in Deutschland, stellvertretend für die fünf Staaten des konservativen Wohlfahrtsregimes, dargestellt. Gerade bei diesem Einflussfaktor besteht eine sehr hohe Homogenität unter den fünf Ländern. Im Anschluss daran wird aufgezeigt, in welcher Weise die konkrete Ausgestaltung Einfluss auf die Selbstständigkeit hat.

3.6.1 Das System der sozialen Absicherung in Deutschland

Deutschland gilt als „Prototyp des an abhängige Beschäftigung gekoppelten Sozialschutzes: Der gesetzliche Schutz der ... abhängigen Beschäftigten erfolgte von vorneherein auf zwei Wegen: zum einen über die inhaltliche Regelung durch das Arbeitsrecht, zum anderen über den Ausbau des Sozialversicherungssystems." (Schulze Buschoff 2004, 4-5) Die sozialen Risken werden in Deutschland zum überwiegenden Teil nach dem Versicherungsprinzip organisiert und über ein Sozialversicherungssystem im Umlageverfahren nach dem Äquivalenzprinzip abgedeckt. (Siehe z.B. Schmid J. 2002a, Zimmermann/Henke 2001) Vor allem die Einkommensausfälle aus diversen Gründen werden so abgedeckt und machen auch den Großteil der Aufgaben aus, denen sich die soziale Absicherung in Deutschland widmet. Andere Aufgaben, wie die Bekämpfung von Armut bzw. die Linderung ihrer Folgen, (Aus)Bildung oder auch Kinderbetreuung haben eine vergleichsweise geringere Priorität und werden auch nicht oder nur selten über das (Sozial)Versicherungsprinzip abgedeckt (Hegelich/Meyer 2006). Inkludiert in die Sozialversicherung sind der Einkommensausfall aufgrund von Arbeitslosigkeit, Alter und Arbeitsunfähigkeit, die Abdeckung der Kosten im Krankheitsfall und seit 1995 auch bei Pflegebedürftigkeit. Darüber hinaus wird auch der Einkommensausfall bei Nichterwerbstätigkeit nach der Geburt eines Kindes zumindest zeit- und teilweise abgedeckt. Die Sozialversicherung wird überwiegend paritätisch aus Beiträgen der Arbeitgeber und Arbeitnehmer finanziert. Diese Parität ist auch in der Organisation der Sozialversicherung an sich wieder zu finden: Die Leitung wie auch die Administration übernehmen als Vertreter

182 Dass die Formel niedriger Kündigungsschutz = mehr Beschäftigung bzw. hier: mehr Selbstständige zu kurz greift, wird weiter unten besprochen.

von Arbeitgebern und Arbeitnehmer die Sozialpartner (Hegelich/Meyer 2006). Die Auszahlungen bzw. Leistungsabgabe erfolgt überwiegend nach dem Äquivalenzprinzip, das durch soziale Komponenten abgeschwächt wird. (Vgl. Lißner 2005) Die wenigen Abweichungen zu den genannten Charakteristika (Versicherungsprinzip, Sozialversicherungssystem, Äquivalenzprinzip, Umlageverfahren, paritätische Finanzierung und Organisation) fallen kaum ins Gewicht.[183]

Neben den (halböffentlichen, parafiskalischen) Sozialversicherungen gibt es eine Reihe von privaten Versicherern, die einerseits jenen Personen zugänglich sind, die sich aufgrund des Überschreitens der Pflichtversicherungsgrenze in der privaten Versicherung kranken- und pensionsversichern müssen. Zudem stehen sie allen offen, die von den gesetzlichen Kassen erfasst werden, darüber hinaus aber eine zusätzliche Absicherung wünschen, andererseits aber auch all jenen, denen der Weg in die gesetzlichen Kassen prinzipiell verwehrt ist. Und das sind vor allem jene, die sich in keinem Arbeitsverhältnis befinden.[184]

Ein erster quantitativer Ansatzpunkt zur Charakterisierung des Systems der sozialen Absicherung sind Kennzahlen zur Ausgabenseite (s. Abbildung 63).

Dieser Anteil hat sich sowohl in Deutschland wie auch in den anderen hier interessierenden Ländern trotz einiger Schwankungen in den letzten 15 Jahren deutlich nach oben entwickelt (s. Abbildung 64), wobei der Verlauf und auch die Steigerungsrate parallel zur deutschen Entwicklung verlaufen ist, wenngleich auch die deutsche Steigerungsrate mit 4,5 Prozentpunkten den höchsten Wert aufweist,[185] dies aber aufgrund der zu verfolgenden Schwankungen sowie der Eindämmung der Steigerung seit 1996 nicht überinterpretiert werden sollte.[186] Interessanter als die Höhe der Sozialausgaben ist deren Verwendung (s. Abbildung 65).

183 Dabei handelt es sich hauptsächlich um die nur oder überwiegend von den Arbeitgebern getragene Unfallversicherung und Entgeltfortzahlung im Krankheitsfall sowie die steuerfinanzierten Leistungen wie Sozialhilfe, Arbeitslosengeld II, Leistungen der Jugendhilfe und die Altervorsorge der Beamten. (Vgl. Lißner 2005, 352 sowie www.bmas.bund.de)

184 Mitgedacht sind hier auch all jene, die zwar kein aufrechtes Arbeitsverhältnis haben, für die die öffentliche Hand aber Beiträge in die Sozialkassen zahlt wie z.B. Arbeitslose.

185 Die Wachstumsraten von Belgien, Frankreich, Luxemburg und Österreich betragen für den Zeitraum 1991-2003 in Prozentpunkten: 2,7; 2,9; 1,8 und 3,2.

186 Würde man die Wachstumsrate nur zwischen 1996 und 2003 betrachten, würde sie für Deutschland nur 1,1 Prozentpunkte betragen.

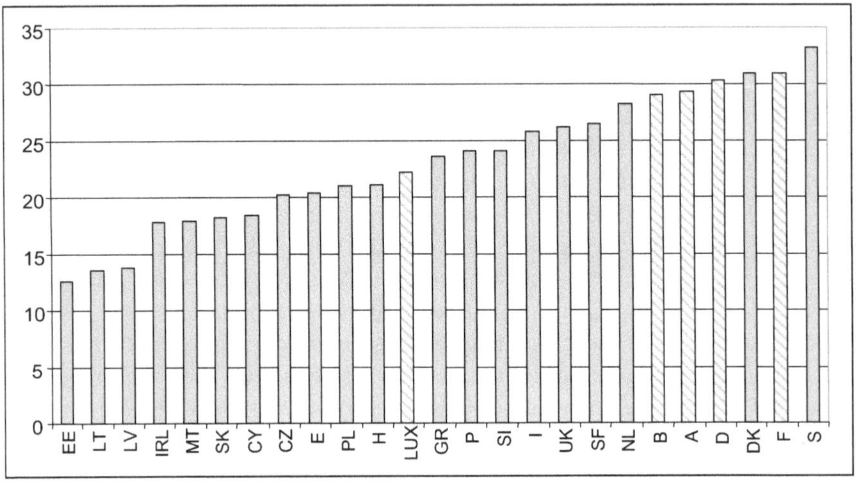

Abbildung 63: Öffentliche Sozialausgaben[187], ausgewählte Länder, 2003, in % des BIP. Quelle: Eurostat oJ.; eigene Darstellung

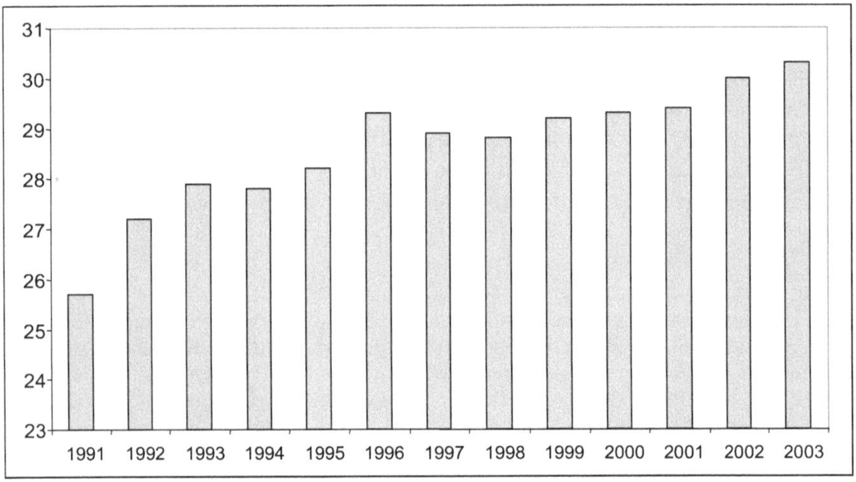

Abbildung 64: Öffentliche Sozialausgaben, Deutschland, 1991-2003, in % des BIP. Quelle: Eurostat oJ.; eigene Darstellung

187 Damit sind die Ausgaben von sowohl rein staatlichen wie auch parafiskalischen Einheiten gemeint.

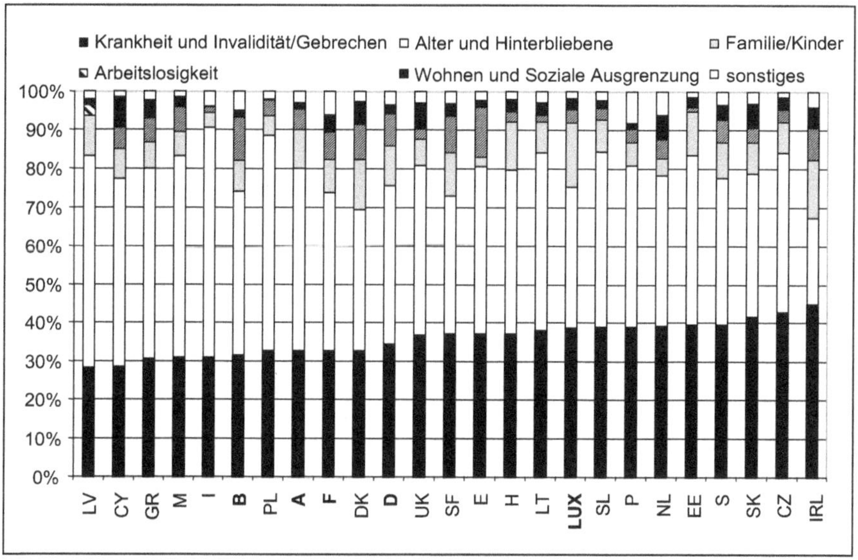

Abbildung 65: Verwendung der Sozialausgaben, EU-25, 2003, in % an allen Ausgaben. Quelle: Eurostat oJ.; eigene Darstellung

Bis hierher wurde vor allem das Ausmaß des Wohlfahrtssystems anhand der Sozialausgaben dargestellt. Die andere Seite der sozialen Absicherung ist die Frage der Herkunft der Einnahmen. In Deutschland wie auch den anderen hier relevanten Ländern wird die soziale Sicherung hauptsächlich durch die am Arbeitsmarkt Beteiligten finanziert (s. Abbildung 66).

Auch wenn der überwiegende Teil immer noch aus Arbeitgeber- und -nehmerbeiträgen finanziert wird, hat der Aufkommensanteil dieser Einnahmenquelle doch im Zeitverlauf abgenommen (s. Abbildung 67).

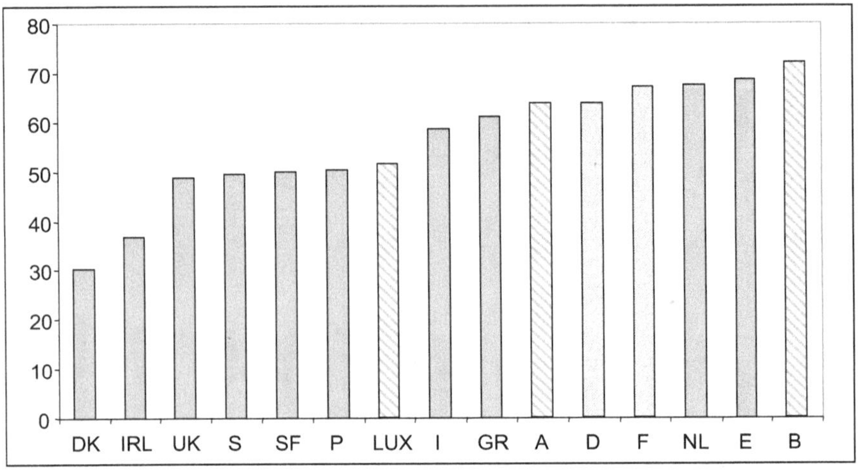

Abbildung 66: Sozialschutzeinnahmen nach Einnahmenart: Sozialbeiträge der Arbeitgeber und der geschützten Personen, EU-15, 2003, in % an allen Sozialschutzeinnahmen. Quelle: Eurostat oJ.; eigene Berechnungen und Darstellung

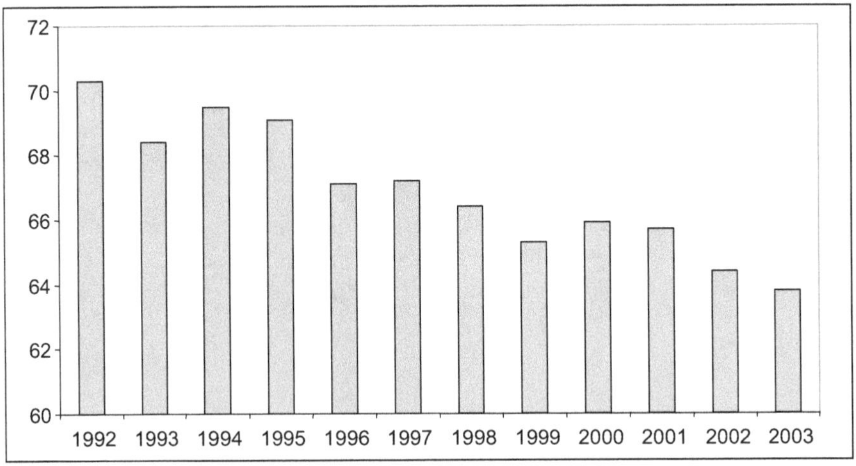

Abbildung 67: Sozialschutzeinnahmen nach Einnahmenart: Sozialbeiträge der Arbeitgeber und der geschützten Personen, Deutschland, 1992-2003, in % an allen Sozialschutzeinnahmen. Quelle: Eurostat oJ.; eigene Berechnungen und Darstellung

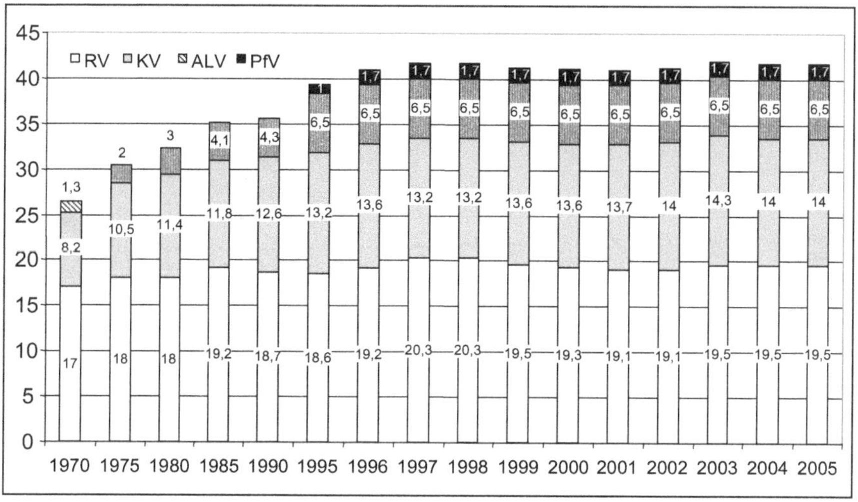

Abbildung 68: Entwicklung der Beitragssätze zu den Sozialversicherungen, Deutschland, 1970-2005, in % des Bruttoentgelts. Quelle: www.sozialpolitik-aktuell.de

Dennoch bleibt das System der sozialen Sicherung in Deutschland wie auch den anderen Ländern des konservativen Wohlfahrtsregimes auch weiterhin ein Sozialversicherungssystem, das durch Einnahmen der Arbeitgeber und geschützten Personen (in diesem Fall: Arbeitnehmer) finanziert wird. Die Beitragssätze haben sich längerfristig betrachtet kontinuierlich nach oben bewegt (s. Abbildung 68).

Trotz großer Bemühungen zur Absenkung der Beitragssätze in den letzten Jahren, vor allem in der Gesundheitspolitik hatte es hier große Anstrengungen gegeben, sind die Ergebnisse vergleichsweise gering. (Siehe z.B. Gerlinger 2002, Glaeske et al. 2001, 13 oder Bandelow 2004, 11)

Das Ausmaß an funktionalen Äquivalenten, das neben dem eigentlichen System der sozialen Absicherung zur Verfügung steht, ist schwer zu fassen, da diese vielfältige Formen annehmen können. Die wichtigsten sind die Arbeitsmarktregulation in Form von geschützten Arbeitsverträgen und Lohnvereinbarungen, tarifvertragliche Regelungen sowie staatliche Mindestabsicherungen. (Vgl. dazu Bonoli 2000, 439)

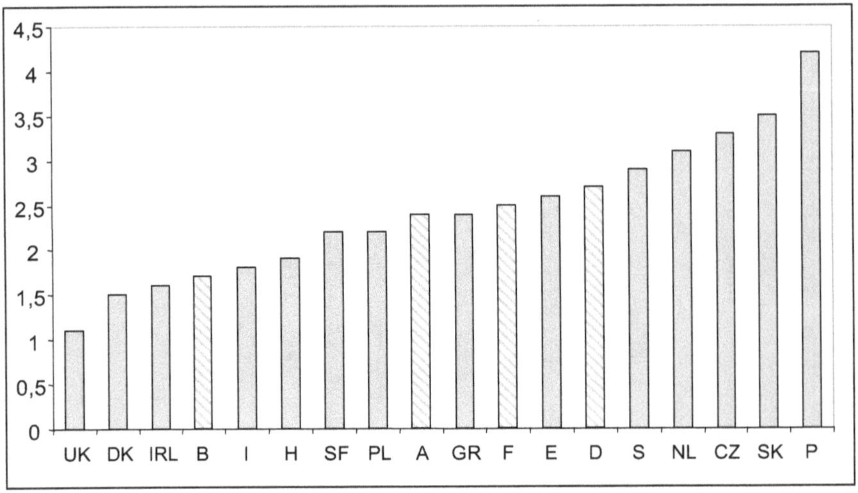

Abbildung 69: Beschäftigungssicherheit[188], ausgewählte Länder[189], 2003. Quelle: www.oecd.org; eigene Darstellung

Geschütze Arbeitsverträge sind am besten über den Umfang des Kündigungsschutzes zu erfassen, also die Hürden, die einer unmittelbaren, begründungslosen Entlassung entgegenstehen. Das darauf bezogene Ausmaß an Beschäftigungssicherheit wird von der OECD in einem zusammengesetzten Indikator zusammengefasst (s. Abbildung 69).

Mit Ausnahme von Belgien, das einen vergleichsweise niedrigen Wert aufweist, liegen die Länder mit konservativem Wohlfahrtssystem tendenziell im (oberen) Mittelfeld der Verteilung. Bezüglich des Instruments der Mindestlöhne gibt es ein sehr gespaltenes Bild: Während es in Deutschland und Österreich Mindestlöhne als solche überhaupt nicht gibt, da hier die Arbeitsmarktparteien ohne Mitwirkung des Staates die Lohnhöhe in Tarif- bzw. Kollektivvertrags-

188 Der Indikator bezieht sich auf die Beschäftigungssicherheit von regulär Beschäftigten und setzt sich zusammen aus den Entlassungs-Hürden, Kündigungsfristen und Strafzahlungen bei unverschuldeter Entlassung sowie der Häufigkeit von arbeitsgerichtlichen Auseinandersetzungen. Je höher der Wert für diesen zusammengesetzten Indikator ist, desto höher ist die Beschäftigungssicherheit.

189 Für Luxemburg sind keine Daten verfügbar.

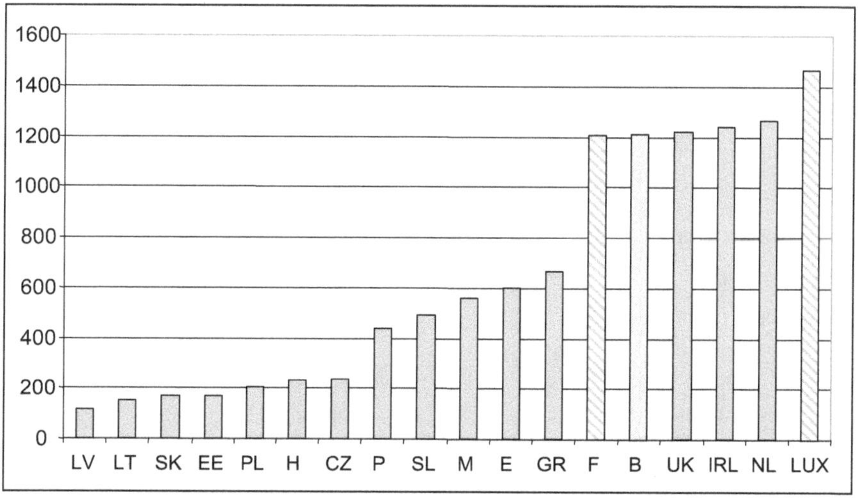

Abbildung 70: Monatlicher gesetzlicher Mindestlohn (Jahresdurchschnitt), EU-15 (Länder mit Mindestlohn), 2004, in €. Quelle: Eurostat oJ.; eigene Darstellung

verhandlungen festlegen, ist der gesetzliche Mindestlohn in jenen Ländern mit konservativem Wohlfahrtssystem, die darauf zurückgreifen, vergleichsweise hoch (s. Abbildung 70).

Der Deckungsgrad von Tarifverträgen, ebenfalls ein funktionales Äquivalent zur sozialen Sicherung, fällt in Europa ebenfalls sehr unterschiedlich aus (s. Abbildung 71).

Frankreich, Belgien und Österreich liegen im Spitzenfeld beim Deckungsgrad der Tarifverträge. Deutschland ist in dieser Grafik zwar nur im Mittelfeld zu finden – allerdings bedeutet selbst dieses Mittelfeld noch einen Deckungsgrad von 80%.

In den Staaten mit konservativem Wohlfahrtssystem werden also in zumindest mittlerem Ausmaß funktionale Äquivalente zur öffentlichen, kollektiven Absicherung eingesetzt. Weist ein Land bei einem der Indikatoren einen vergleichsweise niedrigen Wert auf, so wie Belgien in der Frage der Beschäftigungssicherheit, wird dies mit hohen Werten bei den anderen Indikatoren wieder „ausgeglichen“.

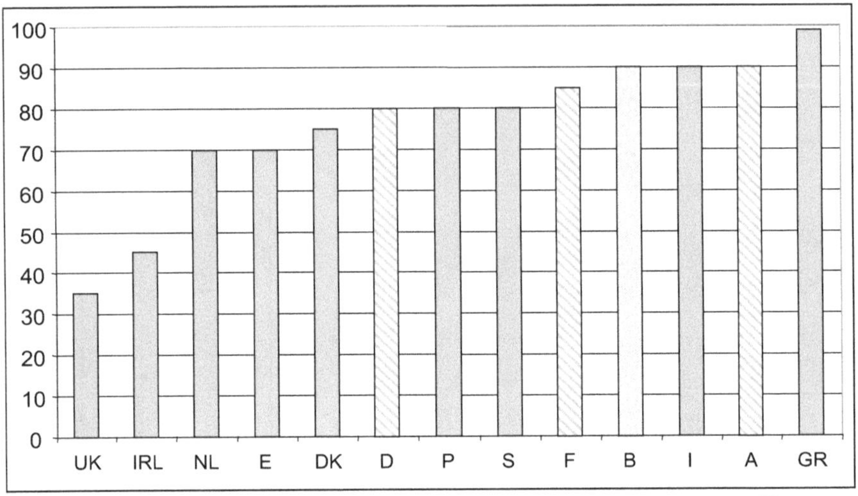

Abbildung 71: Deckungsgrad von Tarifverträgen, ausgewählte Länder[190], 1999, in %. Quelle: WSI Tarifarchiv 2003; eigene Darstellung

Wichtig für die hier vorzunehmende Analyse zum Zusammenhang zwischen Sicherungssystem und Selbstständigkeit ist, dass es zum Sozialversicherungssystem in Deutschland und auch den anderen Staaten mit konservativem Wohlfahrtssystem kaum eine Alternative gibt. Die privaten Versicherer decken nur einen vergleichsweise geringen Versichertenkreis ab.[191] Die besprochenen funktionalen Äquivalente sind eher als Ergänzung zu den bestehenden Sicherungssystemen zu verstehen und haben nicht, wie in anderen Ländern, ersetzenden Charakter. (Vgl. dazu Bonoli 2000) Das zeigt sich u.a. auch daran, dass die hier zum Einsatz kommenden Äquivalente durchwegs an den Arbeitnehmerstatus gebunden sind. Deswegen kann auch der Arbeitsvertrag als die grundlegende „Eintrittskarte“ in das System der sozialen Sicherung, sowohl über Sozialversicherungen als auch über die funktionalen Äquivalente, gesehen werden. Zudem übernimmt er eine grundlegende „... sozial ausgleichende Funktion. Diese besteht darin, ihm kontinuierlich ein existenzsicherndes Einkommen und den

190 Luxemburg wurde in dieser Untersuchung von der OECD nicht berücksichtigt.

191 Im Jahr 2003 waren mit 8,110.000 Personen nur 10,3 aller Versicherten Mitglied in den in den privaten Krankenkassen. (www.sozialpolitik-aktuell.de sowie Verband der privaten Krankenversicherungen 2006; eigene Berechnungen)

Zugang zu den sozialen Sicherungssystemen zu garantieren und somit zur Umverteilung von Risiken innerhalb der arbeitenden Bevölkerung beizutragen.“ (Schulze Buschoff 2004, 1, in Anlehnung an Deakin 2002, 192)

3.6.2 Soziale Absicherung und Selbstständigkeit

Der vorangehende Abschnitt hat verdeutlicht, welchen Umfang die öffentliche soziale Absicherung in Deutschland und auch den anderen Ländern mit konservativem Wohlfahrtssystem einnimmt. Zudem konnte gezeigt werden, dass die Sicherung stark abhängig ist vom Arbeitnehmerstatus. Über an die Erwerbsarbeit gekoppelte Sozialversicherungen sowie darüber hinausgehende Absicherungsmechanismen, die ebenfalls nur abhängig Erwerbstätigen zur Verfügung stehen (etwa in Form von Vereinbarungen zur betrieblichen Altervorsorge in Tarifverträgen), wird nur das Segment der Beschäftigten abgesichert. Vor allem in Österreich, Deutschland, Frankreich und Belgien ist diese Finanzierungsform vorherrschend, aber auch in Luxemburg werden darüber noch mehr als 50% aller Sozialschutzeinnahmen erhoben. Wegen dieser Art der Finanzierung, und nicht etwa wegen des Versicherungsprinzips an sich, fallen automatisch alle Selbstständigen aus der Sicherung heraus, denn Arbeitsrecht und Sozialversicherung bezogen sich dabei ausschließlich auf die abhängigen Beschäftigten. Die Sozialversicherung war keineswegs als eine Art Mindestsicherung für alle Bürger konzipiert (Schulze Buschoff 2004, 5).[192]

Dass hier ein wesentlicher Grund liegt, sich nicht selbstständig zu machen – sowohl in Deutschland, als auch den anderen Staaten mit konservativem Wohlfahrtssystem – hat auch das Kapitel 3.4 Kultur der Selbstständigkeit gezeigt. Die quantitative Wirkung ist aber schwer zu bestimmen, da es nicht möglich ist, den Effekt, den dieser einzelne Einflussfaktor spielt, zu isolieren. So lässt sich nur die prinzipielle Tendenz bewerten.

---

192 Allerdings irrt Schulze Buschoff in der weiteren Feststellung: „Das Versicherungsprinzip mit dem engen Bezug von Beitragszahlung und Leistungshöhe schließt eine Mindestsicherung für alle Bürger ebenso aus wie andere umverteilende Elemente.“ (Schulze Buschoff 2004, 5) Beides wäre auch im Rahmen einer Versicherung theoretisch möglich, denn die Organisationsform sagt noch nichts über den Beitragszahler- und damit Empfängerkreis aus. In der Praxis ist es zweifelsohne so, dass die Sozialversicherungen an die abhängige Beschäftigung gekoppelt sind, ein grundlegendes Charakteristikum ist das aber nicht.

Für viele Selbstständige mag die unzugängliche soziale Absicherung kein größeres Problem darstellen, denkt man an das traditionelle Unternehmerbild. Doch selbst in dieser Gruppe kann man eine gewisse Unterversorgung an sozialer Sicherung finden, die allerdings oft durch hohe Einkommen ausgeglichen werden kann. Dies trifft aber keineswegs auf alle Typen von Selbstständigen zu, auch nicht auf alle „Unternehmer alten Typus". Uhly (2002) hält auf Grundlage des Sozio-ökonomischen Panels von 1997 fest, dass die Einkommensverteilung in der Gruppe der Selbstständigen stärker streut als unter den anderen Erwerbstätigen: Während auf der einen Seite eine Gruppe mit deutlich überproportionalem Einkommen zu finden ist, gibt es auf der anderen Seite viele Unternehmer mit sehr niedrigen Einkommen. Zudem relativieren sich manche der hohen Gesamteinkünfte, vor allem jener, die Uhly als „self-employed" und „small employers" bezeichnet werden, oft an der hohen eingesetzten Anzahl an Arbeitsstunden: „[D]ie überdurchschnittlich vielen Arbeitsstunden der Selbstständigen [werden] in den meisten Fällen nicht durch proportional höhere Einkommen ausgeglichen." (Protsch 2006, 5) Damit sind aber auch die Möglichkeiten, Einkommensausfälle aus den laufenden Einnahmen oder den persönlichen Ersparnissen zu begleichen, und damit auf ein Äquivalent zur kollektiven sozialen Absicherung zurückgreifen zu können, beschränkt auf die Gruppe der Höchstverdiener unter den Selbstständigen.

Mit zunehmendem Wandel des Unternehmerbildes bzw. dem Aufkommen „Neuer Selbstständiger", die dem Klischee des gut situierten, traditionsreichen Familien-Unternehmers nicht mehr entsprechen, verschärft sich diese Unterversorgungslage dramatisch. Die Annahme, auf der die Nicht-Behandlung von Selbstständigen im System der sozialen Absicherung beruht, nämlich dass es sich hierbei im Gegensatz zu abhängig Beschäftigten um eine nicht-schutzbedürftige Gruppe handelt, die selbst zur Vorsorge fähig ist, erweist sich als immer brüchiger. (Siehe Protsch 2006, 5 sowie Schulze Buschoff 2004, 13) Diese „konzeptionelle Zweiteilung" des Arbeitsmarkts, wie Schulze Buschoff es nennt, in abhängige und selbstständige Erwerbstätige ist zwar allgemein

> (...) charakteristisch für die europäischen Sozialstaaten. Besonders folgenreich ist diese Zweiteilung [aber, Erg. UB] für auf das Bismarcksche Sozialmodell ausgerichtete Systeme: Dort entstand auf der einen Seite der Typus abhängiger, unselbstständiger Arbeit mit zunehmend arbeits- und sozialversicherungsrechtlichem Schutz, auf der anderen Seite der Typus der selbstständigen Arbeit, die im Grunde genommen nur als Institution des Schutzes bedarf. (Schulze Buschoff 2004, 3).

Die Freiwilligkeit, sich sozial abzusichern führt in vielen Fällen dazu, dass es unterlassen wird, eine Versicherung gegen Einnahmeausfälle aufgrund von Krankheit, Alter oder unzureichender Auftragslage (das Pendant zur Arbeitslosigkeit bei Selbstständigen) abzuschließen – sei es aus mangelndem Risikobewusstsein oder, und das ist der weitaus häufigere Fall, aus Geldmangel. Gerade junge Unternehmen werfen oft erst nach mehreren Jahren Gewinn ab, sodass es selbst bei einem gut funktionierenden Betrieb längere Zeit dauert, bis der Unternehmer sich Ausgaben, die nicht unbedingt getätigt werden müssen, leistet oder leisten kann. Über die tatsächliche Qualität der Absicherung gibt es noch wenige Erkenntnisse, (siehe Protsch 2006, 5) wenngleich auch zwei Studien von Fachinger 2002 sowie Fachinger/Oelschlaeger/Schmähl 2004 zumindest festhalten, dass große Teile der Selbstständigen sehr wohl schutzbedürftig wären und die kollektive Sicherung benötigen würde. Eine Ausnahme dürfte hier die Gesundheitsvorsorge sein, da beinahe alle Selbstständigen sowie auch deren Familienangehörigen Mitglied der gesetzlichen oder einer privaten Krankenkasse sind (Protsch 2006, 6). Ganz anders stellt sich die Situation bei der Altersvorsorge dar: Mehr als 15% verfügen über gar keine Absicherung, zudem ist über das Qualitätsniveau bzw. die Höhe der Absicherung nichts bekannt (Fachinger 2002 sowie Fachinger/Oelschlaeger/Schmähl 2004). Die Ursache für diesen unterschiedlichen Umgang mit den verschiedenen Risiken können wohl im Bereich psychologischer Motive verortet werden. Während Krankheiten jederzeit eintreten und jeden treffen können, und die Kosten oft kaum allein zu tragen sind (vor allem wenn längere Krankenhausaufenthalte, teure Medikamente, chronische Erkrankungen etc. anfallen), ist das Risiko „Alter" zumindest zeitlich kalkulierbar. Da es sich also um keine unmittelbare „Bedrohung" handelt entsteht oft der Eindruck (oder die Hoffnung), man könne mit der Vorsorge auch noch zu einem späteren Zeitpunkt beginnen, wenn die finanzielle Lage vermeintlich entspannter sei. Prinzipiell ist das Ignorieren von mit Sicherheit eintretenden, aber nicht aktuellen Szenarien immer mit einem individuell hohen Maß an Verdrängung verbunden, so auch im Fall der Erwerbsunfähigkeit aufgrund von Alter.[193]

Ganz anders stellt sich die Situation dar, wenn die soziale Absicherung über Abgaben finanziert wird, die nicht in Form von (paritätischen) Beiträgen erhoben werden sondern etwa über Steuern. Da diese meistens von alle steuerpflichtigen

193 Es ist ein allgemeines Problem, das auch abhängige Erwerbstätige noch immer deutlich zu selten für ihren Unterhalt im Alter vorsorgen. (Siehe z.B. Ebbinghaus, 9-14, Bundesregierung 2006)

Personen, unabhängig von ihrem Arbeitsmarktstatus (beschäftigt, selbstständig, arbeitslos, Nicht-Erwerbspersonen) eingehoben werden, kann sich niemand „entziehen“. Damit macht es aber auch für den eigenen sozialen Schutz, das Niveau der Absicherung, keinen Unterschied, welchen Arbeitsmarktstatus man hat bzw. in der Vergangenheit hatte.

Zudem steht die unterschiedliche Finanzierungsart in engem Zusammenhang mit dem unterschiedlichen Adressatenkreis, denn auch hier sind wie auf der Einnahmenseite alle Einwohner des Landes angesprochen, nicht nur die abhängig Erwerbstätigen. In Versicherungssystemen entsteht immer wieder das Problem, dass über die Nicht-Beteiligung am Arbeitsmarkt, Arbeitslosigkeit oder schlecht entlohnte Arbeitsplätze eine Unterversorgung in der sozialen Absicherung entstehen kann. In universellen, steuerfinanzierten Systemen kann dies nicht der Fall sein. „It makes a notable difference whether inferior jobs provide inferior welfare.” (Esping-Andersen 1999a, 111) Ist die Absicherung nicht an die Erwerbsarbeit gebunden, so ist ein schlechter (oder auch gar kein) Arbeitsplatz nicht gleichbedeutend mit mangelnder sozialer Absicherung.

So ist es auch zu erklären, dass der Aspekt des Wegfalls der sozialen Sicherung in den skandinavischen Ländern aber auch z.B. in Großbritannien, kaum eine Rolle spielt bei der Frage, warum man sich nicht selbstständig macht (European Commission 2004b, 10; siehe auch Kapitel 3.4 Kultur der Selbstständigkeit). Das grundlegende Organisationsprinzip des Systems der sozialen Sicherung kann also zu einer wichtigen Hürde auf dem Weg zu mehr Selbstständigkeit werden. Für die individuelle Entscheidung wird zudem ein wichtiger Faktor sein, aus welchem Arbeitsmarktstatus heraus man sich selbstständig macht und mit welchem ökonomischen Hintergrund. Für Personen, die ohnehin bereits aus den Sicherungssystemen herausgefallen sind oder erst gar nicht darin aufgenommen waren, wird der Aspekt der mangelnden sozialen Absicherung wahrscheinlich keine große Rolle spielen. Diese Gruppe verfügt aber tendenziell über wenig Vermögen (siehe dazu auch Kapitel 3.2 Arbeitslosigkeit), was wiederum dem Eingehen des Risikos, sich selbstständig zu machen, entgegensteht. Auch hier verhält es sich in einem steuerfinanzierten System anders, in dem es gar nicht möglich wäre, aus dem Sicherungssystem herauszufallen.[194] Eine allgemein-

194 Genau genommen liegt diese Unmöglichkeit an der *universellen Leistungsgewährung* und nicht ursächlich an der Form der Finanzierung. Es wäre aber undenkbar, die Einnahmen über die gesamte Bevölkerung zu verteilen, die Leistungsabgabe aber dann bestimmten Gruppen vorzuenthalten. Damit würden alle Regeln der Äqui-

gültige Aussage, wie diese Entscheidung im konkreten Einzelfall ausgehen wird, kann es nicht geben. Wahrscheinlich ist, dass sehr starke push- (Arbeitslosigkeit, noch nie in den Arbeitsmarkt integriert gewesen zu sein, kein Vermögen das zu verlieren wäre,...),[195] wie auch starke pull-Faktoren (hohes Vermögen, sodass ein eventueller Verlust verkraftbar wäre) hier eher zur Unternehmensgründung führen werden. Spätestens hier macht sich wieder bemerkbar, was bereits in den Kapiteln 1.3 und 1.4 angesprochen wurde: die hohe Heterogenität der Gruppe der Selbstständigen, nicht nur in den soziodemografischen Charakteristika, sondern auch in den Beweggründen, sich selbstständig zu machen. Henrekson spricht hier auch von "'opportunity-based' and 'necessity' entrepreneurship ..." (Henrekson 2002, 18)

Der Verlust der eigenen sozialen Absicherung ist der eine Aspekt, der im Zusammenhang mit der Beziehung zwischen Selbstständigkeit und dem System der sozialen Sicherung zu nennen ist. Der andere ist, dass die Sozialabgaben, die ein Arbeitgeber für seine Angestellten zu leisten hat, für junge Unternehmer oft eine große Belastung darstellen. „[A] majority of start-up firms happen to be small ...", (Chen/Lee/Mintz 2002, 6) und gerade für Klein- und Kleinstunternehmen können hier besonders große Schwierigkeiten entstehen, da diese oft mit einer sehr kleinen Gewinnspanne arbeiten, die durch hohe Sozialabgaben überproportional stark belastet werden, verglichen mit größeren und/oder auch bereits länger bestehenden Unternehmen. Dieser Aspekt hat sich in den letzten Jahren mit steigenden Beitragssätzen auch noch zusätzlich verschärft. (Siehe Sozialpolitik aktuell, 2006) In einem System, das die soziale Sicherung über andere Wege finanziert, würde dieser Aspekt gänzlich wegfallen, da die Zahlungen für soziale Sicherung nicht an die Erwerbsarbeit gekoppelt wären und damit kein eigener Beitrag vom Arbeitgeber mehr verlangt würde, bzw. dieser unabhängig davon, ob und wie viele Personen im Unternehmen beschäftigt sind, wäre und sich die Abgabenbelastung damit nicht mehr an seinem Status als Arbeitgeber festmachen würde.

---

valenz und der Leistungsgerechtigkeit ignoriert. Folglich ist eine solche Vorgehensweise auch nur in sehr seltenen Ausnahmen anzutreffen, bei denen der Staat der Ansicht ist, dass die Gesellschaft eine spezielle Verantwortung für eine bestimmte Gruppe hat.

195 Dafür würde z.B. die von Bates zitierte Untersuchung sprechen: "... self-employment entry among the unemployed was nearly twice as frequent as among employees." (Bates/Servon 2000, 30) Zur Thematik Arbeitslosigkeit und Selbstständigkeit siehe auch Kapitel 3.2.

Während es für Arbeitnehmer eine Reihe anderer, komplementärer Sicherungsmechanismus gibt, stehen diese funktionalen Äquivalente Unternehmern auch nicht offen. Das Vorhandensein dieser funktionalen Äquivalente, gemeinsam mit der Frage der Finanzierungsform und Leistungsgewährung des sozialen Sicherungssystems, entscheidet nicht zuletzt maßgeblich darüber, ob die Absicherung, die man in Anspruch nehmen kann, ausreichend ist. Arbeitsrechtliche Voraussetzungen spielen hier eine große Rolle. Ein guter Teil der Gründungsaktivitäten kann als „push"-Selbstständigkeit angesehen werden, also als Gründung „aus der Not heraus", keine andere (oder bessere) Einnahmenquelle zu sehen. Hier ist ein hoher Kündigungsschutz eine Barriere entgegen der Push-Selbstständigkeit, da er für ein hohes Maß an Beschäftigungssicherung sorgt, und damit den aktuellen Arbeitsplatz vergleichsweise attraktiv macht. (Vgl. Henrekson 2002, 22) Schließlich werden Gründer ja als Persönlichkeiten gesehen, die ein Risiko eingehen bzw. ein gewisses Maß an Unsicherheit auf sich nehmen. Bei hoher Beschäftigungssicherheit ist diese Risikofreude, dadurch abgeschwächt.

Auch hier gibt es wieder Aspekte, die sich auf den Status des Unternehmers als Arbeitsgeber beziehen. Es fällt auf, dass gerade in jenen Ländern, die als Beispiele für hohe Beschäftigungssicherheit und großzügigen Kündigungsschutz gelten (v.a. Schweden, Norwegen, Niederlande, Dänemark)[196], der Anteil an Push-Selbstständigen als sehr niedrig eingeschätzt wird (Henrekson 2002, 24). Und dies sind auch die Länder, in denen über lange Jahre hinweg die Selbstständigenquote insgesamt unter den OECD-Ländern am niedrigsten war (Henrekson 2002). Die Länder mit konservativem Wohlfahrtssystem liegen hier im Mittelfeld, wenngleich auch gerade Deutschland hier schon einen vergleichsweise hohen Wert einnimmt. Allerdings sind ein hohes Maß an Beschäftigungsschutz und ein gut ausgebauter Kündigungsschutz nicht nur negativ für das Ausmaß an Selbstständigkeit. Vor allem bezüglich der Qualifikationen, die benötigt werden, um sich selbstständig zu machen, kann es sogar ein Vorteil sein, wenn der Beschäftigungsumschlag nicht zu schnell ist, da ansonsten wichtige betriebs- und branchenspezifische Kenntnisse nicht erworben werden könnten. Zudem könnten

196 Allerdings ist festzuhalten, dass diese Feststellung nicht mit den weiter oben präsentierten Daten zur Beschäftigungssicherheit übereinstimmen. Fraglich bleibt, wie es zu dieser Abweichung kommt. Ein Grund dafür könnte die Zusammensetzung des Indikators sein. Andere Untersuchungen kommen zum „traditionellen" Ergebnis, nachdem die skandinavischen Länder einen vergleichsweise hohen Wert zeigen (Eichhorst/Profit/Thode 2001, 167-182).

Outsider, die aufgrund des hohen Kündigungsschutzes nicht in die Beschäftigung integriert werden, wiederum in die push-Selbstständigkeit ausweichen. (Siehe OECD 1999, Jahn/Walwei 2003)

Das System der sozialen Sicherung spielt bei der Frage, wie die Selbstständigenquote eines Landes erhöht werden kann, eine große Rolle. Auch die Europäische Union verortet hier einen wichtigen Baustein für ihre Strategie zur Förderung von mehr Selbstständigkeit. Im Rahmen ihres Aktionsplans für unternehmerische Initiative hat sie deswegen einen Schwerpunktmaßnahme initiiert, die sich der Durchleuchtung der Sozialversicherungssysteme für Unternehmer widmet. „Dadurch können die gesamten Risiken im Zusammenhang mit der Unternehmertätigkeit quantifiziert werden und der Einfluss der sozialen Sicherheit auf die unternehmerische Initiative genauer bestimmt werden." (Europäische Kommission 2003b, 12) Dass diese Erkenntnis, zumindest im Fall Deutschlands, noch nicht vollends auf der nationalen Ebene angekommen ist und die Sicherungs-Bedürfnisse von Selbstständigen im Rahmen des Sozialstaates auch weiterhin (noch immer) kaum bis keine Berücksichtigung finden, machte als aktuellstes Beispiel die Einführung der „Riester-Rente" erneut deutlich: (siehe Schulze Buschoff 2004, 5) Selbstständige sind aus der diesbezüglichen Förderung weitestgehend ausgeschlossen. Als Hinweis auf eine positive Entwicklung lässt sich jedoch festhalten, dass der Anteil an Sozialschutzeinnahmen aus Arbeitgeber- und -nehmerbeiträgen in Deutschland seit 1994 kontinuierlich zurückgeht.[197] Die enge Bindung der sozialen Absicherung an den Erwerbsstatus dürfte also tendenziell rückläufig sein. Dies entspricht dem allgemeinen Bild einer (langsamen) Annäherung der beiden Erwerbsformen abhängige Beschäftigung und Selbstständigkeit, die sich durch das Arbeits- und Sozialrecht durchzieht. Das könnte sich, hält der Trend weiter an, sowohl auf das Absicherungsniveau von Selbstständigen wie auch auf die Attraktivität der Selbstständigkeit und damit ihre Zahl an allen Erwerbstätigen, positiv auswirken.

197 Einzige Ausnahme ist ein leichter Anstieg zwischen 1999 und 2000. Bereits 2002 lag der Anteil aber wieder unter dem Wert von 1999 (siehe auch Abbildung 67 sowie Eurostat oJ.).

4 Zusammenfassung und Analyse

Die vorangehenden Abschnitte haben die direkten wie indirekten Verbindungen, die zwischen Wohlfahrtssystem und Selbstständigkeit bestehen, aufgezeigt und dargelegt, wie dieses System die Erwerbsform der Selbstständigkeit fördern oder hemmen kann.

Um ein besseres Gesamtbild zu erhalten, sollen im Folgenden noch einmal die wichtigsten Ergebnisse zusammengefasst werden. Dabei wird zunächst auf die detaillierte Analyse des deutschen Falls eingegangen (4.1) und danach besprochen, inwieweit diese Ergebnisse auch auf die anderen Länder mit konservativem Wohlfahrtssystem anzuwenden sind (4.2). Abschließend werden die Konsequenzen, die sich aus den Ergebnissen der Arbeit für die weitere Wohlfahrtsforschung ergeben, besprochen (4.3).

4.1 Selbstständigkeit und das deutsche Wohlfahrtssystem

Die Kapitel 3.1-3.5 haben gezeigt, dass die Branchenzusammensetzung, Ausmaß und Struktur der Arbeitslosigkeit, die Frauenerwerbsbeteiligung, die Kultur der (zur) Selbstständigkeit sowie das Akteurssetting der Arbeitsmarktpolitik einen massiven Einfluss auf das Niveau an Selbstständigkeit haben. Kapitel 3.6 schließlich ging direkt auf das System der sozialen Sicherung ein und hat hier gezeigt, wie dieses der Steigerung der Selbstständigkeit entgegenstehen kann.

Die in Deutschland gegebene Branchenstruktur bietet einiges Potenzial für vermehrte Selbstständigkeit – entgegen der klassischen Vermutung, die man konservativen Wohlfahrtssystemen, und vor allem auch Deutschland, entgegenbringt, ist der Dienstleistungssektor sowohl bezogen auf die Beschäftigtenzahlen als auch den Beitrag zur Bruttowertschöpfung (mittlerweile) gut ausgebaut, wenngleich hier noch Steigerungsmöglichkeiten und –bedarf vorhanden wären. Problematisch wirken sich allerdings die teils noch immer recht restriktiven Zugangsbedingungen gerade zu vielen Berufen jener Branchen, die ein besonders hohes Selbstständigenpotenzial bieten würden, aus. Wenngleich auch ein nicht unerheblicher Anteil davon staatlich Beschäftigte sind, so ist hier dennoch eine positive Entwicklung für die Zukunft möglich, zum einen, da Branchenerfahrung für spätere Selbstständigkeit erworben werden kann, die ja unabhängig von der Rechtsform des Arbeitgebers ist, und zum anderen, da die öffentliche Beschäftigung, in der es per definitionem keine Selbstständigkeit geben kann, kontinuierlich rückläufig ist. Insgesamt ist hier aber ein tendenziell positiver Einfluss zu verorten.

Aus der Höhe der Arbeitslosigkeit alleine lassen sich noch keine aussagekräftigen Rückschlüsse auf ihren Einfluss auf die Selbstständigkeit ziehen, da nicht klar ist, ob hier Push- oder Pull-Faktoren überwiegen. Negativ wirkt sich aus, dass ein Großteil der aktuell Arbeitslosen zur Gruppe der Geringqualifizierten zu zählen ist, was einer Betriebsgründung und seiner Überlebensdauer eher entgegensteht. Der hohe Anteil an Langzeitarbeitslosen verstärkt den negativen Effekt, da Dequalifizierungseffekte exponentiell mit der Dauer der Arbeitslosigkeit ansteigen.

Positiv könnte sich auswirken, dass eine große Zahl an Arbeitslosen zuletzt im Dienstleistungssektor tätig war, einem Sektor also, der sich besonders gut zur Selbstständigkeit eignet. Auch die relativ hohe Altersarbeitslosigkeit in Deutschland könnte eine gute Grundlage für wachsende Selbstständigkeit bieten, da dadurch Branchenkenntnisse aus dem vergangenen Berufsleben vorhanden sind, wie es bei Jugendlichen noch nicht der Fall wäre.

Die vermutete geografische Immobilität der Arbeitslosen, die sich über die langfristige Stabilität der regionalen Verteilung von Arbeitslosen über das Bundesgebiet hinweg ergibt, könnte ebenfalls einen positiven Beitrag zum Selbstständigkeitspotenzial liefern: Einer der Vorteile von Selbstständigkeit ist die Möglichkeit, den Betrieb dort zu gründen, wo man bereits ansässig ist; regionale Matching-Probleme[198] könnten so gemildert werden.

Als deutlich hemmend müssen aber wieder die Vermögens- und Einkommensverhältnisse Arbeitsloser sowie die damit verbundenen geringen Möglichkeiten der Kapitalbeschaffung angesehen werden.

198 Regionale Matching-Probleme treten auf, wenn es in einer Region viele Arbeitslose, in einer anderen viele freie Arbeitsstellen gibt und es nicht möglich ist, diese beiden Komponenten zusammen zu führen.

Die vergleichsweise niedrige Frauenerwerbsbeteiligung wirkt sich negativ auf das Selbstständigkeitspotenzial aus. Der Zusammenhang ergibt sich einerseits rein statisch (je weniger Menschen, ganz allgemein, dem Arbeitsmarkt in welcher Erwerbsform auch immer zur Verfügung stehen, desto weniger Selbstständige kann es auch geben). Zum anderen aber ergibt sich der Zusammenhang vor allem über die Verteilung der Beschäftigten nach Geschlecht im Dienstleistungssektor: Will man die Selbstständigenquote erhöhen, wird dies hauptsächlich über den Dienstleistungssektor passieren, in dem überwiegend Frauen arbeiten – und je weniger Frauen insgesamt dem Arbeitsmarkt zur Verfügung stehen, umso schwieriger wird es auch werden, die Selbstständigenquote zu steigern.

Von internationaler Seite, also vor allem der EU und der OECD, wird ein sehr hoher Stellenwert der Förderung von Selbstständigkeit der „Kultur der Selbstständigkeit" zugeschrieben. Denn eine positive Einstellung in der Mehrheit der Bevölkerung bedeutet (zumindest potenziell) auch eine höhere Selbstständigkeit, und umgekehrt dürfte eine ablehnende Haltung auch konträr zu allen Förderanstrengungen arbeiten. Eine solche positive Einstellung ist aber in Deutschland nicht im wünschenswerten Ausmaß in Deutschland anzutreffen. Im Allgemeinen nehmen Werte, die mit der Erwerbsform der Selbstständigkeit verbunden werden, wie Selbstbestimmtheit und Flexibilität, einen vergleichsweise geringen Stellenwert in der deutschen Bevölkerung ein. Auch ist der Wunsch, sich selbstständig zu machen, nur moderat unter den derzeit Nicht-Selbstständigen ausgeprägt. Als eine der Hauptursachen dafür kann die relative „Risikobedrohung" ausgemacht werden, die sich sowohl auf den Verlust von Einkommen und Vermögen bezieht, aber auch auf den mit der Selbstständigkeit verbundenen potenziellen Verlust der sozialen Absicherung.

Die Positionierung der maßgeblichen Akteure der Arbeitsmarktpolitik zeigt, dass diese keine explizite Präferenz für die Steigerung oder Förderung der Erwerbsform der Selbstständigkeit haben (können), da dies ihren eigenen Interessen zuwiderlaufen würde. Ist es bei den Gewerkschaften vor allem ein Abwehrverhalten gegenüber dieser speziellen Form der Flexibilisierung der Erwerbsarbeit mit allen ihren Nachteilen, stehen Arbeitgeber(verbände) hauptsächlich aus Konkurrenzgedanken der expliziten Steigerung der Selbstständigenquote zumindest nicht offensiv positiv gegenüber. Die Positionen des politisch-administrativen Systems, konkret der Legislative sowie der Arbeitsverwaltung, können über die in ihnen tätigen Interessensvertreter, ihnen nahe stehende Verbände und tlw. auch eigenständige Interessen charakterisiert werden – was in Summe

Tabelle 11: Einflussfaktoren und ihre Wirkungsweise in Deutschland

Einflussfaktor	Wirkungsweise
Branchenstruktur	+
Arbeitslosigkeit	+/–
Frauenerwerbsbeteiligung	–
Kultur	– –
Akteurssetting	– –
System der sozialen Sicherung	– –

ebenfalls zu einer zumindest teilweise verhaltenen Position führt. Wichtig ist hier festzuhalten, dass sich die Interessen der Arbeitsmarktparteien aufgrund der spezifischen Konstruktion der deutschen Arbeitsmarktpolitik in besonderer Weise durchsetzen und in politischen Maßnahmen konstituieren können.

Neben der „Kultur der Selbstständigkeit" kommt einem zweiten Faktor auch von internationaler Seite besondere Aufmerksamkeit im Versuch, Hemmnisse auf dem Weg zur Selbstständigkeit zu reduzieren, zu: der Gestaltung des Systems der sozialen Absicherung. Kapitel 3.6 hat gezeigt, dass hiervon ein massiver Einfluss vor allem auf die individuelle Entscheidung zur Selbstständigkeit auf der Mikroebene ausgeht. Stark an abhängige Erwerbstätigkeit gebundene Leistungen des Sicherungssystems erschweren den Schritt in die Selbstständigkeit aufgrund des zu befürchtenden Verlustes sozialer Absicherung. Zudem konnte gezeigt werden, dass in Deutschland die Möglichkeiten der sozialen Absicherung für Selbstständige nur sehr schwach ausgeprägt sind. Auch zu diesem Themenkomplex zu zählen sind die vergleichsweise hohen Abgaben für eventuelle Angestellte. Diese hemmen den Schritt in die Selbstständigkeit, und, wenn dieser bereits erfolgt ist, weitergehende Expansionsüberlegungen. Nicht umsonst verortet auch die EU hier einen der wichtigsten Faktoren den es zu verbessern gilt, will man die Selbstständigenquote in der Europäischen Union erhöhen.

Kann also für die genannten Einflussfaktoren eine positive Wirkung auf das Niveau an Selbstständigkeit nachgewiesen werden, oder eine negative? Die (vereinfachende) Tabelle 11 soll darüber Aufschluss geben. In ihr wird zusammengefasst, wie sich die jeweilige Ausprägung der sechs untersuchten auswirkt, ob sie also positive oder negative Bedingungen für die Selbstständigkeit schaffen.

Was eine solche Darstellung nicht leisten kann, ist, festzustellen, wie stark der jeweilige Einflussfaktor sich in der Praxis bemerkbar macht. Neutralisiert der positive Einfluss der Branchenstruktur die anderen negativen Einflüsse? Kann der negative Einfluss des kulturellen Faktors eventuell durch den Beitrag der Arbeitslosigkeit ausgeglichen werden? Diese Fragen sind in der Praxis kaum zu beantworten. Modellrechnungen, die aufgrund der hier benötigten Komplexität die Realität nur sehr begrenzt wiedergeben könnten, würden eventuell einen Erklärungsbeitrag liefern. Es ist aber kaum möglich, den Einfluss von sechs Faktoren, die zwar operationalisierbar, aber tlw. nur sehr schwer quanitifizierbar wären (mit welcher „Maßzahl“ sollte etwa der Faktor „Kultur der Selbstständigkeit“ bewertet werden?), angemessen in einem solchen Modell verarbeiten zu können und noch realitätsnahe, verlässliche Ergebnisse zu erwarten, weswegen man an dieser Stelle mit der qualitativen Betrachtung die Analyse abschließen muss.

4.2 Selbstständigkeit und das konservative Wohlfahrtsregime

Das Untersuchungsdesign der Arbeit basierte auf der Annahme, dass es aufgrund der Homogenität der Länder des konservativen Wohlfahrtsregimes ausreicht, ein Land herauszugreifen und im Detail zu untersuchen, solange eventuelle Unterschiede innerhalb der Ländergruppe im Auge behalten werden. So war es neben der reinen Deskription auch Aufgabe der jeweiligen Kapitel, anhand des deutschen Falls zu zeigen, dass die untersuchten Erklärungsfaktoren eine spezielle, den dem konservativen Wohlfahrtsregime zuzurechnenden Ländern gemeinsame, Ausprägung aufweisen. Diese gleiche Ausprägung hat folglich auch die gleiche Wirkung auf die Erwerbsform der Selbstständigkeit in den betreffenden Ländern. Dass eine prinzipielle Homogenität im Selbstständigkeitsverhalten festgestellt werden kann, wurde bereits im Kapitel 2.3 besprochen. Nun gilt es zu analysieren, ob die untersuchten Einflussfaktoren, von denen angenommen wurde, dass sie sich in den relevanten Ländern sehr ähnlich verhalten (zur Begründung siehe Kapitel 2.1), tatsächlich (noch) das vermutete Maß an Homogenität aufweisen und ob sie die Selbstständigkeit damit auf die gleiche Weise beeinflussen.

Die genannten Einflussfaktoren passen für den detailliert untersuchten deutschen Fall überwiegend zu den erwarteten „klassischen“ Ausprägungen, wie man sie von einem konservativen Wohlfahrtssystem erwartet hätte. Allerdings musste auch festgestellt werden, dass diese Ausprägung nicht immer auch in gleicher Art und Weise bei den anderen Ländern festgestellt werden konnte.

So ist die Branchenstruktur in Deutschland, Österreich, Frankreich, Belgien und Luxemburg sehr ähnlich, vor allem bezogen auf den Beschäftigtenanteil in den Wirtschaftssektoren. Abweichungen mussten nur für Luxemburg festgehalten werden, das im europäischen Vergleich einen außerordentlich hohen Anteil an Erwerbstätigen im 3. Sektor aufweist und damit noch über den ebenfalls hohen Werten der anderen vier Länder liegt, sowie für Österreich, das gemessen an der Bruttowertschöpfung nach Sektoren einen im Vergleich zu den anderen vier Ländern relativ geringen Anteil aus dem 3. Sektor ausweist – der aber auch noch beinahe 70% ausmacht und damit im europäischen Mittel liegt. Die Verteilung auf die verschiedenen Branchen des dritten Sektors zeigt ein sehr einheitliches Bild. Die Länder mit konservativem Wohlfahrtssystem bieten also von ihrer Branchenstruktur her ein durchwegs positives Klima für Selbstständigkeit. Insgesamt ist die Ausprägung dieses Einflussfaktors als vergleichsweise homogen einzustufen, wenngleich auch Frankreich und Belgien, aufgrund der höheren Staatstätigkeit, ambivalent einzuschätzen sind.

Bezüglich des Niveaus an Arbeitslosigkeit sind Frankreich und Deutschland vergleichbar. Österreich und Luxemburg allerdings schon nicht mehr, jedoch ist (zumindest) der Verlauf, den die Entwicklung der Arbeitslosigkeit in den letzten Jahren und Jahrzehnten genommen hat, wiederum sehr ähnlich dem der anderen Länder. Die Struktur und Zusammensetzung der Arbeitslosenpopulation aber ist sehr unterschiedlich. Während in Österreich und Deutschland die Arbeitslosenquote der Frauen mittlerweile niedriger ist als jene der Männer, zeigen Frankreich, Belgien und Luxemburg hier noch das für konservative Länder typische Muster einer vergleichsweise höheren Arbeitslosenquote der Frauen. Ebenfalls divergierend sind die Arbeitslosenquoten nach Altersklassen und auch deren Abstand zur globalen Arbeitslosenquote. Frankreich und Belgien weisen vor allem eine deutlich überdurchschnittliche Jugendarbeitslosenquote auf, Deutschland und Österreich eine hohe Arbeitslosenquote unter älteren Erwerbspersonen.

Die Frauenerwerbstätigkeit wiederum ist in den fünf Ländern sehr homogen. In allen Ländern ist sie vergleichsweise niedrig ausgeprägt, wenngleich auch eine steigende Tendenz in den letzten Jahren zu bemerken ist – auch dies aber über alle Länder hinweg. Einzig für Frankreich ist festzuhalten, dass die Erwerbsbeteiligungsquote der Frauen im letzten Jahrzehnt nicht ganz so stark angestiegen ist wie in den anderen relevanten Ländern, die Steigerungsrate aber immer noch deutlich ausfällt.

Fasst man die „Kultur der Selbstständigkeit“ in einem sehr breiten Verständnis auf, so kann für alle fünf relevanten Länder anhand der eher niedrigen Selbstständigenquote ein Mangel an einer solchen Kultur konstatiert werden. Betrachtet man aber die Wünsche der Erwerbsbevölkerung etwas näher, kann man einige Gemeinsamkeiten, aber auch Unterschiede feststellen. So ist der ohnehin nicht explizit stark geäußerte Wunsch, sich selbstständig zu machen, in vier der fünf zu untersuchenden Ländern in den letzten Jahren zurückgegangen.[199] Die einzige bedeutsame Abweichung findet sich bei der prinzipiellen Einstellung zum potenziellen Scheitern: Während sich die Befragten in Luxemburg, Deutschland, Österreich und Belgien hier sehr einig sind, sprachen sich die Franzosen dafür aus, dass das potenzielle Scheitern einer Unternehmung einer Betriebsgründung nicht im Wege stehen sollte. Einer der Hauptgründe für die tendenziell ablehnende Haltung gegenüber der Selbstständigkeit ist in allen fünf Ländern der potenzielle Verlust der sozialen Absicherung – und da sind sich die Erwerbspersonen in allen fünf Ländern wieder sehr einig. Leichte Abweichungen gibt es nur bezüglich des konkreten Ausmaßes, mit dem dieser Faktor zu Buche schlägt.

Ein überhaupt nicht konsistentes Bild muss aber wieder beim Einflussfaktor „Akteurskonstellation“ festgestellt werden. Hier ähneln sich Österreich, Deutschland und Luxemburg auf der einen, sowie Frankreich und Belgien auf der anderen Seite – zwischen diesen beiden „Blöcken“ bestehen aber deutliche Unterschiede, wie das betreffende Kapitel 3.5 zeigen konnte.

Das System der sozialen Sicherung wiederum bietet ein sehr ähnliches Bild in allen 5 Ländern, was nicht verwunderlich ist, da dieses, wie auch der Einflussfaktor „Akteurssetting“[200], zu den das konservative Regime in seinem klassischen Verständnis konstituierenden Elementen zählt. Die Sozialausgaben sind in vier der fünf Länder im europäischen Vergleich sehr hoch, nur Luxemburg nimmt hier lediglich eine Position im Mittelfeld ein. In der Zusammensetzung

199 Ausnahme: Luxemburg, die Steigerungsrate ist aber eher gering.

200 Wenngleich auch bei diesem Einflussfaktor dennoch ganz andere Ergebnisse bezüglich der Homogenität unter der konservativen Ländern festgestellt werden musste.

Tabelle 12: Wohlfahrtssystem und Selbstständigkeit im konservativen Regime

Einflussfaktor	Wirkungsweise Deutschland	Übereinstimmung
Branchenstruktur	+	hoch
Arbeitslosigkeit	+/–	niedrig
Frauenerwerbsbeteiligung	–	sehr hoch
Kultur	– –	hoch
Akteurssetting	– –	sehr niedrig
System der sozialen Sicherung	– –	hoch

der Ausgaben ergeben sich ebenfalls große Parallelen.[201] Auch auf der Einnahmenseite ähneln sich vier der fünf Länder wieder sehr stark, und wieder ist es Luxemburg, das als einziges Land „nur" knapp über 50% der Sozialschutzeinnahmen aus arbeitseinkommenbezogenen Beiträgen bezieht.

Geht man aber weg von dieser sehr quantitativen Einnahmen-Ausgaben-Analyse, fällt auf, dass z.B. der Bereich der Beschäftigungssicherheit sehr unterschiedlich ausfällt. Auch beim Einsatz anderer funktionaler Äquivalente ist die Übereinstimmung nur sehr gering, wie etwa beim Mindestlohn oder der tarifvertraglichen Abdeckung. Wo es sie aber gibt, sind sie wiederum in ähnlicher Weise anzutreffen.[202] Insgesamt ist aber das grundlegende System der sozialen Sicherung doch in allen fünf Ländern sehr ähnlich, vor allem in Abgrenzung zu anderen Systemen.

Zusammengefasst ergibt sich Tabelle 12. In der ersten Spalte findet sich die Einschätzung, wie die Ausprägung der sechs Einflussfaktoren in Deutschland wirkt, wie sie auch schon in Tabelle 11 vorgestellt wurde. Die zweite Spalte zeigt, inwieweit hier die Homogenitätsannahme bezüglich der Länder des konservativen Wohlfahrtsregimes zutrifft.

---

201 Im Detail müsste man eventuell festhalten, dass Frankreich etwas mehr für den Bereich „Wohnen und soziale Ausgrenzung" aufwendet, und Luxemburg etwas mehr für den Bereich der Krankenversorgung, aber die Abweichungen sind so gering, dass sie kaum relevant sind. Das globale Bild der Ausgabenverteilung bleibt sehr homogen.

202 Die Höhe des Mindestlohns ist in Frankreich und Belgien praktisch identisch, in Luxemburg etwas höher; der Deckungsgrad von Tarifverträgen liegt in Deutschland, Frankreich, Belgien und Österreich zwischen 80 und 90% (vgl. Abbildung 70).

Der Einflussfaktor, der einen positiven Beitrag zur Steigerung der Selbstständigkeit leistet, die Branchenstruktur, ist in allen Ländern relativ ähnlich ausgeprägt, was für gute Chancen zur Steigerung der Selbstständigkeit spricht und fragen ließe, warum die Selbstständigenquote dann bisher noch eher moderat ausfällt. Das lässt sich damit erklären, dass die Entwicklung hin zur Dienstleistungsgesellschaft noch nicht so lange andauert – und es sich dabei zudem ja auch nur um einen einzelnen Einflussfaktor handelt, der durch die anderen überlagert wird. So z.B. durch die Faktoren Kultur, soziales Sicherungssystem und Frauenerwerbsbeteiligung, die einen hohen Grad an Homogenität unter den untersuchten Ländern aufweisen, alle aber ein negatives Klima für die Selbstständigkeit bieten. Somit macht sich dieser negative Einfluss in allen Ländern gleichermaßen bemerkbar.

So kann man festhalten, dass die überwiegende Zahl der Einflussfaktoren in den fünf relevanten Ländern im Großen und Ganzen relativ ähnlich ist und ein eher negatives Klima für die Selbstständigkeit schafft. Dass es gerade der Einflussfaktor „Akteurssetting“ ist, der sich deutlich unterscheidet, und welche Implikationen das für die Ergebnisse dieser Arbeit hat, ist Thema des folgenden Kapitels.

4.3 Schlussbetrachtungen und Ausblick: Das konservative Wohlfahrtsregime – eine Illusion?

Mit der vorliegenden Arbeit wurde aufgezeigt, warum und wie es einen Zusammenhang zwischen Wohlfahrtssystem und Selbstständigkeit gibt. Die diesbezüglichen Feststellungen sollten dabei nicht nur für sich stehen, sondern auch in einen breiteren Kontext eingeordnet werden. Die Ergebnisse lassen sich hierfür in drei Gruppen unterteilen: Zum Einen weist die vorliegende Arbeit auf eine Schwäche im Forschungsdesign vieler Untersuchungen zum Wohlfahrtssystem hin, ist also als methodologische Kritik zu verstehen. Diese Konsequenzen entstehen vor allem durch die Feststellungen in Kapitel 2.2. Zweitens lassen sich aus dem Hauptteil der Arbeit (Kapitel 3) auch arbeitsmarktpolitische Schlussfolgerungen ziehen. Für die weitere sozialwissenschaftliche Beschäftigung mit dem Themenkomplex „Wohlfahrtssystem/-staat/-regime“ ergeben sich als dritten Punkt aber die vielleicht interessantesten Konsequenzen. Die Auswirkungen des

Wohlfahrtssystems auf die Selbstständigkeit wurden zweifelsfrei nachgewiesen. Schwierigkeiten ergeben sich aber bei der Verallgemeinerung vom Wohlfahrtssystem eines Landes, hier Deutschlands, auf das (vermeintlich) homogene Wohlfahrtsregime. Nur zwei der besprochenen Einflussfaktoren haben hier eine etwas herausstehende Position in dem Sinn, dass sie vergleichsweise unabhängig von den anderen Bestimmungsgründen existieren: das System der sozialen Sicherung und die Akteurskonstellation. Dass es gerade diese beiden Faktoren sind, die nicht als eine Art Mittler zwischen Wohlfahrtssystem und Selbstständigkeit stehen, sondern das Wohlfahrtssystem (mit) konstituieren, ist kein Zufall, sondern unterstreicht die dominante Position, die diese Faktoren im Hinblick auf die Bestimmung der Charakteristika des Arbeitsmarktes spielen.

4.3.1 Methodische Anmerkungen

Die vorliegende Arbeit kann einen Beitrag leisten, der über das bloße Aufzeigen eines Zusammenhangs zwischen Wohlfahrtssystem und Selbstständigkeit und dessen Erklärung hinausgeht. Mit der bewussten Abkehr vom most different case-design wendet sich die Arbeit gegen diese im Bereich der Wohlfahrtsforschung weit verbreitete Vorgehensweise. Damit kann sie als Analyseraster herangezogen werden, um auch andere Charakteristika des Arbeitsmarktes und/ oder des Wohlfahrtssystems zu erklären. Die Vorteile einer solchen Vorgehensweise wurden in Kapitel 2.2.4 ausführlich dargestellt. Es ist offensichtlich nicht möglich, mittels eines Vergleichs von Ländern verschiedener Wohlfahrtsregime eindeutig festzustellen, ob Zusammenhänge zwischen den Regimen und sozial-, arbeitsmarkt-, gesellschafts- oder auch wirtschaftspolitischen Indikatoren bestehen. Nur wenn der interessierende Indikator, die interessierende abhängige Variable, innerhalb eines Regimes gleich oder zumindest sehr ähnlich ausgeprägt ist, kann man von einem Zusammenhang ausgehen. Das soll keineswegs heißen, dass die Ergebnisse, die man mit einem anderen Forschungsdesign erreicht, automatisch falsch sind. Mit einer unangemessenen Herangehensweise setzt man sich aber immer dem Risiko aus, dass selbst „richtige" Ergebnisse eher zufällig erreicht wurden. Damit sind sie nicht zuletzt eine sehr schlechte Grundlage für weiterführende Fragestellungen oder andere Forschungsinteressen, die darauf aufbauen. Richtige Ergebnisse, die mit einem falschen Untersuchungsdesign erreicht wurden, sind nur beschränkt hilfreich.

4.3.2 Arbeitsmarktpolitische Anmerkungen

In der Zusammenfassung der vorangegangenen Kapitel wurde deutlich, dass das Wohlfahrtssystem Deutschlands einen gewichtigen Einfluss auf die Selbstständigkeit hat. Die verschiedenen Einflusskanäle tragen massiv dazu bei, dass es vergleichsweise schwer fällt, trotz durchaus hoher Anstrengungen, den Anteil an Selbstständigen unter den Erwerbstätigen zu erhöhen. Damit wird aber auch deutlich: Will man die Selbstständigenquote erhöhen, und dies ist eines der Ziele in der Arbeitsmarktpolitik Deutschlands und auch der EU, dann reicht es nicht aus, finanzielle Anreizinstrumente zu setzen. Wie Kapitel 2.4 zu den eingesetzten Instrumenten zeigen konnte, nehmen gerade diese Anstrengungen einen großen Raum ein. Zweifelsohne ist es wichtig, die Eigenkapitalbasis potenzieller Unternehmer sowie ihren Zugang zu Krediten zu verbessern. Darüber hinaus kann es aber nicht verwundern, dass weder diese Anstrengungen, noch Weiterbildungsmaßnahmen bisher einen Ertrag zeigten, der in Relation zur Aufwendung stand. Um eine deutliche Steigerung der Selbstständigenquote erreichen zu können, werden Anreize auch auf anderer Ebene gesetzt werden müssen. Vor allem das Kapitel 3.4 zur Kultur der Selbstständigkeit hat gezeigt, dass das soziale Sicherungssystem hier einen wichtigen negativen Impuls. Solange man mit der Entscheidung für eine selbstständige Tätigkeit automatisch und sofort jede soziale Absicherung verliert, wird das Sicherungssystem immer als Abschreckung fungieren – insbesondere in Ländern, in denen Sicherheitsbedürfnisse vergleichsweise ausgeprägt sind. Möchte man also die Selbstständigenquote erhöhen, muss man entweder das System der sozialen Sicherung auf eine andere Basis stellen, die weniger auf abhängige Erwerbsarbeit rekurriert. Eine solche Umstellung dürfte aber relativ schwer umzusetzen sein[203] und wird kaum „nur" zur Förderung der Selbstständigkeit vorgenommen werden. Oder es müssen neue Sicherungssysteme für Selbstständige bereitgestellt werden, die über die bestehenden Möglichkeiten zur freiwilligen Absicherung, die offensichtlich einem großen Teil der Betroffenen nicht entgegenkommen, hinausgehen. Insbesondere sind

203 Dass „system shifts" zwar vergleichsweise schwer vorzunehmen sind, aber keineswegs unmöglich, zeigt etwa das Beispiel des schwedischen Rentensystems. Hier wurde gerade der umgekehrte Weg eingeschlagen, indem verstärkt Versicherungselemente eingebaut wurden. Es kann also durchaus sein, dass Pfadabhängigkeit nicht in dem Ausmaß existiert, wie es oft angenommen wird, oder sie zumindest nicht die vermuteten Auswirkungen wie Verkrustung und Starrheit hat. (Ebbinghaus 2005, Hering 2003, Hinrichs 2000)

hier Maßnahmen zu setzen, die jenem Teil der Selbstständigen, die eher als atypische Erwerbstätige gelten, den Existenzgründern und Jung-Unternehmern sowie jenen, die in prekären Erwerbsverhältnissen arbeiten sowie den Scheinselbstständigen eine echte Alternative bieten können.

4.3.3 Theoretische Anmerkungen

Die bisherigen Schlussfolgerungen bezogen sich überwiegend darauf, was aus der Analyse zum Zusammenhang zwischen deutschem Wohlfahrtssystem und Selbstständigkeit folgt. Damit könnte man bereits an dieser Stelle abschließen. Die Fragestellung wurde beantwortet und darüber hinaus wurden auch weiterführende Anmerkungen bezüglich des methodischen Vorgehens sowie aus der Arbeit ableitbare politische Konsequenzen aufgezeigt. Wie aber bereits weiter oben angedeutet, kann man aus den Ausführungen auch noch andere Konsequenzen ziehen, die über die eigentliche Forschungsfrage hinausgehen.

Die wichtigste theoretische Anmerkung betrifft das Problem, dass es gerade im untersuchten Merkmal „Akteurskonstellation“ wenig Homogenität unter den fünf Ländern des konservativen Wohlfahrtsregimes gibt. Das deutsche Wohlfahrtssystem übt einen deutlichen Einfluss auf Niveau und Entwicklung der Selbstständigkeit aus. Und so weit die anderen Länder, die üblicherweise zur Gruppe des konservativen Wohlfahrtsregime gezählt werden, bezüglich der jeweils analysierten Einflussfaktoren ähnliche, wenn nicht sogar gleiche Ausprägungen aufweisen, so weit haben diese Einflussfaktoren auch die gleichen Wirkungen auf die Selbstständigkeit in den anderen Ländern. Ist ein Einflussfaktor aber anders ausgeprägt als im hier detailliert untersuchten deutschen Fall, gestaltet sich auch die Wirkung anders. Während bei der Branchenstruktur (Kapitel 3.1) oder auch bezüglich der Frauenerwerbstätigkeit (Kapitel 3.3) große Ähnlichkeiten in deren Charakteristika unter den relevanten Ländern gegeben sind, weichen die Ausprägungen des Einflussfaktors „Akteurskonstellation“ (Kapitel 3.5) deutlich voneinander ab – also gerade in jenem Punkt, der einst als Charakteristikum der gesamten Ländergruppe, des ganzen „konservativ-korporatistischen“ Regimes genommen wurde. Gerade hier zerfällt das konservative Wohlfahrtsregime aber deutlich in zwei Gruppen – mit Frankreich und Belgien auf der einen, sowie Deutschland, Österreich und Luxemburg auf der anderen Seite.

Das lässt an der Konstruktion des konservativen Wohlfahrtsregimes zweifeln.

Bereits zu Beginn der Arbeit wurde kurz angesprochen, dass es keineswegs außer Frage steht, von welchen Ländern die Rede sein soll, spricht man vom „konservativen" Wohlfahrtsregime. Während man über die verschiedenartige Titulierung (konservativ – korporatistisch – kontinentaleuropäisch, auch in diversen Kombinationen) noch als semantisches Problem hinweg sehen könnte,[204] stellt die fraglich Gruppenzugehörigkeit einiger Länder die Forschung vor massive Probleme. Im Kern des konservativen, korporatistischen, kontinentaleuropäischen Modells stehen jedenfalls Frankreich und Deutschland, unabhängig von der Bezeichnung der Gruppe, zudem Österreich, Luxemburg und Belgien. Vor allem die letzten beiden werden allerdings häufig übergangen, zumindest in der deutsch- und englischsprachigen Literatur. Grund dafür könnte die hohe Ähnlichkeit zu Deutschland bzw. Frankreich sein, und die Größe des Landes, die es unter Umständen nicht attraktiv genug erscheinen lässt, sich mit diesen Fällen detailliert auseinanderzusetzen. Ob auch Italien zu dieser Gruppe gehört, ist aber bereits fraglich. In der ursprünglichen Einteilung nach Esping-Andersen lautet die Antwort: ja. Allerdings kennt er auch (noch) kein südeuropäisches Regime, in das Italien genauso gut oder schlecht passen würde. Am deutlichsten aber wurde die Problematik der Gruppenzugehörigkeit im Fall der Niederlande. Während die Beteiligung der Arbeitsmarktakteure in die Sozialpolitik und das hohe Ausmaß an Konsens deutlich in Richtung des korporatistischen Regimes deuten, sind das Niveau sowie die Ausgestaltung der sozialen Absicherung und die diesbezüglichen Reformen in den letzten 15 Jahren eher ein Hinweis auf das liberale Regime. Andere wiederum setzen die Niederlande als Prototyp des sozialdemokratischen Regimes ein. (Siehe z.B. Goodin et al. 1999) Anton Hemerijck vermeidet dieses Problem gar, indem er die Niederlande als „hybrides" System charakterisiert. (vgl. Giddens 2006, siehe auch Arts/Gelissen 2002) Das ist nicht falsch, hinterlässt aber den Nachgeschmack, damit eine Kategorie zu schaffen, die als Auffangbecken für alle Länder dienen muss, deren Einteilung in die bestehenden Kategorien nicht möglich scheint.

Fraglich ist diese Vorgehensweise aber, da es nicht die Lösung des Problems sein kann, für „unpassende" Fälle neue Kategorien in das bestehende System einzubauen. Vielmehr muss man eigentlich in einem solchen Fall das Einteilungsschema an sich überprüfen. Würde man streng methodisch vorgehen und eine Clusteranalyse erstellen, so wäre es unzulässig, neue Fälle in die bestehen-

204 Wobei auch das nicht ganz richtig ist, wie man am Beispiel des „korporatistischen" Wohlfahrtsstaates Frankreich sehen kann (vgl. dazu weiter oben Kapitel 3.5.4).

den Gruppen einzubinden. Denn durch die Einbeziehung neuer, zu gruppierender Elemente ändern sich (meistens) alle Distanzen, die die einzelnen Objekte zueinander haben – und damit auch die Gruppeneinteilung. Diese Problematik ist zusätzlich ein aktuelles Thema, als die Behandlung der osteuropäischen Staaten die Wohlfahrtsforschung diesbezüglich vor neue Herausforderungen stellte. Zunächst wurden die neuen EU-Mitglieder als eine weitere Regimegruppe angesehen. Bald aber wurde deutlich, dass die einzelnen Länder sehr unterschiedlich mit den Transformationsprozessen in der Sozialpolitik umgehen und auch sehr unterschiedliche Wohlfahrtssysteme installierten. Dementsprechend wurden die osteuropäischen Länder nicht mehr als eine Gruppe angesehen, sondern die einzelnen Staaten den bekannten Regimen zugeordnet. Damit begeht man aber genau jenen oben dargestellten Fehler. (Siehe Bazant/Hegelich 2006)

Dem Einwand bezüglich der „falschen" oder „besseren" Einordnung einzelner Länder in bekannte Cluster bzw. der Frage, ob es darüber hinaus noch mehr Regime gibt, wurde in der relevanten Literatur bereits großflächig Platz eingeräumt. Neben der klassischen Regimeeinteilung von Esping-Andersen existieren viele weitere, manche haben sich mehr durchgesetzt als andere, manche sind als common body of knowledge anerkannt, andere wiederum führen eher ein Randdasein. (Siehe dazu die Literaturverweise in Kapitel 1.2) Gemeinsam haben aber alle diese Varianten, dass sie sich einerseits immer als Ausgangsbasis auf die ursprünglichen „drei Welten" beziehen und diese (nur) abändern, erweitern oder modifizieren, sich aber immer daran orientieren oder sie zumindest als Bezugspunkt, als Ausgangsbasis ihrer eigenen Überlegungen heranziehen. Obwohl es mittlerweile nicht nur begründete Zweifel an der Vorgehensweise wie auch den Inhalten von Esping-Andersen gibt, und obwohl gerade erst in der jüngsten Vergangenheit nachgewiesen werden konnte, dass der Ansatz eigentlich nicht haltbar ist (siehe dazu v.a. Bambra 2006, Kasza 2002 sowie Scruggs/Allen 2006), bleibt die wissenschaftliche Debatte an diesem Punkt weiterhin stecken.

Hier ist eine zweite theoretische Anmerkung, die sich aus der vorliegenden Arbeit ergibt, angebracht. Da sich das konservative Wohlfahrtsregime als nichthomogene Gruppe herausgestellt hat, und damit auch keinen einheitlichen Einfluss auf die Selbstständigkeit ausüben kann, muss man fragen, wie man die am Anfang erwähnten Untersuchungen zum Wohlfahrtsregime und der Selbstständigkeit nun bewertet. Zum Ende dieser Arbeit kann festgehalten werden, dass Henrekson (2002) und Lohmann (2001) insofern tatsächlich falsch lagen, als das Wohlfahrts*system* sehr wohl eine deutliche Auswirkung auf die Selbstständigenquote hat. Dieser Einfluss kann aber so für das konservative Wohlfahrts*regime* aufgrund mangelnder Homogenität nicht konstatiert werden. Das steht aber im Widerspruch zur eingangs präsentierten Clusteranalyse und den Korrelationen.

Bei der Ursachenforschung stößt man zwangsläufig auf die Operationalisierung der Variablen. Die Selbstständigenquote sowie deren Entwicklung als abhängige Variable einzusetzen, steht außer Frage. Die Operationalisierung der abhängigen Variablen dürfte hier viel mehr das Problem sein. Dafür wurde auf den Dekommodifizierungsindex nach Esping-Andersen (1990) zurückgegriffen – und das ist offensichtlich cine unpassende Maßzahl für die Beschreibung von Wohlfahrtssystemen. Nur wenn dieser Index keine geeignete Operationalisierung ist, lässt sich erklären, warum die Ergebnisse der bisherigen Untersuchungen zum Zusammenhang zwischen Wohlfahrts*regime* und Selbstständigkeit trotz ihres nachgewiesenen unangemessenen Forschungsdesigns hier bestätigt werden müssen.[205] Das lässt an der Konstruktion der Wohlfahrtsregime insgesamt zweifeln.

Damit stellt sich aber sogleich auch die Frage, welche Maßzahl angemessener wäre. Ein Grund, warum sich selbst die größten Kritiker von Esping-Andersen zumeist auf die bekannten „Drei Welten“ beziehen ist (auch) darin zu suchen, dass die Gruppierung von Wohlfahrtssystemen anhand ihres Dekommodifizierungsgrades einen deutlichen Fortschritt in der Forschung darstellte. Weder Ausgabenniveaus noch die Kriterien der Leistungsabgabe können hier überzeugen. Dekommodifizierung, Stratifizierung und das Zusammenspiel von Markt, Staat und Familie/3. Sektor zur Klassifizierung und Gruppierung sind weiterhin Meilensteine in der Wohlfahrtssystemforschung – offensichtlich aber nicht die Ziellinie. Keiner der verschiedenartigen Vorschläge die seit den 1990er Jahren zur Debatte stehen dürfte hier wirklich weiter führen. Zu komplex dürften die jeweiligen Systeme sein, als das man sie in einer Maßzahl, einem Index erfassen könnte. Abgesehen davon, dass mittlerweile dank einiger Beiträge, die sich dem genauen Nachvollziehen der Arbeit von Esping-Andersen gewidmet haben feststehen dürfte, dass die „traditionelle“ Regime-Clusterung noch nie gestimmt haben dürfte (siehe dazu die Literaturhinweise weiter oben), haben die massiven Änderungen in den Wohlfahrtssystemen der europäischen Staaten sowie die Entwicklungen auf europäischen Niveau dazu geführt, dass die Einteilung keinesfalls mehr richtig ist. (Siehe Bazant/Hegelich 2006) Und damit ergibt sich eine dritte theoretische Anmerkung:

205 Wie bereits in den Methodischen Anmerkungen besprochen, bleiben dennoch auch richtige Ergebnisse fraglich, wenn sie aus den falschen Gründen entdeckt wurden.

Da andere Einteilungen aber auch nicht überzeugen, muss man an der prinzipiellen Idee der Regime-Clusterung zweifeln.

Denn gemeinsam ist so gut wie allen relevanten Arbeiten zum Thema Wohlfahrt neben dem Bezug auf Esping-Andersen auch, dass sie der prinzipiellen Idee von Regimen treu bleiben. Auch hier verharrt der Diskurs also an einem Punkt, der eigentlich aufgrund der Forschungslage überwunden sein müsste. Die vorliegende Arbeit versteht sich somit als Teil einer breiteren Debatte, die keineswegs nur auf die Frage der Einflüsse des Wohlfahrtssystems auf einen Aspekt des Arbeitsmarktes beschränkt ist. Es erscheint intuitiv einleuchtend, dass man dort, wo sich Systeme der sozialen Sicherung in ihrem Aufbau und Sicherungsgrad ähneln und womöglich auch noch eine regionale Nähe sowie kulturelle Berührungspunkte, wie etwa sprachliche oder auch historische Gemeinsamkeiten, anzutreffen sind, Gruppen zu bilden. Verlässt man aber die Ebene dessen, was intuitiv überzeugend wirkt oder auch pragmatisch gesehen die sozialwissenschaftliche Analyse erleichtert, muss man feststellen, dass man keine Gruppen von vier, fünf Ländern ausmachen kann, die sich so sehr ähneln, dass man sie zu einem Regime zusammen fassen könnte. Wenn also überhaupt, so würde es näher liegen, von mehr oder weniger lockeren „Verbünden" zu sprechen. Damit wird jedoch die Sichtweise auf Ländergruppen als Regime oder Cluster endgültig obsolet. Und insbesondere trifft dies auf die Ländergruppe zu, die hier als „konservatives Wohlfahrtsregime" im Fokus der Analyse stand, die immer schon als „Restkategorie", als „Auffangbecken" für jene Länder gesehen wurde, die sich nicht in eines der gegensätzlichen Modelle des liberalen oder sozialdemokratischen Regimes einordnen ließen.

5 Literaturverzeichnis

Acs, Zoltan J./Audretsch, David B., 1992: Innovation durch kleine Unternehmen, Berlin.

Alber, Jens/Esping-Andersen, Gösta/Rainwater, Lee, 1987: Studying the Welfare State, in: *Dierkes, Meinolf/Weiler, Hans N./Antal, Ariane B (eds.).:* Comparative Policy Research, Learning from Experience, Aldershot, 458-469.

Alber, Jens, 1998: Recent developments in continental European Welfare States, Do Austria, Germany and the Netherlands prove to be birds of a feather?, Paper for the 14th World Congress of Sociology, July 1998, Montreal.

Alemann, Ulrich von, 2000: Vom Korporatismus zum Lobbyismus?, Die Zukunft der Verbände zwischen Globalisierung, Europäisierung und Berlinisierung, in: Aus Politik und Zeitgeschichte, B 26-27/2000,.

Allan, James P./Scruggs, Lyle, 2004: Political Partisanship and Welfare State Reform in Advanced Industrial Societies, in: American Journal of Political Science, 48, 3, 496-512.

Ando, Albert/Modigliani, Franco, 1963: The ‚Life-Cycle'-Hypothesis of Saving, Aggregate Implications and Tests, in: American Economic Review, Vol. 53, No. 1 (March 1963), 55-84.

Antal, Arian B./Dierkes, Meinolf/Weiler, Hans N., 1987: Cross-national policy research, in: *Dierkes, Meinolf/Weiler, Hans N./Antal, Ariane B. (eds.):* Comparative Policy Reserach, Learning from Experience, Aldershot, 13-25.

Anthias, Floya/Mehta, Nishi, 2003: The Intersection between Gender, the Family and Self-employment, The Family as a Resource, in: International Review of Sociology, Volume 13, Number 1, 105-116.

Arlt, Hans-Jürgen, 1994: Kampfkraft kommt aus Kommunikation – oder verkümmert, in: Gewerkschaftliche Monatshefte, 45, 05, 281-296.

Armingeon, Klaus, 2001: Zwei Organisationsprobleme der deutschen Gewerkschaften im internationalen Vergleich, in: *Zimmer, Annette/Weßels, Bernhard (Hrsg.):* Verbände und Demokratie in Deutschland, Opladen, 55-76.

Armingeon, Klaus, 2005: Arbeitsbeziehungen, in: *Nohlen, Dieter/Schultze, Rainer-Olaf (Hrsg.):* Lexikon der Politikwissenschaft, Band 1, München, 30-33.

Arts, Wilhelmus A./Gelissen, John, 2002: Three worlds of welfare capitalism or more?, in: Journal of European Social Policy, 12, 2, 137-158.

Arum, Richard/Budig, Michelle/Grant, Don, 2000: Labor Market Regulation and the Growth of Self-Employment, in: International Journal of Sociology, vol. 30, no. 4 (Winter 2000-2001), 3-27.

Audretsch, David B., 2002: Entrepreneurship: A survey of the Literature, Enterprise Papers No. 14 (Enterprise Directorate-General, European Commission), October 2002.

Bambra, Clare, 2006: Decommodification and the worlds of welfare revisited, in: Journal of European Social Policy, 16, 1, 73-80.

Bandelow, Nils C., 2004: Akteure und Interessen in der Gesundheitspolitik, Vom Korporatismus zum Pluralismus?, in: Politische Bildung, 37, 2, 49-63.

Bannock Consulting, 2001: Innovative Instruments for Raising Equity for SMEs in Europe, Final report; prepared for DG Enterprise of the European Commission, Bruxelles. (June 2001).

Barbieri, Paolo, 2001: Self-Employment in Italy – Does Labor Market Rigidity Matter?, in: International Journal of Sociology, vol. 31, no. 2 (Summer 2001), 38-69.

Bates, Timothy/Servon, Lisa, 2000: Viewing Self Employment as a Response to Lack of Suitable Opportunities for Wage Work, in: National Journal of Sociology, Vol. 12.2, Fall 2000, 23-55.

Bazant, Ursula/Hegelich, Simon, 2006: Wha does contemporary welfare research fail to explain the influence of the EU? Europeanization as a methodological challenge for welfare analysis, Paper presented at the ECPR Joint Session of Workshops 2006, April 15-30, Nicosia, Workshop No.1: EU Social Policy.

Bender, Christiane/Graßl, Hans, 2004: Arbeiten und Leben in der Dienstleistungsgesellschaft, Konstanz.

Berg-Schlosser, Dirk/Cronqvist, Lasse, 2006: Vergleich von Aggregatdaten, in: *Schmitz, Sven-Uwe/Schubert, Klaus (Hrsg.):* Einführung in die Politische Theorie und Methodenlehre, Opladen, 191-208.

Berger, Roland, 2002: Zehn Schritte zum Wohlstand, 21/2002, in: Die Zeit. 2.5.2006, [http://zeus.zeit.de/text/2002/21/200221_agenda_berger_xml].

Biebeler, Hendrik/Lesch, Hagen, 2006: Mitgliederstruktur der Gewerkschaften in Deutschland, iw Trends – Vierteljahresschrift zur empirischen Wirtschaftsforschung aus dem Institut der deutschen Wirtschaft Köln.

Bispinck, Rainer/WSI-Tarifarchiv, 2003: Konflikt um Tarifautonomie – Kampf um Lohnprozente, Tarifpolitischer Jahresbericht 2003.

Bispinck, Rainer, 2006: Aufwärtstrend bei Tarifabschlüssen,.

Blanchard, Oliver/Fitoussi, Jean-Paul, 1998: Croissance et chômage, Paris.

Blanchflower, David G, 2000: Self-employment in OECD countries, in: Labour Economics, 7 (2000), 471-505.

Bleses, Peter/Stahmer, Carsten, 1997: Strukturwandel des Arbeitsmarktes in der Bundesrepublik Deutschland, in: *Schnabl, Hermann (Hrsg.):* Innovation und Arbeit, Fakten – Analysen – Perspektiven, Tübingen, 111-146.

Blien, Uwe/Walwei, Ulrich/Werner, Heinz, 2002: Labour Market Policy in Germany, IABtopics No. 49, 2002.

Bonoli, Giuliano, 2000: Public Attitudes to Social Protection and Political Economy Traditions in Western Europe, in: European Societies, 2(4), 431-452.

Boone, Laurence/Richardson, Pete/Giorno, Claude/Meacci, Mara/Rae, David/Turner, David, 2000: The Concept, Policy Use and Measurement of Structural Unemployment , Estimating a time varying NAIRU across 21 OECD Countries, Economics Department Working Papers No. 250. [URL: http://hermia.sourceoecd.org/vl=989454/cl=29/nw=1/rpsv/cgi-bin/wppdf?file=5lgsjhvj8334.pdf].

Borstel, Stefan von, 2000: Mehr Reform mehr Arbeit, Erste Pflicht der Politik ist es jetzt, die verbleibende strukturelle Arbeitslosigkeit zu bekämpfen – Kommentar vom 21.12.2002, in: Die Welt. 2.5.2006, oS. [http://www.welt.de/data/2000/12/21/602714.html].

Bosch, Gerhard/Knuth, Matthias, 2003: Das deutsche Beschäftigungssystem im 13. Jahr nach der Vereinigung, in: WSI-Mitteilungen, 5/2003, 275-283.

Bosch, Gerhard/Wagner, Alexandra, 2001: Dienstleistungen und Industrie, Veränderungen der Beschäftigtenstruktur 1985-1998 – insbesondere im Organisationsbereich der Gewerkschaften NGG, IG BAU, IG BCE, IG Metall und TRANSNET, Frankfurt.

Brady, Henry E./Collier, David (eds.), 2004: Rethinking Social Inquiry, Lanhma.

Braun, Dietmar/Giraud, Olivier, 2003: Steuerungsinstrumente, in: *Schubert, Klaus/Bandelow, Nils C. (Hrsg.):* Lehrbuch der Politikfeldanalyse, München, 147-174.

Brindley, Clare, 2005: Barriers to women achieving their entrepreneurial potential, Women and risk, in: International Journal of Entrepreneurial Behaviour & Research, vol. 11, no. 2, 144-161.

Brixy, Udo/Gilberg, Rainer/Hess, Doris/Schröder, Helmut, 2002: Arbeitslosenuntersuchung – Teil I: Was beeinflusst den Übergang von der Arbeitslosigkeit in die Erwerbstätigkeit?, IAB Kurzbericht 1/2002.

Brüderl, Josef/Preisendörfer, Peter, 1998: Network Support and the Success of Newly Founded Businesses, in: Small Business Economics, volume 10, 213-225.

Brütt, Christian, 2002: Nach Hartz, Unter Führung der Expertokratie vorwärts auf dem Weg des Neoliberalismus, rls Standpunkte 6/2002.

Bultmann, Thorsten/Klier, Vera, 2006: Bildungspolitik und „aktivierender Staat", Neue Ansätze wettbewerbskorporatistischer Bildungssteuerung, BdWi-Studienheft 1.

Bundesagentur für Arbeit, 2006a: Arbeitsmarkt in Zahlen, Aktuelle Date (Stand Februar 2006), Nürnberg.

Bundesagentur für Arbeit, 2006b: Zeitreihe Arbeitslose und Quoten nach Bundesländern ab Januar 1991. [URL: http://www.pub.arbeitsamt.de/hst/services/statistik/detail/a.html] (8.3.2006).

Bundesagentur für Arbeit, 2006c: Zeitreihe Arbeitslose ab 1991. [URL: http://www.pub.arbeitsamt.de/hst/services/statistik/detail/a.html] (8.3.2006).

Bundesministerium für Arbeit und Soziales, 2006: Arbeitslosengeld. [URL: http://www.bmas.bund.de/BMAS/Navigation/Arbeitsmarkt/arbeitslosengeld,did=88876.html] (10.4.2006).

Bundesregierung (Hrsg.), 2006: Rentenversicherungsbericht 2005, Berlin.

Burgoon, Brian/Baxandall, Phineas, 2004: Three Worlds of Working Time, The Partisan and Welfare Politics of Work Hour in Industrialized Countries, in: Politics & Society, Vol. 32, No. 4, December 2004, 439.

Bögenhold, Dieter/Leicht, René, 2000: 'Neue Selbstständigkeit' und Entrepreneurship, Moderne Vokabel und damit verbundene Hoffnungen und Irrtümer, in: WSI-Mitteilungen, 2000, 12, 779-787.

Bögenhold, Dieter/Staber, Udo, 1990: Selbständigkeit als ein Reflex aus Arbeitslosigkeit, in: Kölner Zeitschrift für Soziologie und Psychologie, Vol. 42, No. 2, 265-279.

Böheim, René/Taylor, Mark P., 2002: The search for success: do the unemployed find stable employment?, in: Labour Economics, 9 (2002), 717-735.

Böhm, Wolfgang, 2003: 'Billig-Tarifverträge' in der Zeitarbeit, Risiken für die Kunden, in: Der Betrieb, 48, 2598-2599.

CEEP, 1993: Öffentliche Wirtschaft und Gemeinwirtschaft in Österreich, in: *Weinzierl, Rupert (Hrsg.):* Wieviel Staat, wieviel privat?, Wien,.

Castles, Francis G./Mitchell, Deborah, 1990: Three Worlds of Welfare Capitalism or Four?, Australian National University Discussion paper No. 21, October 1990.

Castles, Francis G., 2004: The Future of the Welfare State, Crisis Myths and Crisis Realities, Oxford.

Chen, Duanjie/Lee, Frank C./Mintz, Jack, 2002: Taxation, SMEs and Entrepreneurship, STI Working Paper 2002/09, OECD Directorate for Science, Technology and Industry DSTI/DOC(2002)9.

Cornelißen, Waltraud (Hrsg.), 2005: Gender-Datenreport, Kommentierter Datenreport zur Gleichstellung von Frauen und Männern in der Bundesrepublik Deutschland, erstellt durch das Deutsche Jugendinstitut e.V. in Zusammenarbeit mit dem Statistischen Bundesamt, Juni 2005.

Crouch, Colin, 1999a: Employment, Industrial Relations and Social Policy, New Life in an Old Connection, in: Social Policy and Administration, 33, 4, Dec. 1999, 437-457.

Crouch, Colin, 1999b: Social Change in Western Europe, Oxford.

Czada, Roland, 1995: Konjunkturen des Korporatismus, in: *Streeck, Wolfgang (Hsrg.):* Staat und Verbände, PVS-Sonderheft 25, Opladen, 37-64.

Czada, Roland, 2003: Konzertierung in verhandlungsdemokratischen Politikstrukturen, in: *Jochem, Sven/Siegel, Nico A.(Hrsg.):* Konzertierung, Verhandlungsdemokratie und Reformpolitik im Wohlfahrtsstaat, Das Modell Deutschland im Vergleich, Opladen, 35-69.

Czada, Roland, 2004: Die neue deutsche Wohlfahrtswelt, in: *Lütz, Susanne/Czada, Roland (Hrsg.):* Wohlfahrtsstaat – Transformation und Perspektiven, Wiesbaden, 127-154.

DGB, 2006: Serviceangebote des DGB. [URL: http://www.dgb.de/service/index_html].

Davis, Steven J./Henrekson, Magnus, 1999: Explaining National Differences in the Size and Industry Distribution of Employment, in: Small Business Economics, 12, 59-83.

Deakin, Simon, 2002: The Evolution of the Employment Relationship, in: *Auer, Peter/Gazier, Bernhard (eds.):* The Future of Work, Employment and Social Protection, Lyon, 191-205.

Dingeldey, Irene/Gottschall, Karin, 2001: Alte Leitbilder und neue Herausforderungen: Arbeitsmarktpolitik im konservativen Wohlfahrtsstaat, in: Aus Politik und Zeitgeschichte, B 21/2001, 31-38.

Dressel, Christian, 2005: Erwerbstätigkeit – Arbeitsmarktintegration von Frauen und Männern, in: *Cornelißen, Waltraud (Hrsg.):* Gender-Datenreport, Kommentierter Datenreport zur Gleichstellung von Frauen und Männern in der Bundesrepublik Deutschland, erstellt durch das Deutsche Jugendinstitut e.V. in Zusammenarbeit mit dem Statistischen Bundesamt, Juni 2005, 92-148.

Duvander, Ann-Zofie, 2001: Do Country-Specific Skills Lead to Improved Labor Market Positions?, An Analysis of Unemployment and Labor Market Returns to Education Among Immigrants in Sweden, in: Work and Occupations, 28, 2, 210-233.

Döhler, Marian/Manow Philip, 1997: Strukturbildung in Politikfeldern, Opladen.

Ebbinghaus, Bernd/Manow, Philip, 2001: Studying Varieties of Welfare Capitalism, in: *Ebbinghaus, Bernd/Manow, Philip (eds.):* Comparing Welfare Capitalism. Social Policy and Political Economy in Europe, Japan and the USA , London, 1-24.

Ebbinghaus, Bernhard/Hassel, Anke, 2000: Striking deals: concertation in the reform of continental European welfare states, in: Journal of European Public Policy, 7:1, March 2000, 44-62.

Ebbinghaus, Bernhard, 2003: Die Mitgliederentwicklung deutscher Gewerkschaften im historischen und internationalen Vergleich, in: *Schroeder, Wolfgang/Weßels, Bernhard (Hrsg.):* Die Gewerkschaften in Politik und Gesellschaft der Bundesrepublik Deutschland, Wiesbaden, 174-203.

Ebbinghaus, Bernhard, 2005: Can Path-Dependency Explain Institutional Change? Two Approaches Applied to Welfare State Reform, MPIfG Discussion Paper 05/2.

Ebbinghaus, Bernhard, 2006: Die sozialen Risiken der neuen Alterssicherungssysteme, in: *Rehberg, Karl (Hrsg.):* Soziale Ungleichheit – Kulturelle Unterschiede, Verhandlungen des 32. Kongresses der Deutschen Gesellschaft für Soziologie in München 2004, Frankfurt, oS.

Eichhorst, Werner/Profit, Stefan/Thode, Eric, 2001: Benchmarking Deutschland, Arbeitsmarkt und Beschäftigung – Bericht der Arbeitsgruppe Benchmarking und der Bertelsmann Stiftung, Berlin.

Eichmann, I./Kaupa, I./Steiner, K. (Hrsg.), 2002:.Game Over?, Neue Selbstständigkeit und New Economy nach dem Hype, Wien.

Eicker-Wolf, Kai/Käpernick, Ralf/Niechoj, Torsten/Reiter, SabineWeiß, Jens, 1998: Die arbeitslose Gesellschaft und ihr Sozialstaat, Marburg.

Engelen-Kefer, Ursula, 1995: Beschäftigungspolitik, Wege zur Vollbeschäftigung, Köln.

Esping-Andersen, Gösta/Kolberg, Jon E., 1992: Welfare States and Employment Regimes, in: *Kolberg, Jon E. (eds.):* The Study of Welfare State Regimes, New York, 3-36.

Esping-Andersen, Gösta, 1990: The Three Worlds of Welfare Capitalism, Princeton.

Esping-Andersen, Gösta, 1991: Three Postindustrial Employment Regimes, in: International Journal of Sociology, Vol. 21, No. 2 (Summer 1991), The Welfare State as Employer, 149-188.

Esping-Andersen, Gösta, 1996a: Welfare States in Transition, National Adaptions in Global Economies, London.

Esping-Andersen, Gösta, 1996b: Welfare States without Work: The Impasse of Labour Shedding and Familialism in Continental European Policy, in: *Esping-Andersen, Gösta:* Welfare States in Transition: National Adaptations in Global Economies, London, 66-87.

Esping-Andersen, Gösta, 1999a: Social Foundations of Postindustrial Economies, Oxford.

Esping-Andersen, Gösta, 1999b: Who is harmed by Labour Market Regulations, in: *Esping-Andersen, Göstä/ Regini, Marino (eds.)*: Why Deregulate Labour Markets, Oxford, 66-98.

Esser, Josef, 2003: Funktion und Funktionswandel der Gewerkschaften in Deutschland, in: *Schroeder, Wolfgang/Weßels, Bernhard (Hrsg.):* Die Gewerkschaften in Politik und Gesellschaft der Bundesrepublik Deutschland, Wiesbaden, 65-85.

European Commission, 1998: Social Protection in Europe 1997, Luxemburg.

European Commission, 2004a: Entrepreneurship, Flash Eurobarometer 146, Bruxelles.

European Commission, 2004b: Entrepreneurship, Flash Eurobarometer 160, Bruxelles.

Europäische Kommission, 2002a: Abschlussbericht der Sachverständigengruppe zur Übertragung von kleinen und mittleren Unternehmen, Mai 2002, Brüssel.

Europäische Kommission, 2002b: Beschäftigung in Europa 2002, Jüngste Tendenzen und Ausblick in die Zukunft, Luxemburg.

Europäische Kommission, 2003a: Grünbuch 'Unternehmergeist in Europa', KOM(2003)27, 21. Jan. 2003,.

Europäische Kommission, 2003b: Aktionsplan: Europäische Agenda für unternehmerische Initiative, Mitteilung der Kommission an den Rat, das Europäische Parlament, den Europäischen Wirtschafts- und Sozialausschuss und den Ausschuss der Regionen, KOM(2004) 70. [URL:http://europa.eu.int/comm/enterprise/entrepreneurship/promoting_entrepreneurship/doc/com_70_de.pdf (14.11.2005)](11.2.2003).

Europäische Kommission, 2003c: Der Zugang kleinerer und mittlerer Unternehmen zu Finanzmitteln, Mitteilung der Kommission an den Rat und das Europäische Parlament, COM(2003) 713.

Europäische Kommission, 2003d: Support Measures and Initiatives for Enterprises, Enterprise Directorate-General, 19.12.2003, Brussels.

Europäische Kommission, 2003e: Die Europäischen Leitlinien für beschäftigungspolitische Maßnahmen (2003-2005). [URL: http://europa.eu/scadplus/leg/de/cha/c11319.htm] (1.5.2006).

Europäische Kommission, 2004: Mikrokredite für europäische Kleinunternehmen, Arbeitsdokument der Kommissionsdienststelle, Brüssel, 11.9.2004. [URL: http://

europa.eu.int/comm/enterprise/entrepreneurship/financing/docs/microcredit_doctravail_de.pdf] (11.11.2005)

Europäische Kommission, 2005a: Die Lissabon-Strategie. [URL: http://www.eu-kommission.de/html/themen/lissabon_strategie.asp] (1.5.2006).

Europäische Kommission, 2005b: Die Kohäsionspolitik und die Städte: Der Beitrag der Städte zu Wachstum und Beschäftigung in den Regionen. [URL: http://www.deutscher-verband.org/seiten/urban-netzwerk/downloads/2005-11-17_KOM-Kohaesionspolitik_und_Staedte-DE.pdf] (2.5.2006).

Eurostat, oJ.: Datenabfrage. [URL: http://epp.eurostat.cec.eu.int/portal/page?_pageid=1090,30070682,1090_33076576&_dad=portal&_schema=PORTAL] (8.3.2006).

Fachinger, Uwe/Oelschlaeger Angelika/Schmähl, Winfried, 2004: Alterssicherung von Selbstständigen, Bestandsaufnahme und Reformoptionen, Münster.

Fachinger, Uwe, 2002: Sparfähigkeit und Vorsorge gegenüber sozialen Risiken bei Selbstständigen, Einige Informationen auf der Basis der Einkommens- und Verbraucherstichprobe 1998, ZeS-Arbeitspapier Nr. 1/2002.

Fehrenbach, Silke/Lauxen-Ulbrich, Maria, 2002: A gender View on Self-Employment in Germany, , Download Paper des Forschungsprojekts 'Gründerinnen in Deutschland' Nr. 4, 2002.

Franco, Ana/Winquist, Karin, 2002: Geschlechtsspezifische Unterschiede bei der unternehmerischen Tätigkeit, Statistik kurz gefasst, Bevölkerung und soziale Bedingungen, Thema 3,.

Frerichs, Petra/Pohl, Wolfgang/Fichter, Michael/Gerster, Jochen/Zeuner, Bodo, 2004: Zukunft der Gewerkschaften – zwei Literaturstudien, Teil I: Mitgliederentwicklung – Organisationsstrukturen – Werte und Orientierungen, Arbeitspapier der Hans-Böckler-Stiftung 44.

Friedman, Milton, 1957: A Theiry of the Consumption Function, Princeton.

Fuchs, Johann/Schnur, Peter/Zika, Gerd, 2005: Arbeitsmarktbilanz bis 2020, Besserung langfristig möglich, iab Kurzbericht Nr. 24/8.12.2005. [URL: http://doku.iab.de/kurzber/2005/kb2405.pdf] (8.3.2006).

Gangl, Markus, 2004: Welfare States and the Scar Effects of Unemployment, A Comparative Analysis of the United States and West Germany, in: American Journal of Sociology, 109, 6, May 2004, 1319-1364.

Geissel, Birgit/Penrose, Virginia, 2000: Lokale Vernetzung und Wissensintegration von Laien(wissen) und Experten(wissen) durch neue Partizipationsformen. [URL: http://www.sciencepolicystudies.de/dok/expertise-geissel.pdf] (22.11.2006).

Gerlinger, Thomas, 2002: Rot-grüne Gesundheitspolitik, Eine Zwischenbilanz, WZB Discussion Paper P02-205.

Giddens, Anthony, 2006: Die Zukunft des Europäischen Sozialmodells, in: Berliner Republik, 1, 20-29.

Glaeske, Gerd/Lauterbach, Karl W./Rürup, Bert/Wasem, Jürgen, 2001: Weichenstellungen für die Zukunft, Elemente einer neuen Gesundheitspolitik, vorgelegt zur Tagung der Friedrich-Ebert-Stiftung, Gesprächskreis Arbeit und Soziales, 'Mittel- und langfristige Gestaltung des deutschen Gesundheitswesens' am 5. Dezember 2001 in Berlin. [URL: http://www.medizin.uni-koeln.de/kai/igmg/FES_PAPIER_LANG.pdf] (18.11.2005).

Goodin, Robert E./Headey, Bruce/Muffels, Ruud/Dirven, Henk-Jan, 1999: The Real Worlds of Welfare Capitalism, Cambridge.

Gottschall, Karin, 2003: Erziehung und Bildung im deutschen Sozialraum, in: *Heinz, Kathrin /Thiessen, Barbara (Hrsg.) :* Feministische Forschung – Nachhaltige Einsprüche, Wiesbaden, 145-170.

Grilo, Isabel/Thurik, Roy, 2005: Determinants of entrepreneurial engagement levels in Europe and US, Understanding Entrepreneurship: Issues and Numbers, OECD Entrepreneurship Indicators Project Expert Workshop, Paris, 26-27 October 2005.

Haipeter, Thomas/Schilling, Gabi, 2005: Tarifbindung und Organisationsentwicklung: OT-Verbände als Organisationsstrategie der metallindustriellen Arbeitgeberverbände, in: *Institut für Arbeit und Technik:* Jahrbuch 2005, Gelsenkirchen, 169-184.

Haisken-De New, John/Horn, Gustav A./Schupp, Jürgen/Wagner, Gert, 1998: Das Dienstleistungspuzzle, Ein aktualisierter deutsch-amerikanischer Vergleich, in: DIW-Wochenbericht, 35/98, 625-629.

Hall, Peter/Taylor, Rosemarie, 1996: Political Science and the Three New Institutionalisms, in: Political Studies, 44 (5), 936-957.

Hall, Robert E., 1978: Stochastic Implications of the Life Cycle – Permanent Income Hypothesis, Theory and Evidence, in: Journal of Political Economy, 86, December 1978, 971-987.

Hans-Böckler-Stiftung, 2005: Böckler-Impuls 11/2005. [URL: http://www.boeckler.de/cps/rde/xchg/SID-3D0AB75D-D4DD77A5/hbs/hs.xsl/32014_36260.html] (12.2.2007).

Hassel, Anke, 1999: Gewerkschaften und sozialer Wandel, Mitgliederrekrutierung und Arbeitsbeziehungen in Deutschland und Großbritannien, Baden-Baden.

Hardt, Freia, 2001: Regierungswechsel und Arbeitsmarktpolitik in Frankreich, in: *Schmidt, Manfred G. (Hrsg.):* Wohlfahrtsstaatliche Politik, Institutionen, politischer Prozess und Leistungsprofil, Opladen, 294-324.

Hassel, Anke, 2003: Organisation: Struktur und Entwicklung, in: *Schroeder, Wolfgang/ Weßels, Bernhard (Hrsg.):* Die Gewerkschaften in Politik und Gesellschaft der Bundesrepublik Deutschland, Wiesbaden, 102-121.

Hegelich, Simon/Meyer, Hendrik, 2006: The Welfare System of Germany, in: *Schubert, Klaus/Hegelich, Simon/Bazant, Ursula (Hrsg.):* Europäische Wohlfahrtssysteme, Wiesbaden, im Erscheinen.

Hegelich, Simon, 2005: Wirtschaftsstruktur, in: *Schubert, Klaus (Hrsg.):* Handwörterbuch des ökonomischen Systems der Bundesrepublik Deutschland, Wiesbaden, 449-459.

Hegelich, Simon, 2006: Reformkorridore des deutschen Rentensystems, Wiesbaden.

Heidenreich, Martin, 1997: Wirtschaftsregionen im weltweiten Innovationswettbewerb, in: Kölner Zeitschrift für Soziologie und Psychologie, Jg. 49, Heft 3, 500-527.

Heien, Thorsten, 2000: Attitudes Towards the Welfare State in Europe: Starting Point or Obstacle on the Road to a Social Union?, EWV Working paper 2/00.

Heinze, Rolf-G./Schulte, Frank, 2002: Unternehmensgründungen, in: *Heinze, Rolf-G./ Schulte, Frank:* Unternehmensgründungen, Wiesbaden, 7-24.

Hemerijck, Anton/Unger, Brigitte/Visser, Jelle 2000: How Small Vountries negotiate Change, 25 Years of Policy Adjustment in Austria, the Netherlands and Belgium, in: *Scharpf, Fritz/Schmidt, Viviene A. (eds.):* Welfare and Work in the Open Economy, Oxford, 175-263.

Henneberger, Fred, 1998: Transferstaat – Organisationsdynamik und Strukturkonservativismus westdeutscher Unternehmerverbände, in: *Schmid, Josef (Hrsg.):* Verbände: Interessenvermittlung und Interessenorganisation, Lehr- und Arbeitsbuch, München, 156-179; auch erschienen in: PVS Jg. 34/1993, 640-673 (Langfassung).

Henrekson, Magnus, 2002: Entrepreneurship: A Weak Link in the Welfare State, SSE/EFI Working Paper Series in Economics and Finance No. 518.

Henrekson, Magnus, 2005: Entrepreneurship, A weak link in the welfare state?, in: Industrial and Corporate Change, June 2005, 14, 437-467.

Herbert, R. F./Link, Albert N., 1989: In Search of the Meaning of Entrepreneurship, in: Small Business Economics, 1(1), 39-49.

Hering, Martin, 2003: The Politics of Institutional Path-Departure: A Revised Analytical Framework for the Reform of Welfare States, MZES Working Paper Nr. 65, 2003.

Hilbert, Josef/Schmid, Josef, 1995: Von grauen Mäusen die gerne bunt wären, 42, 02, 118-122.

Hinrichs, Karl, 2000: Elephants on the move, Patterns of Public Pension Reform in OECD Countries, in: European Review, 8(3), 353-378.

Hirsch-Kreinsen, Hartmut/Schulte, Anja, 2000: Standortbindungen – Unternehmen zwischen Globalisierung und Regionalisierung, Berlin.

Howell, Chris, 1992: Regulating Labor, The State and Industrial Relations Reform in Postwar France, Princeton.

Howlett, Michael, 2000: The Dialectics of Public Opinion, The Reciprocal Effects of Public Policy and Public Opinion in Contemporary Democratic Societies, in: Opiniao Publica, 6, 2 (October 200), 171-190.

Huber, Evelyne/Stephens, John D., 2000: Partisan Governance, Women's Employment, and the Social Democratic Service State, in: American Sociological Review, Vol. 65, June, 323-342.

ILO, 1990: The Promotion of Self-Employment, International Labour Conference, 77th Session 1990, Report VII, Geneva.

ILO, 2002: Micro-finance in industrialized countries, Helping the unemployed to start a business, Geneva.

ILO, 2006: Indicators. [URL: http://www.ilo.org/public/english/employment/strat/kilm/ indicators.htm#kilm10] (8.3.2006).

Jacobs, Alan, oJ.: Empirical Method. [URL: http://faculty.arts.ubc.ca/jacobs/Jacobs%20 Thesis%20Chapter%204.pdf] (22.6.2004).

Jahn, Elke J./Walwei, Ulrich, 2003: Kündigungsschutz, Reform in Trippelschritten oder besser mit großem Sprung?, IAB-Kurzbericht Nr. 21/2003.

Jahoda, Marie/Lazarsfeld, Paul Felix/Zeisel, Hans, 1933: Die Arbeitslosen von Marienthal, Leipzig.

Jochem, Sven/Siegel, Nico A., 2003a: Konzertierung, Verhandlungsdemokratie und Reformpolitik im Wohlfahrtsstaat, Das Modell Deutschland im Vergleich, Opladen.

Jochem, Sven/Siegel, Nico A., 2003b: Konzertierung, Verhandlungsdemokratie und wohlfahrtsstaatliche Reformpolitik, in: *Jochem, Sven/Siegel, Nico A.*: Konzertierung, Verhandlungsdemokratie und Reformpolitik im Wohlfahrtsstaat, Das Modell Deutschland im Vergleich, Opladen, 7-32.

Kasza, Gregory J., 2002: The Illusion of Welfare 'Regimes', in: Journal of European Social Policy, 31, 2, 271-287.

Kaufmann, Franz-Xaver, 2002: Sozialpolitik und Sozialstaat, Soziologische Analyse, Wiesbaden.

Kaufmann, Franz-Xaver, 2003: Varianten des Wohlfahrtsstaats, Der deutsche Sozialstaat im internationalen Vergleich, Frankfurt.

Kemmerling, Achim/Bruttel, Oliver, 2005: New Politics in German Labour Market Policy?, The Implications of the Recent Hartz Reforms for the German Welfare State, WZB Discussion Paper SP I 2005-101, February 2005.

Kenworthy, Lane, 2000: Quantitative Indicators of Corporatism, A Survey and Assessment, MPIfG Discussion Paper 00/4.

King, Gary/Keohane, Robert O./Verba, Sidney, 1994: Designing Social Inquiry, Princeton.

Kirzner, Israel M., 1983: Entrepreneurs and the Entrepreneurial Functions, in: *Ronen, Joshua (ed.):* Entrepreneurship, Lexington, 281-290.

Klös, Hans-Peter, 1997: Dienstleistungslücke und Niedriglohnsektor in Deutschland, in: IW-Trends, 24, 33-59.

Knight, Frank H., 1921: Risk, Uncertainty and Profit, New York.

Kohl, Jürgen, 2000: Der Sozialstaat. Die deutsche Version des Wohlfahrtsstaates , in: *Leibfried, Stephan/Wagschal, Uwe (Hrsg.):* Der deutsche Sozialstaat, Bilanzen – Reformen – Perspektiven, Frankfurt,.

Kolberg, Jon E./Esping-Andersen, Gösta, 1991: Welfare States and Employment Regimes, in: International Journal of Sociology, vol. 21, 1 (Spring 1991), The Welfare State as Employer, 1-35.

Kolberg, Jon E./Kolstad, Arne, 1991: Unemployment Regimes, in: International Journal of Sociology, Vol. 21, No.4, 171-192.

Korpi, Walter/Palme, Joakim, 1998: The Paradox of Redistribution and Strategies of Equality, Welfare State Institutions, Inequality, and Poverty in the Western Countries, in: American Sociological Review, Vol. 63, October, 661-687.

Kreide, Regina, 2003: Self-employment of Women and Welfare-state Policies, in: International Review of Sociology, 13, 1, 205-218.

Kritikos, Alexander/Wießner, Frank, 2004: Existenzgründungen: Die richtigen Typen sind gefragt, Bundesarbeitsblatt 6, 18-23.

Kühne, Monika, 2006: Existenzgründerinnen in Deutschland, Chancen, Perspektiven, Förderung, Saarbrücken.

Kvist, Jon, 2002: Activating Welfare States, How Social Policies can promote Employment, in: *Clasen, Jochen (ed.)*: What Future for Social Security? Debates and Reforms in National and Cross-National Perspectives, Bristol, 197-210.

Lamping, Wolfram/Rüb, Friedbert, 2004: From the conservative welfare state to an ‚unceratin something else', German pension politics in comparative perspective, in: Policy&Politics, 32, 2, April 2004, 169-191.

Lang, Werner, 1993: Berechenbarkeit als Erfolgsbedingung, Beschäftigungspolitik in Frankreich, Italien und Spanien, in: Czada, *Roland/Schmidt, Manfred G. (Hrsg.):* Verhandlungsdemokratie, Interessenvermittlung, Regierbarkeit, Opladen, 249-274.

Lauth, Hans-Joachim/Winkler, Jürgen R., 2002a: Methoden der Vergleichenden Politikwissenschaft, in: *Lauth, Hans-Joachim (Hrsg.):* Vergleichende Regierungslehre, Wiesbaden, 44-78.

Lauth, Hans-Joachim/Winkler, Jürgen R., 2002b: Methoden der Vergleichenden Regierungslehre, in: *Lauth, Hans-Joachim (Hrsg.):* Vergleichende Regierungslehre, Eine Einführung, Wiesbaden, 41-79.

Lazear, Edward P., 2002: Entrepreneurship, NBER Working Paper 9109.

Le Marois, Henri, 1998: Self-employment in France, Paper presented at the International Conference on Self-Employment sponsored by OECD, CERF and CILN, Venture Inn, Burlington, Ontario, Canada, September 24-26, 1998.

Leggewie, Claus, 2006: Deliberative Demokratie, in: *Falk, Svenja/Römmele, Andrea/Rehfeld, Dieter/Thunert, Martin (Hrsg.):* Handbuch Politikberatung, Wiesbaden.

Lehmbruch, Gerhard, 2000: Institutionelle Schranken einer ausgehandelten Reform des Wohlfahrtstaates, Das Bündnis für Arbeit und seine Erfolgsbedingungen, in: Leviathan, Sonderheft 19: Von der Bonner zur Berliner Republik, hrsg. von Roland Czada und Hellmut Wollmann, Wiesbaden, 89-112.

Leibfried, Stephan, 1993: Towards an European Welfare State?, in: *Jones, Catherine (ed.):* New perspectives on the welfare state in Europe, London, 133-156.

Leicht, René/Luber, Silvia, 2002: Berufliche Selbstständigkeit im internationalen Vergleich, in: *Eichmann, Huber/Kaupa, Isabella/Steiner, Karin (Hrsg.):* Game over? Neue Selbstständigkeit und New Economy nach dem Hype, Wien, 61-93.

Leicht, René/Welter, Friederike (Hrsg.), 2005: Gründerinnen und selbstständige Frauen, Potenziale, Strukturen und Entwicklungen in Deutschland, Karlsruhe.

Lesch, Hagen, 2004: Arbeitsbeziehungen im Wandel, Beiträge zur Ordnungspolitik 13, Institut der deutschen Wirtschaft Köln, Positionen des IW.

Lessenich, Stephan, 1995: Wohlfahrtsstaat, Arbeitsmarkt und Sozialpolitik in Spanien, Eine exemplarische Analyse postautoritären Wandels, Opladen.

Letowski, André, 2005: Detecting Entrepreneurship: How and within what limits?, Can countries be compared?, OECD Entrepreneurship Indicators Project Expert Workshop, Paris.

Levy, Jonah D., 2000: France, in: *Scharpf, Fritz W./Schmidt, Vivien A. (Hrsg.):* Welfare and Work in the Open Economy, Volume II: Diverse Responses to Common Challenges, Oxford, 308-350.

Lewis, Jane, 2002: Gender and Welfare State Change, in: European Societies, 4, 4, 331-357.

Lieberson, Stanley, 1985: Making It Count, The Improvement of Social Research and Theory, Berkeley.

Lieberson, Stanley, 1991: Small N's and Big Conclusions, An Examination of the Reasoning in Comparative Studies Based on a Small Number of Cases, in: Social Forces, December 1991, 70(2), 307-320.

Lindbeck, Assar/Snower, Dennis J., 2002: The Insider-Outsider Theory, A Survey, IZA Discussion Paper 534.

Lindbeck, Assar, 1988: Consequences of the Advanced Welfare State, in: The World Economy, 11(March), 19-37.

Lisle, Edmond, 1987: Perspectives and Challenges for Cross-National Research, in: *Dierkes, Meinolf/Weiler, Hans W./Antal, Ariane B. (eds.):* Comparative Policy Research, Learning from Experience, 473-497.

Lißner, Lothar, 2005: Sozialversicherung, in: *Schubert, Klaus (Hrsg.):* Handwörterbuch des ökonomischen Systems der Bundesrepublik Deutschland, Wiesbaden, 351-356.

Lohmann, Henning/Luber, Silvia/Müller, Walter, 1999: Who is Self-Employed in France, the United Kingdom and West Germany?, Patterns of Male Non-Agricultural Self-Employment, MZES Arbeitspapiere Nr. 11, 1999.

Lohmann, Henning, 2001: Self-employed or employee, full-time or part-time?, Gender differences in the determinants and conditions for self-employment in Europe and the US, MZES Arbeitspapiere Nr. 38, 2001.

Loveman, Gary W./Sengenberger, Werner, 1991: The Reemergence of Small-Scale Production, An International Comparison, in: Small Business Economics, 3(1), 1-37.

Luber, Silvia/Gangl, Markus, 1997: Die Entwicklung selbständiger Erwerbstätigkeit in Westeuropa und den USA 1960-1995, MZES Working Papers Arbeitsbereich I / Nr. 16.

Luber, Silvia/Lohmann, Henning/Müller, Walter/Barbieri, Paolo, 2000: Male Self-Employment in Four European Countries, The Relevance of Education and Experience Across Industries, in: International Journal of Sociology, vol. 30, no. 3 (Fall 2000), 5-44.

Lundström, Anders, 2005: Policy Making for Entrepreneurship: What's missing?, Understanding Entrepreneurship: Issues and Numbers, OECD Entrepreneurship Indicators Project Expert Workshop, Paris, 26-27 October 2005.

Lütz , Susanne, 2004: Der Wohlfahrtsstaat im Umbruch, Neue Herausforderungen, wissenschaftliche Kontroversen und Umbauprozesse, in: *Lütz, Susanne/Czada Roland (Hrsg.)*: Wohlfahrtsstaat – Transformation und Perspektiven, Wiesbaden, 11-35.

Manow, Philip/Seils, Eric, 200a: Adjusting Badly?, The German Welfare State, Structural Change, and the Open Economy, in: *Scharpf, Fritz W./Schmidt, Viviene A. (eds.):* Welfare and Work in the Open Economy, Oxford, 264-307.

Manow, Philip/Seils, Eric, 200b: The Employment Crisis of the German Welfare State, in: West European Politics, vol. 23, no. 2 (April 2000, Special Issue on Recasting European Welfare States), 137-160.

Marsland, David, 1996: Welfare or Welfare State?, Contradictions and Dilemmas in Social Policy, London.

Mayer, Ansgar, 2003: Klein, frech und ganz schön clever, in: Die Zeit. 22.5.2003, [http://www.zeit.de/2003/22/CGB].

McManus, Patricia, A., 2001: Pathways into self-employment in the United States and Germany, in: Vierteljahreshefte zur Wirtschaftsforschung, 70, Heft 1/2001, 24-30.

Meager, Nigel, 1992a: Does Unemployment lead to Self-Employment?, in: Small Business Economics, Vol. 4, 87-103.

Meager, Nigel, 1992b: The Fall and Rise of Self-Employment (Again), A comment on Bögenhold and Staber, in: Work, Employment and Society, Vol. 6, No.1, 127-134.

Melis, Africa, 2002: Unterschiedlich hohe Ausgaben der Mitgliedstaaten für Arbeitsmarktpolitik 1999, Statistik kurz gefasst – Bevölkerung und soziale Bedingungen, Thema 3 – 12/2002.

Melis, Africa, 2005: Ausgaben für die Arbeitsmarktpolitik, 1998-2003, Statistik kurz gefasst, Bevölkerung und soziale Bedingungen 17/2005.

Mill, John S., 1872: A System of Logic, London.

Nagel, Hans-Uwe/ Spitznagel, Eugen, 2003: Was kostet uns die Arbeitslosigkeit?, IAB Kurzbericht Nr. 10, 21.7.2003.

Nicoletti, Giuseppe, 2001: Regulation in Services, OECD patterns and economic implications, OECD Economics Department Working Papers No. 287. [URL: http://caliban.sourceoecd.org/vl=1815136/cl=20/nw=1/rpsv/cgi-bin/wppdf?file=5lgsjhvj81hl.pdf].

Nowotny, Ewald, 1974: Löhne, Preise, Beschäftigung, Die Phillips-Kurve und ihre Alternativen, Frankfurt.

Nowotny, Ewald, 1996: Der öffentliche Sektor, Einführung in die Finanzwissenschaft, Berlin.

Nullmeier, Frank/Rüb, Friedbert, 1993: Die Transformation der Sozialpolitik, Vom Sozialstaat zum Sicherungsstaat, Frankfurt.

OECD, 1993: Employment Outlook 1993, Paris.

OECD, oJ.: Corporate Data Environment. [URL: http://www1.oecd.org/scripts/cde/default.asp] (14.11.2005).

OECD, 1998: Fostering Entrepreneurship, The OECD Jobs Strategy, Paris.

OECD, 1999: Employment Protection and Labour Market Performance, Paris.

OECD, 2000: The OECD Small and Medium Enterprise Outlook, Paris.

OECD, 2002: Employment Outlook 2002, Paris.

OECD, 2004a: Promoting Entrepreneurship and Innovative SMEs in a global Economy, Towards a More Responsible and Inclusive Globalisation, Executive Summary of the Background Reports. (Istanbul, 3-5 June 2004).

OECD, 2004b: Employment Outlook 2004, Paris.

OECD, 2004c: Labour Force Statistics, 1983-2003, Paris.

OECD, 2005a: German Innovation, OECD Observer no. 250, July 2005.

OECD, 2005b: Economic Outlook 2005, Paris.

OECD, 2005c: OECD in figures 2005, Supplement 1, Paris.

OECD, 2005d: Employment Outlook 2005, Paris.

OECD, 2006a: Glossary. [URL: http://stats.oecd.org/glossary/detail.asp?ID=3586] (8.3.2006).

OECD, 2006b: Main Aggregates, Volume I: 1993-2004, Paris.

OECD, 2007a: OECD in figures 2006-2007, Paris.

OECD, 2007b: Economic Outlook, Statistical Annex, Paris.

Ormerod, Paul, 1998: Unemployment and Social Exclusion, An Economic View, in: *Rhodes, Martin/Mény, Yves (eds.)*: The Future of European Welfare – A New Social Contract, New York, 21-40.

Ortmann, Julia, 1995: Beschäftigungsmöglichkeiten für niedrig Qualifizierte, eine Tagung der Friedrich-Ebert-Stiftung am 21. September 1995 in Homburg/Saar, Bonn.

Ostner, Ilona, 1995a: Arm ohne Ehemann? Sozialpolitische Regulierung von Lebenschancen für Frauen im internationalen Vergleich, in: Aus Politik und Zeitgeschichte 36-37/95, 3-12.

Ostner, Ilona, 1995b: Sozialstaatsmodelle und die Situation der Frauen, in: *Fricke, Werner (Hrsg.)*: Jahrbuch Arbeit und Technik 1995, Bonn.

Panneberg, Markus, 1998: Zunehmende Selbständigkeit in Deutschland von 1990 bis 1996, Starke Veränderungen im Bestand, DIW Wochenbericht volume 65, no 38.

Perulli, Adalberto, 2003: Wirtschaftlich abhängig Beschäftigungsverhältnisse/arbeitnehmerähnliche Selbstständige: rechtliche, soziale und wirtschaftliche Aspekte, Studie im Auftrag der Generaldirektion Beschäftigung und soziale Angelegenheiten der Europäischen Kommission, Brüssel.

Pfeiffenberger, Markus, 2003: Zeitarbeit – neu geregelt, in: Mitbestimmung, 10, 34-37.

Pfeiffer, Friedhelm, 1994: Selbständige und abhängige Erwerbstätigkeit, arbeitsmarkt- und industrieökonomische Perspektiven, Frankfurt.

Phillips, A. William, 1958: The Relation Between Unemployment and the Rate of Change og Money Wage Rates in the United Kingdom , 1861-1957, in: Economica, 25, 283-299.

Pierson, Paul, 2000: Three Worlds of Welfare State Research, in: Comparative Political Studies, 33, 6-7, 791-821.

Poferl, Angelika, 2006: Solidarität ohne Grenzen?, in: *Rehberg, Karl-Siegbert (Hrsg.):* Soziale Ungleichheit, Kulturelle Unterschiede, Frankfurt,.

Powell, Martin, 2004: In search of the Dependent Variable, Paper presented at COST A 15 Conference, Nantes, 21-22 May 2004.

Protsch, Paula, 2006: Lebens- und Arbeitsqualität von Selbstständigen, Objektive Lebens- und Arbeitsbedingungen und subjektives Wohlbefinden einer heterogenen Erwerbsgruppe, WZB Discussion Paper SP I 2006-106.

Przeworski, Adam, 1987: Methods of cross-national research, 1970-1983, in: *Dierkes, Meinolf/Weiler, Hans N./Antal, Ariane B. (eds.):* Comparative Policy Research, Learning from Experience, Aldershot, 31-49.

Pütz, Paul/Meyerhöfer, Walter, 1982: Hemmnisse und Hilfen für Unternehmensgründungen, Köln.

Ragin, Charles C., 2004: Turning the Tables, in: *Brady, Henry E./Collier, David (eds.):* Rethinking Social Inquiry, Diverse Tools, Shared Shared Standards, Lanham, 123-138.

Reichenbach, Sabine, 2001: Die Ausbildungsentscheidung im Dualen System der Berufsausbildung, Bestimmungsgründe der Allokation von Ausbildungsinteressenten auf Lehrberufe, Dissertation Universität Mannheim, Mannheim.

Reynolds, Paul D./Bygrave, William D./Autio, Erkko, 2003: GEM 2003 Global Report, Executive Report.

Rhodes, Martin, 1998: Globalization, Labour Markets and Welfare States, in: *Rhodes, martin/Mény, Yves (eds.):* The future of European Welfare: A new social contract?, London, 178-203.

Rhodes, Martin, 2001: The Political Economy of Social Pacts: 'Competitive Corporatism' ans European Welfare Reform, New York.

Rothschild, Kurt W., 1976: Arbeitslose – gibt's die?, in: Kyklos, vol. 31, fasc. 1, 21-35.

Rudolph, Helmut, 1994: Die Kehrseite des Wandels – Strukturelle Arbeitslosigkeit, in: *Merk, Hans G. (Hrsg.):* Wirtschaftstruktur und Arbeitsplätze im Wandel der Zeit, Stuttgart, 239-258.

Samuelson, Paul A./Nordhaus, William D., 1998: Economics, Boston.

Schaaf, Jürgen, 2003: Mehr Wachstum für Deutschland, Deutschlands Gründungsumfeld, Deutsche Bank Research.

Schauer, Hans, 1996: Europäische Identität und demokratische Tradition, zum Staatsverständnis in Deutschland, Frankreich und Großbritannien, München.

Schettkat, Roland, 2000: Makro-ökonomischer Kontext: Der Zusammenhang zwischen Produkt- und Arbeitsmärkten,.

Schmid, Josef, 1993: Parteien und Verbände, in: *Czada, Roland/Schmidt, Manfred G. (Hrsg.):* Verhandlungsdemokratie, Interessenvermittlung, Regierbarkeit, Festschrift für Gerhard Lehmbruch, Opladen, 171-189.

Schmid, Josef, 2002a: Wohlfahrtsstaaten im Vergleich, Soziale Sicherungssysteme in Europa: Organisation, Finanzierung, Leistungen und Probleme, Opladen.

Schmid, Josef, 2002b: Wohlfahrtsstaatsvergleich: Von Theorie und Methode zur politischen Praxis, in: *Schmid, Josef*: Wohlfahrtsstaaten im Vergleich, Soziale Sicherungssysteme in Europa: Organisation, Finanzierung, Leistungen und Probleme, Opladen, 435-454.

Schmidt, Manfred G./Siegel, Nico A., 2005: Methoden der vergleichenden Wohlfahrtsstaatsforschung. [URL: http://www.politikon.org/ilias2/course.php?co_id=137&co_inst=935&st_id=7133&st_inst=935] (24.6.2005).

Schmitter, Philippe C., 1981: Interest Intermediation and Regime Governability in Contemporary Western Europe and North America, in: *Berger, Suzanne (eds.):* Organizing Interest in Western Europe, Cambridge, 258-327.

Schneider, Friedrich, 2001: Privatisierung und Deregulierung in Österreich in den 1990er-Jahren, Einige Anmerkungen aus Sicht der Neuen Politischen Ökonomie, Institut für Volkswirtschaftslehre, Johannes Kepler Universität Linz, Arbeitspapier Nr. 0106, März 2001. [URL: http://www.economics.uni-linz.ac.at/Schneider/0106.PDF] (4.5.2006).

Scholz-Reiter, Bernd, 2000: Regionalisierung und Globalisierung – ein Gegensatz?, in: Industrie Management, 6/2000, oS.

Schömann, Klaus/Kruppe, Thomas/Oschmiansky, Heidi, 1998: Beschäftigungsdynamik und Arbeitslosigkeit in der Europäischen Union, WZB Discussion Paper FS I 98-203.

Schroeder, Wolfgang, 2003: Unternehmerverbände, in: *Andersen, Uwe/Woyke, Wichard (Hrsg.):* Handwörterbuch des politischen Systems, Opladen, 644-652.

Schubert, Klaus/Klein, Martina, 2006: Das Politiklexikon, Bonn.

Schubert, Klaus, 2005a: Neo-Korporatismus – und was dann?, in: *Woyke, Wichard (Hrsg.):* Verbände, Eine Einführung, Schwalbach/Ts.

Schubert, Klaus, 2005b: Korporatismus, in: *Nohlen, Dieter/Schultze, Rainer-Olaf (Hrsg.):* Lexikon der Politikwissenschaft, München, 484-488.

Schulte, Reinhard, 2006: Gibt es eine Theorie der Unternehmensgründung?, Überlegungen zum Theorieapparat eines jungen Forschungsfeldes, Rencontres_2006. [URL: http://www.kmu.unisg.ch/rencontres/RENC2006/Topics06/D/Rencontres_2006_Schulte.pdf] (12.2.2007).

Schultz, Theodore W., 1980: Investment in Entrepreneurial Activity, in: Scandinavian Journal of Economics, Vol. 82, 437-448.

Schulze Buschoff, Karin/Weller, Inge/Rücker, Jana, 1998: Das Erwerbsverhalten von Frauen im europäischen Vergleich, Welche Faktoren beeinflussen Arbeitszeiten und Arbeitszeitwünsche?, WZB Discussion Papers FS III 98-405.

Schulze Buschoff, Karin, 2004: Neue Selbstständigkeit und wachsender Grenzbereich zwischen selbstständiger und abhängiger Erwerbsarbeit, Europäische Trends vor dem Hintergrund sozialpolitischer und arbeitsrechtlicher Entwicklungen, WZB Diskussionspapier SP I 2004-108. [URL: http://skylla.wz-berlin.de/pdf/2004/i04-108.pdf].

Schumpeter, Joseph A., 1934: The Theory of Economic Development, Cambridge.

Schumpeter, Joseph A., 1942: Capitalism, Socialism and Democracy, New York.

Scruggs, Lyle/Allen, James, 2006: Welfare state decommodification in 18 OECD countries, a replication and revision, in: Journal of European Social Policy, 16, 1, 55-72.

Shapero, Albert, 1975: The Displaced, Uncomfortable Entrepreneur, in: Psychology Today, Vol. 9, 83-88.

Siegel, Nico A., 2005: Moving beyond artless sophistication, paper presented at the Marie Curie Training Seminar, Exploring the Dynamics of Reform: The Dependent Variable Problem in Comparative Welfare State Research, 13-14 May 2005, University of Stirling, Scotland.

Silvia, Stephen J, 1999: Every Which Way But Loose, in: *Martin, Andrew/Ross, George (eds.)*: The brave new world of European trade unions at the millenium, New York, 75-124.

Sozialpolitik aktuell, 2006: Versicherte in den gesetzlichen und privaten Krankenkassen. [URL: http://www.sozialpolitik-aktuell.de/tabellen_gesundheit.shtml] (18.11.2006).

Spence, Michael, 1973: Job Market Signalling, in: Quarterly Journal of Economics, 87 (1973), 3, 355-374.

Statistisches Bundesamt, 2002: Klassifikation der Wirtschaftszweige, Ausgabe 2003, Wiesbaden.

Statistisches Bundesamt, 2006a: Volkswirtschaftliche Gesamtrechnungen, Bruttowertschöpfung nach Wirtschaftsbereichen. [URL: http://www.destatis.de/basis/d/vgr/vgrtab3.php] (28.2.2006).

Statistisches Bundesamt, 2006b: Genesis-Abfrage. [URL: https://www-genesis.destatis.de/genesis/online/logon] (8.3.2006).

Steiner, Viktor/Zimmermann, Klaus F. (Hrsg.), 1996: Soziale Sicherung und Arbeitsmarkt, Empirische Analysen und Reformansätze, Baden-Baden.

Sternberg, Rolf, 2002: Benchmarking Gründungsaktivitäten und -förderung, in: *Heinze, Rolf-G./Schulte, Frank (Hrsg.)*: Unternehmensgründungen, Wiesbaden, 45-66.

Storey, David J., 1991: The Birth of New Firms – Does Unemployment matter?, A review of the Evidence, in: Small Business Economics, 3(3), September, 167-178.

Streeck, Wolfgang (Hrsg.), 1995: Staat und Verbände, PVS-Sonderheft 25, Wiesbaden.

Streeck, Wolfgang, 2005: Nach dem Korporatismus: Neue Eliten, neue Konflikte, Vorlesung an der Berlin-Brandenburgischen Akademie der Wissenschaften am 13. Januar 2005, unveröffentlichtes Manuskript.

Stricker, Monika/Haake, Ute, 2004: Branchenbericht Wirtschaftliche und IKT-Dienstleistungen, prospect – Regionales Arbeitsmarktmonitoring, Regionalsekretariat LOR/Agentur für Arbeit Bergisch-Gladbach. [URL:http://www.gib.nrw.de/de/download/data/BB_Gum_WuIKT_DL.pdf](28.7.2006).

Svallfors, Stefan, 1997: Worlds of Welfare and Attitudes to Redistribution, A comparison of Eight Western Nations, in: European Sociological Review, 13, 283-304.

Trampusch, Christine, 2004a: Von Verbänden zu Parteien, Der Elitenwechsel in der Sozialpolitik, in: Zeitschrift für Parlamentsfragen, 35, 4, 646-666.

Trampusch, Christine, 2004b: Von Verbänden zu Parteien, Der Elitenwechsel in der Sozialpolitik, MPIfG Discussion Paper 04/3.

Trampusch, Christine, 2004c: Staat, Gewerkschaften und Arbeitgeberverbände in der Arbeitsmarktpolitik, in: *Lütz, Susanne/Czada, Roland (Hrsg.):* Wohlfahrtsstaat – Transformation und Perspektiven, Wiesbaden, 179-203.

Trampusch, Christine, 2005: Sozialpolitik in Post-Hartz Germany, Langfassung des gleichnamigen Artikels in: WeltTrends, Nr. 47, April 2005, 'Arbeitspolitik in Europa', März 2005. [URL:http://www.mpi-fg-koeln.mpg.de/people/tr/PDF/Trampusch%20Post-Hartz%20Langfassung%20WeltTrends.pdf](9.6.2006).

Traxler, Franz, 2001: Die Metamorphosen des Korporatismus, Vom klassischen zum schlanken Muster, in: Politische Vierteljahresschrift, 3/2001, 590-623.

Turner, Dave/Boone, Laurence/Giorno, Claude/Meacci, Mara/Rae, Dave/Richardson, Pete, 2001: Estimating the Structural Rate of Unemployment for the OECD Countries, OECD Economic Studies No. 33, 2001/11. [URL: http://lysander.sourceoecd.org/vl=1445165/cl=29/nw=1/rpsv/cgi-bin/fulltextew.pl?prpsv=/ij/oecdjournals/02550822/v2001n2/s7/p222.idx].

Uhly, Alexandra, 2002: Zur neuen Selbstständigkeit, Eine segmentationstheoretische Analyse auf der Datenbasis des Sozio-ökonomischen Panels, Frankfurt.

Veenhoven, Ruut, 2001: Why Social Policy Needs Subjective Indicators, Veröffentlichung der Abteilung Sozialstruktur und Sozialberichterstattung am WZB, FS III 01-404, July 2001.

Verband der privaten Krankenversicherungen e.V. (Hrsg.), 2006: Zahlenbericht der privaten Krankenversicherung 2005/2006, Köln.

Visser, Jelle, 2002: Is Employment the answer to social policy?, Second COST A15 Conference 'Welfare Reforms for the 21. Century', Oslo, 5-6 April 2002.

Voelzkow, Helmut, 2003: Neokorporatisums, in: *Andersen, Uwe/Woyke, Wichard (Hrsg.)*: Handwörterbuch des politischen Systems, Opladen, 425-428.

van Waarden, Frans, 1993: Über die Beständigkeit nationaler Politikstile und Politiknetzwerke, in: *Czada, Roland/Schmidt, Manfred G.(Hrsg.):* Verhandlungsdemokratie, Interessenvermittlung, Regierbarkeit, Festschrift für Gerhard Lehmbruch, Opladen, 191-212.

WSI Tarifarchiv, 2003: Tarifverhandlungssysteme in Europa. [URL: http://www.boeckler.de/cps/rde/xchg/SID-3D0AB75D-140493FC/hbs/hs.xsl/567_16140.html] (2.5.2006).

Wennekers, Sander/Thurik, Roy, 1999: Linking Entrepreneurship and Economic Growth, in: Small Business Economics, 13(1), 27-55.

Wood, Stewart, 2001: Labour Market Regimes under Threat?, in: *Pierson, Paul (ed.):* The new politics of the welfare state, New York, 368-409.

Wärneryd, Karl-Erik, 1988: The Psychology of Innovative Entrepreneurship, in: *van Raaij, W. Fred/van Veldhoven, Gerry/Wärneryd, Karl-Erik (eds.):* The Handbook of Economic Psychology, Dordrecht, 404-447.

Zimmermann, Horst/Henke, Klaus-Dirk, 2001: Finanzwissenschaft, Eine Einführung in die Lehre von der öffentlichen Finanzwirtschaft, München.

Zimmermann, Klaus F./Hinte, Holger/Thalmaier, Anja, 1999: Ursachen und Wege zur Bekämpfung von Arbeitslosigkeit, IZA Reserarch Report No. 1.

Zydra, Markus , 2002: Clevere Arbeitslose und boomende Scharzarbeit, Interview mit Meinhard Miegel vom 6.2.2002, in: FAZ.net. 2.5.2006, oS. [http://www.faz.net/s/RubC9401175958F4DE28E143E68888825F6/Doc~EB52BF6BD984A4AC5BE068A44A8FAAD66~ATpl~Ecommon~Scontent.html].

www.euractiv.com: Industrial Policy. [URL: http://www.euractiv.com/de/agenda2004/industriepolitik-deindustrialisierung/article-103670] (20.11.2006).

www.insee.fr: Les Grands Indicateurs – SMIC. [URL: http://www.insee.fr/fr/indicateur/smic.htm] (22.3.2004).

www.medef.fr: Le portail des entrepreneurs. [URL: http://www.medef.fr/staging/site/page.php] (16.3.2004).

www.sozialpolitik-aktuell.de: Sozialpolitik aktuell, erstellt vom Institut für Soziologie, Universität Duisburg-Essen. [URL: http://www.sozialpolitik-aktuell.de/tabellen_arbeitsmarkt.shtml#Erwerbsbeteiligung] (8.3.2006).

SPRINGER NATURE

GPSR Compliance

The European Union's (EU) General Product Safety Regulation (GPSR) is a set of rules that requires consumer products to be safe and our obligations to ensure this.

If you have any concerns about our products, you can contact us on ProductSafety@springernature.com

In case Publisher is established outside the EU, the EU authorized representative is:

Springer Nature Customer Service Center GmbH
Europaplatz 3
69115 Heidelberg, Germany

Kolibri 360 GmbH
Ferdinand-Jühlke-Straße 7
99095 Erfurt, Deutschland
produktsicherheit@kolibri360.de